国家社科基金（08CYY014）支助项目成果

双语研究：
从理论到教育实践

Bilingual Research:
Principles and Practices

郑新夷/编译

前　言

过去的三年来，几乎每天都在研究双语文献中度过，感受到的不仅是文字的魅力，更有研究者独特多样的视角、严谨缜密的思路和精辟独到的结论。与他们相比，我深感自己才疏学浅，只是东施效颦似的模仿和复制，但我相信，模仿也是好的开端，唯有知彼才能知己。

双语（甚至多语）现象日益剧增，相关的研究也迅速发展，众多学者参与这一领域的研究，从语言学、心理学、生理学、社会学和教育学等不同学科进行的研究已十分深入，已能科学地分析和论证形成双语或是多语现象的原理和过程，但这些学术研究大多在各自领域里独立进行，各自为营常常引发学术争论。本书花费了大量篇幅介绍国外双语研究的历史和进展，为研究者拓展研究视野，努力推动双语言现象的交叉学科研究。本书分上下两篇，上篇介绍双语理论和实证研究；下篇介绍双语的教学实践和欧洲美国的双语政策，编译了四份美国双语学校英语语言教学课程的实践指南。在编译这四份指南的时候，考虑到读者无须了解过多的细节，考虑到翻译的难度，对有些内容进行了省并，请读者谅解。

总而言之，本书对双语研究的介绍分理论、方法、应用和实践四个方面，结合认知、生理、发展、社会、语言学和教育学的多学科领域，阐述第二语言学习的过程和原理，涉猎甚广，比如微观的个体特征，包括生理变化到社会文化的影响，比如相关的语言学要素到个体学习语言的心理特征，乃至教育政策的制定、学校教学实践。本书东施效颦的唯一目的是系统翻译和整理国外的双语理论研究成果，依照不同学科的主要理论梳理出解释双语现象的理论依据，收集美国英语语言教学的实践操作指南作为双语实践教学的参考依据。

　　双语研究的文献翻译和梳理严重考验研究者的学术素养，由于研究人员专业素养和英语能力的局限，梳理的视角只能基于研究人员原有的知识结构，也许对某些理论会有理解上的偏差，希望同行和专家提出宝贵意见，以便日后修改完善。另外，双语 CLIL 的实践教学研究报告的样本群体完全来自于研究负责人所属的高校，因此，结论势必普遍性不足。未来的研究应该在下列两方面展开：一是提高研究者的专业素养，通过不断追踪国外的前沿研究来构建自身的学术理论；二是在可能的条件下，扩大样本收集的范围，尽可能采用科学的分层取样方法，增强研究结论的说服力。

　　本书编译过程中参阅和引用了国外大量的文献资料，在此对所有引文的作者致以真诚的敬意和谢意！本书编译中得到福建师范大学教育学院连榕教授的批评和指正，特表感谢。此外，本书作为国家社会科学青年基金项目的成果，得到国内同行专家评审的宝贵意见和建议，一并深表感谢。

　　最后，谨向所有参加翻译和整理的人员致以深深的谢意，他们是福州大学人文社会科学学院副院长何少颖教授和应用心理系主任赵凌波副教授和杨影老师，华南农业大学外国语学院吴章欣老师，福建师范大学外国语学院郑丽芳老师，福建师范大学闽南科技学院卢岳千老师，所有参加书稿整理的福州大学应用心理学系的本科生们。

郑新夷

2012 年 10 月

目 录

绪 论/1

上篇 双语理论和实证研究

第一章 双语研究方法/4
1.1 双语研究的自然观察法和实验法/4
1.2 自变量、因变量和混淆变量/6
1.3 操作定义、信度和效度/7
1.4 双语研究的各种变量类型/7
1.5 实施双语研究的注意事项/12

第二章 双语记忆的心理模型/15
2.1 双语记忆：一种或两种记忆系统/16
　2.1.1 支持共享假设的实验/17
　2.1.2 支持独立理论假设的实验/18
2.2 复合双语和并列双语/22
2.3 双语双重编码理论/22
　2.3.1 语言学能与第二语言习得的关系/24
　2.3.2 学能问题和解决方法/29
2.4 小结/43

第三章 双语教学的心理语言学/47
3.1 在跨语言心理学研究中的分析水平/47
　3.1.1 语音学/48
　3.1.2 语义加工/51
3.2 比较语言心理学中的语用和语篇/59
　3.2.1 语境中的语言/60

  3.2.2 双语句子加工的条件/61
  3.2.3 跨语言的词汇歧义/62
 3.3 语言的生成/64
  3.3.1 编码转换及其内涵/65
  3.3.2 跨文化的手语/69
 3.4 语言学习/70
  3.4.1 学习第二语言/70
  3.4.2 关键时期的假设/72
  3.4.3 语言和文化/74
  3.4.4 跨语言的颜色词汇术语和分类/77
  3.4.5 其他词汇类别范畴/78
  3.4.6 形象语言加工/79
 3.5 小结/82

第四章 双语与语言认知发展/88
 4.1 语言的延迟发展/89
 4.2 语言的加速发展/90
 4.3 跨语言转换/92
 4.4 认知差异/94
 4.5 小结/98

第五章 双语现象和认知老化/103
 5.1 认知老化的理论解释/103
  5.1.1 单语老化/104
  5.1.2 单语老化研究总结/109
 5.2 双语的老化/112
  5.2.1 双语的特定因素/112
  5.2.2 双语老化研究假设/114
 5.3 双语老化研究的方法整合/119
 5.4 第二语言形成过程的解释模型及年龄因素/120
  5.4.1 自动化和控制化加工/120

5.4.2 激活阈限假说（ATH）/121
　　　5.4.3 第二语言老化的影响结果/122
　5.5 小结/125
第六章 双语语言原则和应用/132
　6.1 语言能力和第二语言习得/133
　　　6.1.1 对学习的总体观点/135
　　　6.1.2 SLA 理论来源与语言学/136
　　　6.1.3 UG 和 SLA/137
　　　6.1.4 独特的第二语言观点/138
　6.2 不同领域的语言学的使用/141
　　　6.2.1 SLA 研究中的语音学和音位学/141
　　　6.2.2 SLA 研究中的社会语言学/143
　　　6.2.3 方法论和 SLA 研究/144
　6.3 SLA 研究中受质疑的语言学观点/145
　　　6.3.1 话语的主导地位/145
　　　6.3.2 单语本族语者的优势/147
　6.4 小结/149
第七章 第二语言习得和双语现象/155
　7.1 语言标准/155
　　　7.1.1 本族语者/155
　　　7.1.2 接近本族语者/156
　　　7.1.3 高级语言学习者/157
　　　7.1.4 说传承语言者/159
　　　7.1.5 第二语言学习者/159
　　　7.1.6 双语/160
　7.2 创造一个语言系统/161
　　　7.2.1 语言学习的本能/165
　　　7.2.2 第一语言的作用/167
　　　7.2.3 语言学习过程/170
　7.3 小结/180

下篇 双语教育实践

第八章 美国的双语教育/187
8.1 美国双语学生的身份/187
8.2 美国双语教育形态和形式的多样化/188
8.3 学校教育实践/189
8.4 最佳教与学的特点/192
8.4.1 促进英语习得和成熟的读写能力的发展/193
8.4.2 提出适用年级水平的内容/193
8.4.3 用创新的方式组织教学/194
8.4.4 保护和延长教学时间/194
8.4.5 扩大教师的作用和责任/194
8.4.6 解决学生的社会和情感需求/194
8.4.7 让家长参与孩子的教育/195
8.5 双向双语教学计划/195
8.6 非语言的影响因素/199
8.6.1 双语计划中英语语言的发展/199
8.6.2 在美国双语者中发展"学术性"英语/201
8.6.3 双语教育相关政策/203
8.6.4 少数民族学生的权力/204
8.7 小结/205

第九章 CLIL 和欧洲的双语教学模式/211
9.1 语言和内容之间的关系/213
9.2 学习的架构和参与性理解理论/214
9.3 三个欧洲国家的 CLIL 研究/215
9.4 CLIL 教师的资格和详细培训/219
9.5 持续的教学改革/221

第十章 CLIL 在中国高校的实践研究报告/224

10.1 双语教学的定义/224
10.2 课堂内容评价的定义/225
10.3 有关教学风格的研究/225
10.4 有关教师效能感和职业道德的研究/227
10.5 问题提出/229
10.6 研究方法/230
10.7 结果与分析/231
10.8 结果与讨论/252

第十一章 美国英语语言和写作教学课程指南/258
课程提纲样本1/259
课程提纲样本2/270
课程提纲样本3/288
课程提纲样本4/310

绪 论

　　社会生活日益复杂，人口流动频繁，使用双语甚至多语的人迅速增加，双语现象和多语现象日益凸显，这引起国内学者的关注，相关研究不断深入，但总体而言，我国对双语现象和多语现象的研究还较为落后，方法不完善，研究视角也较为单一，学者们大多在各自领域内独立开展研究，各自为政的结论常常引发争论。国外学者早就关注这些语言现象，从语言学、心理学、生理学、社会学和教育学等学科出发分析和论证双语和多语现象的出现和过程，并在此基础上开展了富有成效的交叉研究。本书编译和介绍国外的双语研究的历史和进展，为国内学者拓展研究视野，以推动双语现象的交叉学科研究。本书共有十二章，分成两篇，上篇介绍双语理论研究，包括三个方面。下篇介绍双语的教学实践和各国政策，编译了四份美国英语语言教学的实践指南。

　　上篇中，首先简介、方法和记忆研究，主要讨论研究使用过的方法和当代双语信息过程研究中使用的各种方法，回溯双语记忆和语言过程研究历程。记忆研究是双语认知能力发展研究的主要内容，这一方面的研究包括了解双语的信息编码、储存和提取机制，了解对不同特征的单词学习和表征的过程，追踪个体语言能力从生涩到熟练的发展过程。方法学是所有学科开展研究的基础，对于双语研究来说，方法论方面主要关注研究双语特征、记忆、认知和知觉需要使用的工具，试图利用工具发现新领域。

　　其次介绍双语教学的心理语言学、双语与语言认知发展和双语的老化，主要包括以下三个研究视角：

第一,探讨从语言心理学角度出发研究双语现象得到的数据和发现,例如,如何用数据解释语言影响行为,行为如何阐明语言过程,验证这种双向关系并提供实验数据。为帮助读者了解具体实验过程,该部分章节还介绍了实验任务和实验程序,用以证实,在双语系统中,单词表征和单元表征大于单词本身。

第二,探讨语言语法的基本结构,如语音,语义与语言心理的关系,还比较个体在不同年龄时使用单语或双语,其语言使用和语言表征上的异同。个体的语言能力会随着年龄增大而衰退,这可以通过考察句法、音韵等来观察得出。为了了解语言能力在年龄衰老后出现的那些变化,我们分析语言存储过程并理解——语言的发展随着年纪增加而变化,语言表达的逻辑能力可能变化不大,但语言表达能力随着肌肉的退化而退化,例如,老年人经常口齿不清就是一个很好的例子。该部分文章还深入探讨了可能导致这些变化的原因。

第三,从双语语言学理论和应用研究这个角度讨论学习和使用多语言过程中社会语言文化因素的交互影响。这一部分探讨激发个体习得语言的态度和观念,分析这些习得者的特性,以促进语言学习,也分析那些促进语言学习的中介因素。深入分析第二语言学习者语言习得中的各种特征,深入了解学习者控制学习第二或更多语言时的行为(例如,学习第二语言的各种阶段和首要的影响因素)的过程。这一过程相对复杂,甚至到今天为止,人们还不断探索移民是如何在双语社群中坚持母语语言文化观念的。

下篇介绍双语教育实践,分三个方面,分别介绍美国双语教学、欧洲双语教学模式和中国高校现有的双语教学模式。美国和欧洲国家的多语实践多样化,相关的研究也比较丰富。同时,美国的双语现象独特而有趣,其历史、政治、信仰同时作用于教育系统,在态度和思维定势上影响着那些双语使用者,这是双语现象带来的挑战。欧洲国家认为第二语言的教学不应该是纯粹的语言学习,而应该结合具体学科,这种教学模式被称作内容语言学习的结合学习模式(Content and Language Integrated Learning,CLIL)。最后收集和翻译美国英语语言和写作教学指南(www. Collegeboard.com)，旨在为国内的英语学科教学提供美国式的英语语言教学的样例。收集的教学指南包括三份美国高中英语语言和写作教学提纲和一份大学英语写作技巧教学大纲。三份高中课程提纲遵循阅读、写作和讨论的教学大纲，附有教学文本，布置了写作任务及指导写作策略。

  本书从理论、方法、应用和实践四个方面入手全面介绍双语现象，结合多学科研究成果，阐述第二语言学习的过程和原理，考察双语学习的微观特征，从双语学习者的生理变化到社会文化，从语言学的基本结构到个体学习语言的心理特征，乃至教育政策的制定、学校教学实践，科学地论证了双语现象存在的必然。该书可以作为研究双语现象的指导和起点，读者可以借此了解国外双语研究的最新进展。

第一章 双语研究方法

本章讨论研究双语、多语以及外语或第二语言学习时的研究设计和研究变量。

1.1 双语研究的自然观察法和实验法

双语研究的一个重点是了解双语者的认知、语言和行为表现，可使用多种研究方法，常使用的方法是自然观察法（描述研究），即在自然条件下观察个体的各种表现并记录或描述下来。

例如，可以在儿童游乐场观察和记录双语儿童的语言表现。自然观察法也适用于了解两种以上相关因素的影响，例如，通过观察发现，双语儿童第二语言的词汇量越大，其智力测验的分数越高。"相关并不代表因果"，因此并不能说一个因素导致另外一个因素的产生，只能说这两种因素高度相关。这种情况下，自然观察法也叫"相关研究方法"。在无法设置实验条件的时候，比如伦理道德的原因，或者事件发生在过去，或者研究必须获取真实的自然结果，最适合使用"相关研究方法"。

实验法也是常用的研究方法，通过实验改变影响认知的因素来观察语言行为的表现。适用实验法，在实验室内操纵实验条件；使用自然观察法，仅限制于通过自然观察获得结果，这是两者最大的区别。例如，让双语儿童用两种语言命名指定图片，研究比较他们用不同语言指认图片的时间。实验研究可以通过控制变量（比如词汇的频率和长短）来研究感兴趣的认知和行为表现。使用实验法，可以了解到研究对象的一些因果关系，但并不总是有效。比如，想研究双语者的"闪光记忆"——公共突发重大灾难性事件的记忆，研究者无法操纵灾难事件的发生，必须通过访谈的方式获得结论，比如访谈双语者对 911 事件的记忆。

实验研究可分成纵向研究和交叉研究。纵向研究指长时间追踪被试，几个月，几年或是更长时间。通常是把第一次研究被试表现的时间记录为第一阶段，然后将其与一段时间后的同一群被试的表现进行比较。使用交叉研究则不同，是在一个时间段内比较不同类别特点的被试。比如，研究第一语言儿童和第二语言儿童 1 岁、2 岁和 3 岁时的词汇水平，可以分别使用上两种研究方法。使用纵向研究法，测量 20 个孩子在第一时间段内的词汇量，12 个月、24 个月和 36 个月后再次测量其词汇量，然后进行比较。使用纵向研究法，可在不同的时间条件下研究相同的被试群体，减少了被试群之间的差异导致结果差异。研究特殊群体（比如双语障碍者）时，使用纵向研究法只需研究少量被试，即可完成任务。纵向研究的劣势在于长时间追踪会丢失被试，实验研究会被迫中断，很多研究由于时间的限制，无法长时间跟踪研究。交叉研究的优劣势正好同纵向研究的相反，即，交叉研究允许在很短的时间内完成各种实验任务，却需要很多种类的被试群体，造成额外变量的影响。

此外还有干预研究法和事前事后研究法。干预研究法通常是纵向研究，比如给予被试群体一些任务，一段时间后比较被试是否产生学习效果。事前和事后方法通常运用在临床、教育和行为认知研究中。比如，对双语语言障碍的儿童实施治疗，比较治疗前后的效果。再比如，比较不同双语沉浸教学方法的效果也可以采用事前事后研究法。总之，比较不同群体在不同的任务下的效果，适合使用这两种方法。

1.2 自变量、因变量和混淆变量

实验设计中，可以操控且影响结果的变量就是自变量，被测量的变量是因变量。比如，为研究语言熟练程度对阅读速度的影响，可以设法了解不同语言熟练程度的儿童在阅读速度上的时间差异，这里的自变量是不同的语言熟练程度，因变量是阅读速度。

变量可以根据研究目的来设置，比如，在研究第二语言的熟练程度受到哪个年龄段习得影响时，习得的年龄就是自变量，熟练程度就是因变量。简单说来，自变量是可以操控的，而因变量是那些各种测量的种类，比如测验分数、词汇回忆量、完成任务的时间。

混淆变量是实验设计中未考虑到的因素，且这些因素将影响因变量的结果。实验设计中常见的混淆变量主要有被试的特点，比如社会经济地位、性别、语言能力、实验者的语言背景、实验设置、实验刺激物。比如，研究双语者的编码转换能力，被试是双语者时的实验设计就比被试是单语者时的复杂许多。所以，混淆变量是影响实验结果的第三个变量。

应该知道的是，我们无法在同一时间控制每个混淆变量，因此，实验设计时应该尽可能考虑所有变量。比如，研究发现，在美国，双语者的智力分数低于单语者；法国双语研究的结论却和美国的不一致，法国的学者认为，双语学习并不妨害智力发展。进一步考虑发现，美国的双语使用者大部分来自社会底层，经济地位低下。控制了社会经济地位这个因素，结论就变成，贫困是影响智力发展的主要因素，而非双语。因此，实验设计要尽可能考虑各种变量并加以控制。

1.3 操作定义、信度和效度

操作定义指对变量的真实测量。比如，把词汇量作为因变量，就要明确测量的是词汇的产生还是词汇的理解，用什么测量方式和工具（量表）来获得词汇量，明确这些问题，即对该变量进行操作定义。比如，把儿童的词汇量定义成对词汇量表的测验分数，测量的是词汇理解能力；把儿童的词汇量定义成儿童产生的所有词汇，通过双语儿童父母的报告获得。这是不同的操作定义，后者适合 13 个月大的婴儿，前者适合 13 岁儿童。由此可见，同一个因变量可以采用不同的操作定义，实验设计应该仔细考虑自变量和因变量的操作定义。有效的操作定义能让实验测量到真正需要的变量，这样的实验就有效度。信度指当重复测试后，不论被试是同一人群还是不同人群，得出的结论应该与第一次测量的结果相近。

1.4 双语研究的各种变量类型

变量 1：语言选择

实验设计之初，先要考虑双语被试说的语言，这是从实验可操作性角度出发的考虑，有利于实验人员从特定的语言群体中获得被试样本，选择适合特定语言的测量工具和配备说同样语言的实验人员。另一个需要考虑的就是选择何种语言作为实验研究语言，因为语言种类繁多，其听觉效果、书写形式及跨语言相似性上的差异甚大。因此，选择要研究的双语语言常常直接影响许多方面，比如，选择同语系的双语语言，因为同源，双语者更容易分享词汇、语音特征以及字母；反之，选择不同语系的两个语言，双语者的语言表现就出现很大差异。

因此，双语研究之前，有必要大致了解世界语系的分布特点。世界上有许多不同的语系(爱斯基摩语-阿留申语系,乌拉尔语-阿尔泰语系,中美洲语系,亚非语系,南非语系,德拉威语系,巴斯克语系,马来玻利尼西亚语系,苏丹-几内亚语系,汉藏语系,班图语系,日韩语系,奥亚语系),现代语言的每个分支都有一个相似的语言祖先。表1.1展示了印欧语系中一些语言的分支和体系。通常认为,使用相似语言的双语者(比如西班牙语和葡萄牙语,或荷兰语和布尔语,同属于一个语言分支)比使用不同分支语言的双语者(比如德语和旁遮普语)在口语或书面语加工方面会得到更大的便利,来自不同语系的双语者在学习语言过程中比来自相同语系的学习者表现出更大的差异,比如学习英语与汉语,或者学习俄语与日语。

双语研究有时候选择那些采用使用不同语系语言的双语者,比如,研究不同的字母表如何影响同一种语言时,我们就不得不选择某种能用一种以上字母表示的语言(比如,塞尔维亚-克罗地亚语,可以用拉丁语或斯拉夫字母来表示);有些问题只能由使用同一种字母表的不同语言的双语者来回答(比如德语——英语双语者);有些问题只能由使用不同种字母表的不同语言的双语者来回答(比如韩语-英语双语者);有些问题只能由使用共享一部分书写符号的双语者来回答(比如俄语-英语双语者)。双语研究十分重视字形到语音的映射解除(ease of grapheme-to-phoneme mapping),因为浅层正字法的语言(一致的字母到语音的映射,比如西班牙语)和深层正字法的语言(字母到语音的非一致的映射,比如英语)在许多方面并不一致,甚至差异很大。选择作为研究对象的语言的时候,应该全面了解该种语言的规则和限制,以便更好地解释得到的结论。

变量2:被试选择

常识告诉我们,从心理学、信息科学与语言障碍、教育学和语言学的研究结论不能够全面解释来自不同文化和不同语言背景的双语者的语言特点。

从世界范围看，双语现象很普遍，而非特殊的个体现象（Grosjean，1992；Harris & McGhee-Nelson，1992；Romaine，1995；de Groot & Kroll，1997），尤其在美国，双语者的比例急剧增长。据估计，世界上的语言种类是国家数的30倍，至少一半的世界人口是双语者（Romaine，1995）。2000年美国人口普查的结果显示，由于种族、语言和人种组成的变化，少数民族人口（尤其是以西班牙为母语的）的增长比非少数民族人口的增长快12倍；1990—2000年，外来人口由1980万增长到3050万。到2000年，18%的美国居民在家中讲英语之外的另一种语言，这一比例在稳步上升。尽管如此，大部分的被试还是来自单语人群，对于说各种语言的双语者的研究仍然很薄弱，从而影响研究结论的普遍性。

我们知道，语言种类的选择影响研究的结果，并可能导致相互矛盾的结论。即使是说同一种语言的人，语言之外的变量也会影响结论。例如，双语习得的年龄因素就有可能影响双语者的表层结构，与后期才习得第二语言的双语者相比，早期平行习得两种语言的双语者与第一语言和第二语言激活的相关大脑皮层区域的重叠部分更多（Kim，1997）。此外，双语习得方法也影响双语者学习结果。比较不同的习得方法发现，课堂上学习第二语言的双语者在词汇—语义结构与单词联想模型一致（原因是第二语言的习得是借助第一语言相对的意义获得概念表征），日常生活处于第二语言环境下而习得第二语言的双语者，他们的词汇—语义结构与概念中介模型一致（原因是第一语言和第二语言在词汇水平上直接通达它们的概念表征）（Potter，Eckardt & Feldman，1984）。

变量3：任务选择与材料刺激物

已有的双语研究使用过许多准确和可信的测量认知功能的方法——图片命名、字词翻译、字词再认、篇章阅读、跨语言启动、Stroop任务，以及最近流行的眼动追踪，都可用来研究双语语言表现与加工。双语研究也可借鉴单语研究中行之有效的方法，比如，启动任务常用于研究单语者的词汇和语义激活，双语研究也可以使用启动任务，研究者向被试呈现启动词"dog"，

表 1.1 印欧语言家族体系

原始印欧语系						
Germanic	Celtic	Italic	Balto-Slavonic	Indo-Iranian		Greek Aemenian Albanian Tocharian Anatolian
		Latin		Sanskrit	Iranian	
German	Breton	Romanian	Russian	Punjabi	Ossetic	
English	Manx	French	Ukranian	Lahnda	Kurdish	
Frisian	Scots Gaelic	Portuguese	Belorussian	Sindhi	Persian	
Flemish	Irish Gaelic	Spanish	Bulgarian	Pahari	Baluchi	
Dutch	Welsh	Italian	Macedonian	Dardic	Tadzhik	
Afrikaans	Goidelic	Catalan	Serbo-Croat	Gujarati	Pashto	
Icelandic	Cornish	Occitan	Slovene	Marathi		
Norwegian	Brittonic	Sardinian	Polish	Konkani		
Swedish	Cumbrain	Rhaetian	Czech	Maldivian		
Danish	Galatian		Slovak	Sinhalese		
Faroese	Gaulish		Sorbian	Hindi/Urdu		
Gothic	Celtiberian		Latvian	Bihari		
			lithuanian	Rajasthani		
				Bengali		
				Assamese		
				oriya		

资料来源：Baldi, 1983; Mallory, 1991。

然后测试被试在对词汇判断任务（这是否是一个真词）中的再认速度。比如"cat"和"cloud"，因为"cat"在语义上和"dog"相连，所以通常再认的速度比"cloud"快，而"cloud"是一个无语义关联的词。在双语研究中，启动任务常用于确定或证实两种语言间的语义表征是否能够共享。比如，一个西班牙—英语双语者，可能会启动"dog"激活目标词"gato"（"ca"的西班牙语），他会以同样的方式启动"perro"（"dog"的西班牙语)激活目标词"cat"吗？语言间启动的相似性和差异性为我们提供了一个研究视角，让我们能够探究双语者身上究竟是哪两个语义网络相互结合。研究中有许多不同启动范式，比如，向双语者呈现启动词，可以是视觉呈现，比如呈现一个书面词、一个音节、一个字母、一个特征；也可以听说呈现，比如提供音节、语音、语言的或非语言的声音、语调、音乐。同样的，对应的目标词也可以在呈现方式、语言以及加工水平上进行各种变化。

近年来，研究者不断探索新的研究任务和方法，使用新的方法和技术可以解决先前无法解决的问题。比如，研究双语口语加工时，不采用非目标语言的任务来测量激活水平，因为传统的研究方法无法精确测量口语激活水平，而可使用眼动追踪仪，通过观察双语者的眼动情况了解言语激活的细节。例如，用英语指示俄—英双语者挑选"marker"，记录到双语者看"stamp"时的眼动（因为"stamp"在俄语作"marka"）。这表明，双语者在理解上并未停止对非目标语言的加工。这个观察结果支持了双语口语理解平行加工的观点（Marian & Spivey, 2003; Spivey & Marian, 1999）。我们通过记录双语者对某一物体的眼动来研究另外一种物体在实验中是否被激活，前提是这种物体在非目标语言中的名字和在目标语言中的另外一种物体的名字有重合部分。在双语的非目标语言激活研究中，眼动追踪技术为双语口语加工语言平行激活的观点提供了最强有力的证据。

事实上，用以研究单语的每种研究任务、研究认知行为的每种方法及神经科学的研究方法都能成功地用在双语人群。目前，神经科学最常用的研究方法——FMRI、PET、ERP，都适用于双语研究。这些研究方法并不是因为实验设计出不同的学习任务导致研究结果的差异，而是因为研究者为了研究双语过程的不同认知加工阶段而设计了各种学习任务，但是当总结和解释各种研究结果时，研究者却常常忽略额外因素对研究过程的影响。比如，用一种启动范式来研究语音、词汇或语义加工的过程，在某些研究结论认为语音，词汇和语义的加工促进了双语发展，而在另一些研究结论中却认为是阻碍双语发展。因此当我们解释某种研究结果时，我们必须综合考虑使用的研究任务以及使用的测量工具，还有一些混淆变量对实验结果的影响。

除此之外，实验呈现的材料（实验刺激物）自身也应该得到控制，实验材料也会直接影响研究结果。例如，大多数的实验设计是对双语被试使用语言刺激材料——句子、单词及语音等。如果实验材料刺激物是单词，则两种语言选用词汇的词频因素会影响研究结果。不管语言或双语使用的人数有多少，高频词汇的辨认时间一定快于低频词汇的辨认时间，这种效应会影响实验结果，此即语言心理学的词频效应。除了控制词频效应，双语研究还必须控制跨语言之间的词频，以确保词频的不同不会影响跨语言研究。即使实验材料刺激物不选用词汇，例如，选择图片，也应该考虑图片的标签，因为这时图片的标签效应代替了词汇的词频效应，影响实验结果。总之，根据研究需要设置问题，控制各种研究变量，比如最常见的双字母组频率（同一种语言中双字形同时出现的可能性）或形音一致性等实验材料的特点，不仔细考虑，这些变量都将会影响实验结果和研究结论。

1.5 实施双语研究的注意事项

第一，国际通行的心理研究实验规定，以人为被试的实验正式开始前，实验设计和实施步骤必须通过学校董事会的批准，实验人员必须了解《健康安全可行性和可靠性相关条例》，接受过相关的培训，此外，对被试进行的测试必须符合职业伦理道德操守规定，应该保护被试的隐私权。被试应该签字认可知情书，以示了解实验项目，明确知晓实验对个体不造成身心的伤害。实施双语实验，研究者必须用被试能掌握的语言来撰写实验知情书。

第二，使用多种方法收集数据，包括面对面收集，计算机收集，纸笔收集，记录大脑活动方式。实验过程中，引导语言必须保持一致。另外，分析实验数据时，应该对实验过程中的各种记录方式重新编码（所有实验数据应该按照研究者共同认定的、统一的计分标准来记录），这些记录方式包括录像记录、声音记录、笔记、数码记录等。编码标准要一致，不应有太大的差异。

第三，验证假设时，大多数研究者依赖统计分析方法来判断实验效应是否显著还是偶然出现。统计分析检测一系列的研究结果出现的概率，比如，当实验结果报告实验概率小于 0.05，研究者可以说实验的结果出现偶然的概率小于 5%。在行为研究中，实验结果偶然出现的概率在 1%～5%时，这样的结果可以接受。而在医学研究中，标准更严格，通常要求 0.1%～0.5%。目前，许多研究会报告置信区间，来检测结果是否在特定区间内。置信区间报告的是结果的真实可能性是否在 95%或是在 90%，也就是实验结果的精确度问题。狭窄的置信区间代表更高的精确度。数据的统计方法是对实验结果的科学分析，掌握好统计分析方法是实验结果有效分析的保证。

参考文献

Baldi,P.(1983). *An introduction to the Indo-European languages*.Carbondale,IL:Southern Illinois University Press.

de Groot, A. M. B. (1992). Bilingual lexical representation: A closer look at conceptual representations. In R. Frost & L. Katz (Eds.), *Orthography, phonology, morphology, and meaning (pp.* 389-412). Amsterdam: Elsevier.

Grosjean, F. (1992). Another view of bilingualism. In Harris, R. (Ed.). *Cognitive Processing in Bilinguals* (pp. 51-62). Amsterdam: North-Holland.

Harris, R., & McGhee-Nelson, E. M. (1992). Bilingualism: Not the exception any more. In Harris, R. (Ed.). *Cognitive Processing in Bilinguals (pp.* 3-14). Amsterdam: North-Holland.

Kim, K. H. S., Relkin, N. R., Lee, K. M., & Hirsch, J. (1997). Distinct cortical areas associated with native and second languages. *Nature, 388,* 171-174.

Mallory, J. P. (1991). *In search of the Indo-Europeans: Language, archaeology, and myth.* New York: Thames and Hudson.

Marian, V., & Spivey, M. (2003a). Competing activation in bilingual language processing: Within- and between-language competition. *Bilingualism: Language and Cognition, 6,* 1-19.

Porter,M.C.,So,K.,Ecakardt,V.&Feldman,L.(1984).Lexical and conceptual representation in beginning and proficient bilinguals.*Journal of Verbal Learning and Verbal Behavior* ，8，295-301.

Romaine, S. (1995). *Bilingualism*，Oxford, U. K: Blackwell.

Spivey & Marian.（1999）cross talk between native and second languages: Partial activation of an irrelevant lexicon. *Psychological Science,* 10,281-284.

第二章 双语记忆的心理模型

过去的三十年间，双语记忆储存研究一直是双语研究的重要领域。研究者们认为，双语者对两种语言的储存是一种记忆的储存，这种储存以特定方式或结构存在，类似于计算机用硬盘储存信息，但更复杂些。研究人员发现，记忆可因目的不同而区分各种类型（Roediger，1991），人类的记忆系统并不单一，因此，研究者提出各种记忆假设理论来解释双语现象。

首先是人类记忆结构模型理论，该模型袭用传统记忆理论中将记忆分为短时记忆和长时记忆的做法，但用工作记忆概念代替短时记忆概念。该模型认为，工作记忆是对传入信息和传出信息在丢失或被传导到长时记忆系统之前暂时的存储加工；长时记忆是个体永久的、对世界的综合认知的记忆储存；工作记忆和长时记忆没有明显的分界线。但也有一些学者不认为这两者是不同的记忆系统（Matlin，2005）。该模型关注长时记忆的复杂程度，将该记忆划分成不同的高度专门化的子记忆系统，大体分成描述记忆和非描述记忆。描述记忆是储存事实信息或有关信息的一切，可以分成情景记忆和语义记忆。情景记忆包括与时间有关的事件记忆和个人经验体验；语义记忆是对社会知识或综合信息的记忆。非描述记忆也称作过程记忆，是对一项工作的程序记忆（Altarriba & Basnight Brown，2007）。双语记忆理论则基于该模型中的语义记忆展开研究和深入探讨。

2.1 双语记忆：一种或两种记忆系统

在双语记忆领域，有两种记忆假设理论占主导地位，分别是依存记忆系统假设和独立记忆系统假设。

依存记忆系统认为，双语者的两种语言结构由同一个记忆系统来组织；两种语言提取的字以非语言概念形式（抽象）存储，即两种语言符号下的单个意义。换句话说，这个模型假设支持翻译对称性，因为双语单词的意义被编码和储存在同一个记忆系统里，相同意义有两个对应的语言符号。然而，这两种语言如何用同一个记忆系统来识别呢？一些学者认为，这要依靠某种标识机制来帮助确定提取合适的语言（López & Young, 1974）。

独立记忆系统假设认为，双语者的两种语言存储在两个独立的记忆系统中，一种记忆系统存储一种语言，一种语言的信息不会直接连接另一种语言（Heredia & McLaughlin, 1992），两种语言通过翻译实现交互。

值得注意的是，这两种假设主要考虑意义和概念，不考虑语言学的其他方面，比如语音、拼写表征。

典型的双语实验研究中有两种实验条件设计——语言内的和语言间的。语言内（within-language）设计指提供同种语言内的词对，比如 house-home；语言间（between-language）设计（跨语言设计）指提供不同语言的词对，他们之间要一一对应翻译，比如房子-house。

依据共享记忆假设，无论是在语言间实验设计条件下，还是在语言内的实验设计条件下，实验的结论应该相似。依据独立记忆假设，其结果预测应该与前一种记忆假设的结论相反，因为双语者使用的两种语言储存于不同系统中，它们的表征方式不同。通常是，回忆量在语言间条件下大于语言内条件，这是因为，学习和编码过程中，双语者要用多重方式对学习内容进行编码，记忆痕迹增多，也得到强化，因此之后的回忆更好。

哪一种假设更能解释双语记忆呢？追溯以往的研究发现，两种假设都得到许多研究的支持。

2.1.1 支持共享假设的实验

López 和 Young（1974）的实验通过自由回忆任务考察用一种语言学到的信息能否转换到另一种语言。实验选取西班牙语-英语双语者作为被试，让他们读英语或西班牙语的一列形容词。实验第一步是让被试熟悉双语材料，不用明确学习这些词条的目的。第二步是测验步骤，让他们听另外一组词。根据实验条件的不同，其中有些是学过的词的对词，有些是学过的词的原词。为了辨别被试进行的语言转换，作为实验控制，还出现一些没有学过的词。最后，要求被试尽可能回忆出学过的词。实验结果显示，所有条件下，被试身上都出现语言转换情况。具体说，在语言学习阶段，熟悉材料的语言是英语，测试阶段是西班牙语的翻译，回忆率是 10.25；控制组的相应数据是 9.16。用西班牙语学习材料，英语翻译测试任务，回忆率是 11.91，控制组的相应数据是 11.35。结果表明，语言转换存在，与共享记忆假设预测一致。

Glanzer 和 Duarte(1971)的实验也经常被人们引用，他们验证了双语记忆理论的重复效应（距离效应）和空间效应（滞后效应）。重复效应的相关文献呈现，单词重复学习后的记忆效果好于不重复的。间隔后重现而非立即呈现相同单词，其记忆效果更好（Matlin, 2005），此谓空间效应。Glanzer 和 Duarte 的实验主要测验双语者记忆效应的普遍性。实验中，西班牙-英语双语者学习一系列词条，实验分别设置了语言间条件和语言内条件，重复单词分四种情况呈现——"0 间隔"、"1 个单词的间隔"、"2 个单词的间隔" 和"5 个单词的间隔"。比如，提供词条"store, casa(house), house, grass, pez(fish),grass, zapato(shoe), dog, tree, zapato, wheel, mono(ape), rice, perro(dog)"。这些词条中，单词"store"、"paz"、"tree"、"wheel"、"mono"、"rice"仅呈现一次，称为非重复词，"casa"后面立即出现译词"house"，是语言内条件下的词对，所以是 0 间隔，因为它们之间没有任何单词。类似的，可以在不同的间隔条件下呈现英语-英语、西班牙-西班牙和英语-西班牙词对。实验设计时，所有间隔条件中重复单词的数量保持一致，记忆保持通过自由回忆获得。实验结果显示，语言间和语言内条件下的重复单词回忆成绩远高于非重复单词。语言间重复单词回忆在较少间隔条件下的成绩好于语言内条件，在"5 个单词的间隔"条件下，语言内重复单词和语言间重复单词的回忆成绩相当。双语重复效应的模式与共享记忆假设理论预测一致——当间隔距离从 0 增加到 5 时，两种语言的回忆率随之增加。

注重测量词义记忆的研究得到相同的结论。词义记忆使用反应时（RT）测量提取时间，通常以毫秒为单位。根据共享记忆理论，两种语言在一个记忆系统下表征，从两种语言提取单词的时间应该相似，即与单语者提取单词的时间相似。为了验证这种假设，Caramazza 和 Brones（1980）使用词义分类任务，先向被试呈现一个西班牙语或英语的单词，随即呈现另一个单词，要求被试尽快判定随即呈现的单词是否第一次呈现的单词。被试的反应时通过计算机的反应键来记录。反应时是记录被试判定诱因词是否属于指定类别词的判断时间。本次实验还比较了语言间条件和语言内条件下的语言反应。总体上看，这两种条件下，被试的反应时无差异，这支持了共享理论假设。

2.1.2 支持独立理论假设的实验

有些学者关注双语者的单词或概念是否有本质区别。基于记忆共享理论，这两者应该无差异，或只有概念上的差异，这种差异可能是由学习原始材料的不同方法导致的，比如在学习阶段，为了保持长时记忆，个体采用多种方法来编码单词和概念，把有丰富语言联系的词汇编码成每个特定的语言。

  Goggin 和 Wickens（1971）设计了一系列经典实验证明两种语言的质和结构的差异，他们设计了单语文献中常见的前摄干扰抑制范式（PI）。PI 指学习新材料时会受旧材料的影响，因此，在采用自由回忆任务来测量新学习的材料，结果是回忆新材料的数量在减少。实验范式设计了 4 种学习材料的列表(表 2.1)，每种列表包括水果类的 2 种，传统 PI 实验是让被试学习每个列表，之后采用自由回忆任务检查学习效果（干扰效果）。结果表明，自由回忆数量从第一个列表的 65%下降到第 4 个列表的 25%。学者们认为，PI 是由项目相似性造成的，因此，更换类别词汇表，PI 可能被有效抑制。实际上，这种类别转换被认为是前摄干扰的释放，导致回忆量的增加。结果显示，类别转换条件下，列表 1-3 属于同一个类别，回忆量急速下降，到了列表 4，PI 的释放被激发，回忆量显著增加。基于这种现象，学者们提出双语者的两种语言编码是否具有 PI 释放的能力。为了验证这个问题，实验中除了采用英语控制和类别控制，还增加语言和语言+类别的条件控制。表 2.1 所示，所有列表语言的转换条件都是身体语言类，列表 4 中有两个单词是西班牙语；在语言+类别转换条件下，两种语言条件和类别条件是互相交替出现的。实验结果发现，PI 在控制组中显著存在，因为所有的词汇列表是同一语言和同一类别。PI 的释放也的确存在于语言和类别转换的条件下，更有意思的是，双语的语言和类别转换条件下的 PI 释放有更高的回忆率。因此学者认为高度熟练的双语者能够使用两种不同的编码系统，提高回忆率。虽然这种结果并不能有力证明是一个还是二个记忆系统，但是与普遍认为的双语编码的不同性保持一致，即双语者的两种语言是在不同的记忆系统中表征的。

表 2.1 前摄干扰释放的实验材料样例

条件	列表 1	列表 2	列表 3	列表 4
水果				
1. 英语语言	Apple	Grape	Orange	Apricot
控制组	Peach	Cherry	Plum	Pineapple
身体部分				
1. 英语语言	Arm	Eye	Finger	Apricot
属性转换	Head	Nose	Hand	Pineapple
2. 英语-西班牙语	Arm	Eye	Finger	Hígado
语言转换	Head	Nose	Hand	Boca
3. 英语-西班牙语	Arm	Eye	Finger	Durazno
语言+属性转换	Head	nose	hand	piña

同 Young 和 Lopez1974 年进行的研究类似，Scarborough 等人于 1984 年研究了西班牙语—英语双语者能否在两种语言中自动转换语言系统，表现出对不同语言单词的再认，这种语言转换在反应时文献中称作启动研究。他们采用语言内和语言间重复研究，利用词汇判定技术检验启动，向被试呈现一系列真字和非字，要求被试判定是真字，即通过键盘反应"是"，是非字，即反应"不是"。他们的实验包括两部分。第一部分，双语者对一系列单词进行西班牙语和英语的词汇判定，结果是双语者对英语的反应的确快于西班牙语，因为他们将英语作为主要语言。第二部分，要求双语者对先前学习过的英语单词进行反应，这实际上是语言内实验条件——在语言间实验条件下，被试学习过的单词是西班牙语——结果发现，语言启动效应只发生在语言内条件下，也就是说，双语者对用英语或西班牙语呈现单词的快速再次反应只存在于单语条件下。语言间条件下未发现启动效应。其他采用 RT 技术和语言理解技术的实验也发现，双语者在单语条件下的理解和反应过程都快于双

语。一些研究者认为，这种语言间的反应时差异可能体现为单词提取过程中的时间差异，首先是第一语言记忆的提取，其次才是第二语言。还有一些学者认为，导致这种时间差反应的是两种语言系统的"竞争"，一种语言想更快速地被激活并赢得这场"竞争"（Heredia，Mendiola，Tuttle & Greybeck，2005）。目前，两种假设的实验结论还在相互竞争。因为基于研究者的理论偏好，同样的结论也能被用来解释与其对立假设理论。比如，López 和 Young (1974)的研究，实验组的结论支持依存假设，控制组的结论支持独立假设。出现这样的矛盾，学者们（Durgunoğlu & Roediger，1987）认为主要原因是实验未考虑任务要求。通常认为，调用一种还是两种记忆系统，取决于任务使用时的提取过程，完成自由回想和再认任务时，如果实验对语义和概念过程比较敏感，可以使用共享记忆模式；如果实验时使用的刺激材料的表面结构相似时，可以要求被试完成词汇判定、词干补笔、词汇命名任务时；如果实验对个体知觉和词汇比较敏感，可以使用双语记忆模型。实验要求被试完成的任务不同，实验产生的结论也不同。比如采用概念驱动任务，包括采用自由回忆测量双语语义和词汇表征，这些任务是用来测量综合概念系统，因而支持一种记忆系统理论。相对应的是，数据驱动任务（词汇判定任务，词干补笔，词汇命名）包含知觉程序，因而支持记忆独立系统，因此数据驱动任务是用来测量双语词汇通达系统的程序。

  因此，有些研究者认为两种记忆假设都是对的，它们描述的是不同水平上的双语储存系统。共享系统描述的是词义水平上的记忆表征，体现出对于双语而言的信息预期可获得性；独立记忆储存假设描述的是双语记忆结构，两种语言分别储存在不同的记忆系统中，或是词汇对特定语言有针对性。那么，词义记忆和词汇记忆怎样区别，这两种记忆如何交互作用？有人提出等级模型来解释这些问题，这个模型的提出基于以下两个模型的理论构架——复合双语和并列双语的比较理论及双重编码理论。

2.2 复合双语和并列双语

复合双语（compound bilingualism）和并列双语(coordinate bilingualism)是不同的概念。1954年，Ervin & Osgood 在研究报告中提出一种双语记忆结构，这种结构的形成与学习内容紧密相关。报告认为，如果双语通过教学的方式(包括把第二语言和第一语言互相翻译转换的学习过程) 获得，这种双语就称为复合双语。通过构建概念或意义表征把两种语言连接起来，这样获得的双语有利于发展语言表征。"love"和"amor"（西班牙语）是不同语言的单词，使用不同的语言标签，但共享一个意义。在不同的环境下学习两种语言（学校和家庭），受教于不同的人和不同的条件，这样获得的双语就是并列双语。并列双语者使用两种语言系统，各自有概念或是意义表征。因此，对于并列双语者来说，"love"和"amor"分别代表两种意义。复合双语和并列双语的区分很直观，但从理论上来区别验证有一定的难度。事实上，理论上区别的关键是证明双语者的语言记忆结构属于共享记忆假设还是独立记忆假设。因此，一些学者认为，复合双语记忆系统可以用共享记忆假设理论来重新建构，并列双语系统可以用独立记忆假设理论来重新建构。

2.3 双语双重编码理论

Paivio 提出双语双重编码理论（1991），类似于独立理论假设，认为双语记忆储存既是独立的又是交互的。与其他假说不同，该理论有完善的理论构架，能对双语记忆进行专项预测。图2.2 展示了简单的双语双重编码理论模型。这个模型假设第一种语言属于一种语言系统，第二语言属于第二语言系统。对于语言过程和语言产生而言，语言系统是高度功能化。尽管两种语言系统是分离的且功能独立，它们还是被 V1-V2 连接着。从翻译的均衡性看，这种连接比双语的成队连接更强，更易获取，因此，在提取阶段，双语翻译比双语成队连接的回忆量更大。该模型还提出表象系统（I），表象系统对于非语言信息或事件有着特殊的知觉能力和视觉信息的加工能力。同时，该模型假设储存在系统中的图片是原始图片表征的几种类别，包括真实图片的备份、图片相似体或图片模式。然而有人提出对立观点，认为被储存的图片以通用的语言描述为表征。尽管这个系统的功能独立，它通过两种语言系统与各自的表象系统相连接，交互连接的结果是语言系统和表象系统交互影响。

总体上说，双语双重编码足以解释双语形象效应。这种效应在单语文献和双语文献中都得到证实，对比代表非形象思想或概念的抽象单词，代表形象客体的单词的回忆效果好。1971 年的重复性实验表明，虽然这次实验比以前的实验更注意区分形象词和抽象词，但实验结果与预期的一样——形象词比抽象词更容易回忆。形象词的回忆效果更好，因为形象词具有内在的高形象性，容易被编码成语言和表象系统，形成两种编码；抽象词只能进行语言编码。跨语言间的单词提取率高于语言内的单词提取，这一双语效应也得到双重编码的支持。因为跨语言的提取在短距离内受益于两种语言编码，语言内的提取只有一种语言编码。就跨语言的形象词而言，其编码有三种，有各自语言下的系统，还有表象系统。而语言内条件下的形象词只有两种编码，一种是语言系统，另一种是表象系统。

双语双重编码系统还说明图片优势效应，通常认为图片比词汇的记忆效果好。然而这种效应并不是双语者特有的，因为这效应本身受到单语文献的支持。根据理论，以图片存在的表象系统更能诱发从语言 1 或语言 2 来标识。无论在哪种情况下，表象系统都比语言编码更有记忆优势。

双语编码理论认为双语是独立表达的，但同口语系统交互联系，口语系统又同非语言的表象系统交互作用。总体而言，该理论也许是第一个针对双语记忆结构提出的鲜明、简要而可理解性的理论构架，同时还具备了可测验性和预测性。虽然我们不知道双语文献的研究为什么没有单语文献多，但是这种编码理论在解释目前双语记忆理论，尤其在假设双语记忆存在着独立的口语系统和概念表征的共享系统，还是有一定的解释力度。

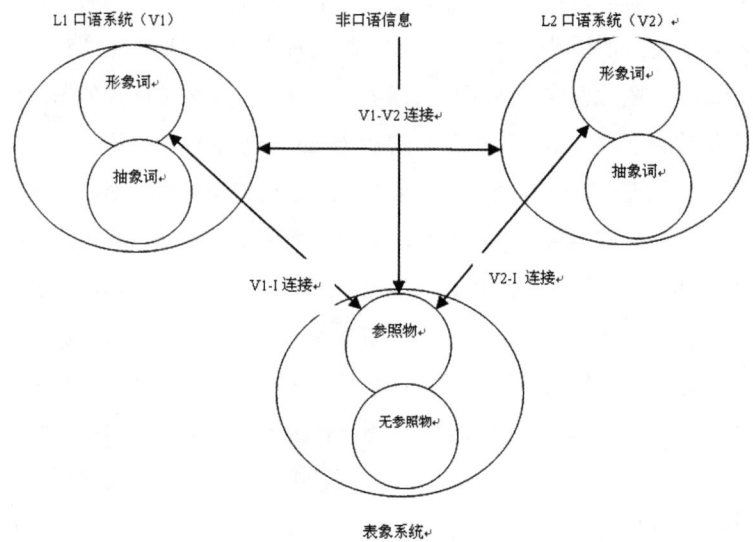

图 2.1 双语编码理论图示

V1 和 V2 分别是第一语言（L1）和第二语言（L2）表象系统的功能交互。
摘自 Paivio & Desrochers, 1980。

2.3.1 语言学能与第二语言习得的关系

个体在第二语言习得速率和最终学习方面的成果差异甚大。实际上，有学者认为第一语言习得和第二语言习得的基本过程不同。研究者更关心个体第一语习得和第二语习得的过程是否经由完全不同的途径。过去，针对个体差异探讨第二语言习得的研究远远滞后于寻求普遍语言学习原则的研究。除了 Robert Gardner 进行的对动机和其他情感变量的社会心理方向的研究外（Gardner & MacIntyre, 1992, 1993），没有一个主要的研究以个体差异为重点，也没有一个主要研究将他们视为已经发展起来的第二语言习得研究模式的一部分，这主要有三个原因，(1) 早期研究者偏爱的研究设计有局限，影响了对学习者特征和第二语言学习效果之间的相关性研究 (Larsen Freeman & Long, 1991; Lightbown & Spada, 1993)；(2) 个体差异研究中，学习者的个体特征和学习背景特征之间的相互影响错综复杂，难以着手；(3) 研究者过分依赖早期的研究工作和测量工具，未探求更有效的方法。

要充分了解二语习得的发展过程，就应着重探索不同的学习者特征如何导致不同的学习效果。30多年来，研究人员已验证了智力水平、学能(aptitude)、策略、态度、动机、焦虑、冒险精神、内向性/外向性、认知风格和自我渗透性这些个体差异在学习效果中的重要作用，其中，语言学能(language aptitude)这一项目最能用来测量个体学习外语的有效程度。

1.语言学能

语言学能(language aptitude)领域最著名的学者是 John Carroll，他于1973年对外语学能下了定义："在特定的时间内，个体具有控制外语学习进度并达到一定效果的个性特征（Some characteristics of an individual which controls, at a given point of time, the rate of progress that he will make subsequently in learning a foreign language）"。关于语言学能和二语成就的关系研究发现，它们之间的相关在 0.4~0.6。研究者认为这种相关系数属于适中到较强，尽管有很多个性因素可以用来解释个体和第二语言学习效果的关系，但这样高强度的相关表明语言学能可以作为预测语言学习成就最佳的预测因素之一。

2.语言学能的本质

50年代，语言学能引起研究者广泛的兴趣，成为主要研究的对象。Carroll和Sapon（1959）研发出现代语言学能测验（Modern Language Aptitude Test，MLAT），美国军队也成功开发成本效益学能测验（cost-effective aptitude test），皮斯里尔则对学习者进行学能测验（Pimsleur Language Aptitude Battery，PLAB）。PLAB专门为初中学习者设计，对这个群体进行有效性预测时，其预测效果有时超过现代语言学能测验，但PLAB测验在评估初学者过去学习的平均绩点（Grade Point Average）以及对外语兴趣的自我评估时的有效性可能被夸大（Carroll，1981）。此外，美国政府发展的学能测验，即国防语言学能测验（DLAB）（Petersen & Al-Haik，1976）和VORD（Parry & Child，1990），在测试外语学习效果上也有一定的效果，但就目前看，没有一个学能测验优于MLAT。因此，MLAT成了外语学习学能研究的标准测验。Carroll对大量预测语言学习成就的考生测试成绩进行因子和回归分析，以此分析为基础，发展出以下四个学能因子：

（1）语音编码能力——辨别不同的声音，建立声音与代表符号之间的联系，记住这些联系的能力。

（2）语法敏感度——辨认句子中词语（或其他语言实体）的语法功能的能力。

（3）对外语材料的记忆学习能力——快速有效地学习，建立声音和意义之间的联系，记住这些联系的能力。

（4）归纳语言学习能力——在给出的可据推断的语言材料中，具备推断和归纳语言材料的规则的能力。

3.MLAT的步骤

数字学习。在学习阶段，新语言中代表数字的单词以录音方式教授：

首先学习和练习 1，2，3，4，然后是 10，20，30，最后是 100，200，300，400，在测验阶段，受测者要辨别和写下口语表达的 one-，two-和三位数的数字。根据 Carroll 的观点，这有助于测试记忆学习能力，也有助于测试归纳学习能力。

语音文本。在学习阶段，教授新的拼字法，声音—符号对应，设定一组无意义的四音节单词，每组含有一个元音和一个对比辅音。在测验阶段，受测者听到一组他们学过的音节，测试他们能否从四个书面形式的音节中辨认出与口语表达对应的那个音节。这显然是在测试语音编码能力。Carroll（1990）认为，这个测验也在测量个体的一般智力和记忆力。他推测语音编码能力低可能与第一语言中的诵读困难紧密相关。

拼写线索。受测者必须快速地辨认出被新的英语单词，在四个选项中选出与其对应的正确的近义词。这个环节的测试与 MLAT 其他部分的测试不同，拼写线索呈现速度很快，多数受测者不能完成所有项目。由于很少受测者能最终完成这个部分，这个部分的测试就能区分出高学能学习者。Carroll（1981）提出用拼写线索测试语音编码能力和一语词汇知识。他指出，后者表明了学习一门外语需要更高级的词汇拼写能力。拼写线索似乎也可以测试认知灵活性，依此灵活性创造的英语单词拼写违反了英语拼写规则，或许也可以测试战略能力（Bachman，1990；Chapelle & Green，1992），个体如果无法对所需的材料进行有意识的分析，就不可能在规定时间内完成这个部分的测验。

句子中的单词。每一项包含一个含有一个下划线单词的刺激句和一个含有四个下划线单词的句子。受测者必须从四个单词中选出一个单词，这个单词的语法功能要与刺激句中下划线的单词相同。显然这一部分是为了测试语法敏感度，无需使用任何语法术语。但这项测验的被试是接受过正规语法教学的人，测试的有效性值得推敲。Carroll（1981，1990）承认，他发现在句子中单词这部分的表现与语法类知识相关，但与接受多少正式的语法教学指导无关。

配对联系。在学习阶段，被试尝试记住 24 个库尔德语单词及其英语对应词。接下来是两分钟的练习时间，然后是一个 24 题的选择题测验，在此测验中，受测者要从四个选项中选出与合适的英语单词对应的库尔德语单词。显然这是测试对外语材料的记忆学习能力。Carroll（1990）承认这个部分的有效性由于样本不同而波动很大。他强调还存在很多其他类型的可能预测语言成就的记忆测验。

4. MLAT 的变体

还有一些测验以 MLAT 为基础，面向不同语言文化群体。初级现代语言学能测验（EMLAT）（Carroll，1981）适用于针对年轻人群（8～11 岁）的研究。EMLAT 有意大利语（Frencich，1964），法语（Wells, Wesche & Sarrazin，1982）和匈牙利语（Otto，1996）三个版本。EMLAT 日语版（Murakami，1974）已经无效了，但是研究者开发出以日语为母语的人的语言学能测验—Sasaki（1996）的日语语言学能测试（LABJ），该测试包含翻译来源于 MLAT 的配对联系，采纳了 PLAB 归纳学习能力次测验的一个变体测验，以及声音—符号联系的原始测验。

5. Carroll 式学能的核心是学习速度

在语言课程或自学项目中，Carroll 利用正式教学语境中的外语学习速率（rate）来测试学能。他认为，具有高学能的学习者学得最快。Carroll 尝试用 MLAT 来测试被试在特定时间与地点下的学习语言的速度。比如，在美国历史上有一个特定的时期，美国需要培训大量的外语人才来完成政治外交，而这个外语培训过程需花费大量的公共资金和时间，因此美国政府希望找到一个快捷、有效的测量方法来评价这些接受外语培训的个体是否成功获得外语能力。结果，Carrol（1962）在给这些外交官高强度的、由 8～12 个月的全职外语培训后，用 MLAT 测量他们的外语获得水平，可以清楚地发现个体学习速率是测量外语知识掌握的关键指标。

6.Carroll 的学校学习模式

除了学能成分模式，Carroll（1963）还力求解释学校模式中学习者和教学变量之间的相互影响。为了预测在教室场景中的学习成就，他研究了时间、教学质量和个体差异这些因素间可能产生的相互作用。教学变量包括充分的学习表现和学习机会。个体差异变量包含一般智力水平、学能（反映个体学习一个任务所需的时间）和动机（代表个体愿意投入的最多的学习时间）。在时间充足的条件下，高动机低学能的人需要更多的时间，但能获得成功，因为他愿意花更多的时间学习。相比之下，拥有高学能的学习者需要的时间较少学习，动机不高也能成功。Carroll 还指出，高质量的教学能使学能变得不那么重要。尽管学校的外语教学模式已使用了 30 多年，仍有挖掘的潜力。

2.3.2 学能问题和解决方法

在研究第二语言习得的进程中，学能并未成为被广泛研究的对象，或许因为其预测二语习得成就的能力还有疑问。

1.测验工具和各因素间不明确的关系

Carroll 的假设有显而易见的弊病，他的四个假定因素和 MLAT 的五个次测验不一致。MLAT 并不测定 Carroll 提出的能力因素——归纳学习能力；相比其他因素，Carroll 提出的另一个能力因素——拼写线索能力的培养与长期学习的相关性更高。

为了解决问题，应该重新设置能力因素，把归纳语言学习能力和语法敏感性作为语言分析能力的两个层面，不再当做两个完全独立的因素。

Skehan(1989，1998a)就认为这两种能力的重点不同。实际上，句子中文字的理解能力和归纳学习能力的认知活动很相似。前者要求学习者能在熟悉的语言环境中（通常是第一语言）分析句子的语法模式，后者要求学习者能在不熟悉的语言环境中（通常是第二语言），从少量的句子中提炼语法模式。另一方面，Alderson、Clapham 和 Steel（1997）针对英国大学生的研究发现，MLAT 测试中，学习者对句子中单词的理解能力与归纳性语言的能力并不相关。这个实验要求被试翻译一小段斯瓦希里语，然后提供部分已翻译的样例。由于 Alderson 和 Skehan 用不同的方式来测量归纳性语言学习能力，所以不可能得出可靠的结论，但从变异很大的各项研究的结果看，研究者还需对语言分析能力的本质进行更深入的研究。

另外一个学能成分是拼写线索能力，语音编码能力是拼写线索能力的关键。特别在第一语言学习词汇过程中，语音编码能力的获得促进了学习。然而，这样促进作用在 Carroll 提出的特定语境四要素中表现出不一致的学习效果。继 Bristol 之后，Skehan 进一步主张，第一语言词汇学习能力与语言学能之间的关系值得深入研究。Skehan 发现，39 个月龄儿童的词汇知识可以用来预测他们在 13～14 岁的整个语言学习期间的学能水平。这个研究促使人们思考，第二语言的学习能力是否是第一语言学习能力的衍生？尽管语言学能的特征还需要更精确，这些先前的研究为重新思考学能的本质意义提供了研究范式。Skehan 针对第二语学习学能框架三因素的角色规定，是尤其有实践意义的尝试。

2. 学能测试是智力测试吗

如果语言学能指一般智力运用到语言学习中，那么研究学能作为学习者的特质就没有多大意义。包括著名的学者 Oller(1983)在内的许多学者对智力和语言学能是否等价进行了研究。

大量研究发现，智力和学能之间有显著差别。Carroll (1981) 研究发现，测试第二语言学能的标准和针对第二语言习得成就的智力测试标准显著不同。致力于测试智商与才能之间的关系的研究也认为两者有重大的区别。Gardner 和 Lambert(1972)、Skehan（1982）发现它们之间的相关是中低度（r=0.4），比起智力测试，学能测试与第二语言熟练水平测试的相关更高。另一方面，Wesche、Edwards 和 Wells（1992），Sasaki（1996）发现，学能和智商之间有中高程度的相关。然而，Skehan 认为 Lambert 等人的样本是随机样本，Wesche 等人的样本则是特定人群，因此，结论当然也有所区别。因此，Skehan 认为学能不能完全不同于一般认知能力，因为语言能力测试也是智力测试的一部分，但语言学能同智力并不等同。他认为，学能与认知能力在处理语言分析方面的关系更紧密，而在处理记忆和语言法规能力时的关系比较疏远。就此可以看出，用单一的标准评定第二语言的学能将模糊一般认知能力和特殊语言能力的本质关系。

3. 学能不是特质，而是发展的学习技能

Carroll（1985）认为学能部分来自天赋，更来自后天长期的经验积累和社会活动。在任何时候，学能都是相对持久稳定的。虽然一个人的学能可以通过特别指导或者训练来提高，但那绝不是件容易的事，因为学能的改变受诸多条件的限制。近几年来，有两种研究证据支持天赋论或是学能具有稳定性：关于第一语言的发展和第二语言的后天学习能力之间的关系研究；关于第二语言学习经历效果的研究成果。

解决办法 1：第一语言能力与第二语言能力的关系

Skehan (1986，1989，1990)研究个体童年早期的第一语言发展、第二语言学能测验的表现和在中学第二语言学习方面成功这三方面的关系。Skehan 对参加 Bristol 语言项目中的 103 位幼年儿童进行了学能和二语水平测试。此前的纵向研究中，Wells 和他的同事进行了测试，他们将 128 个孩子分成两

组进行测试,一组孩子的年龄为 15~42 个月,另一组为 39~60 个月。每个孩子隔三个月进行录音,使用特制的录音装置,它能够频繁取样,可以在不规律的间隔中进行,现场无须有旁观者。除了这些自然产生的数据,测试还会采访学习者的父母,以采集其他信息,例如,孩子表现出识字方面的素质。

布里斯托尔(Bristol)项目的后续阶段包括实施(1)二语学能不同组成部分的衡量(言语智力、语法敏感性、归纳语言的学习能力、语音解码能力);(2)法语或德语说、听、写、读的标准性考试。Skehan 发现学能与二语学习成就两者紧密相连。另一方面,第一语言的发展和第二语言的学习成就之间并无直接联系。有趣的是,测量第一语言的发展的标尺和测量第二语言的发展的标尺却有紧密的联系,在完成"语言分析"任务时,语法敏感度与"42 个月的 MLU"之间,语法敏感度与"形容词和限定词的范围"之间,归纳性的语言学习能力与"39 个月的词汇"之间都发现中强度的相关,系数在 0.4~0.5 浮动。换句话说,测示显示,第一语言的学习速度和第二语言的学习速度有联系。然而,有关学能的解释不仅仅是对结果的简单阐释,因为环境因素是多变的,例如家庭背景也在一定程度上和语法敏感度有联系。基于对第一语言发展指标的回归分析,Skehan 总结:学能是两组不同的影响的产物:一组反映了学能就是第一语言发展下的"残留能力",另外一组反映的是语言能力的发展是在非文体条件下形成的,这种非文体条件受家庭背景的影响,比如父母的读写能力。

解决办法 2　第二语言学能和第二语言学习经验研究

许多人认为,一个人懂得越多语言,这个人在第二语言的深入学习上越成功,但这个结论还未得到研究的证实。以下讨论从相关研究到实验研究的历程。

Eisenstein (1980)研究了 93 个大学生的语言学能和其语言学习经历的关系。通过语言学能测试,她发现双语学习和早期的(通常指高中)语言训练有一定关系，早期的语言训练有助于提高语言学能。10 岁前就已经习得一种以上语言的双语者比仅仅普通的双语者更有优势，虽然这一差异在统计上并不显著。她还指出，那些受过第二语言正式教育的人更有优势。

和 Eisenstein 的研究相反，Sawyer，Harley 和 Hart 的研究并未发现学习经历的影响。

Sawyer (1992) 用多种东南亚语言对参加初级短期强化课程的 129 个学生进行语言学能测试和语言学习经验问卷调查。他对相关成分和主要成分都进行了分析，以检验语言学习经历、学能和第二语言熟练程度之间的相互关系。学能与最终的课程得分和第二语言熟练程度有中等程度相关，但学能却并不和在第二种语言中沉浸的时间等自变量相关。语言学习经历、学能和语言熟练程度在主成分分析之中都作为独立因素出现。

Harley 和 Hart(1997)比较了学能和学习者的第二语言熟练程度，这些学习者开始第二语言学习的时间早晚不同。研究选取了 4 个 11 年级的法语沉浸式班级(N=65)作为被试；其中两个班级的学生都参加了从一年级开始的部分沉浸式的课程（早期组），另外两个班级的学生则参加从 7 年级开始的部分沉浸式课程（晚期组）。本次研究还采用各种测试，包括两种记忆度量测试，从 PLAB 引用的语言分析子测验及许多第二语言测试。结果显示，和晚期沉浸组的学生不过 4 年的沉浸时间相比较，虽然早期沉浸组的学生有 12 年沉浸法语的经历，但从整体看，早期组学生的学能并不一定更高。

Sparks、Ganschow、Fluharty 和 Little(1995)早期的教学实验发现，那些有熟练掌握第一语言的学生在学习第二语言时的学能普遍很强大且能在学校的外语测试中获得更高的分数，那些在学校第二语言课程中感觉吃力的学生或多或少都有第一语言症结。Sparks 等人(1995)比较了高中生学习拉丁语之后的学能变化，针对有障碍的学习者使用"多阶段有层次的语言学习法"——在第二语言学习中进行语音和韵律的逐步教学，学生有机会同时听、看并写下声音符号，提高他们的学能。学年开始和结束时，都进行 MLAT 测验；

在常规的拉丁语课程结束之后,那些没有学习障碍的学生们的学能显著提高,那些参加多阶段有层次拉丁语学习的学生的学能也显著提高,那些参加常规拉丁语课程的有学习障碍的学生的学能提高不多,他们的学能虽然有所提高,但测试平均值依然远低于那些没有学习障碍的学生。学能测试分数的提高可能是由于学习拉丁语语法有助于完成在句子之中分析词语的任务。可惜,Sparks 等人并未报告 MLAT 的子测验成绩,无法更直观地支持研究结论。

Nation 和 McLaughlin、Nayak、Hansen、Krueger & McLaughlin 也借鉴 Reber 的实验范式(Reber, 1989)来研究双语经验能是引发语言学习的"专长"。

Nation 和 McLaughlin(1986)比较了单语者、双语者和多语者在内隐和外显两种条件下学习一门人造语言的差别。研究发现,在外显条件下,上述三种人在学习人造语言方面并未表现出显著差异,但在内隐条件下学习该人造语言时,多语者就表现出压倒性的优势。他们解释说,在理解他们所接受的语言刺激时,多语者即使没有得到刻意的教导或者是有明显的缘由这么做,他们依然能更好地将结构信息抽象化。用信息处理的术语来说,这就意味着多语者在处理言语刺激的时候可以"习惯地"发挥更强的处理能力。这个发现与 Skehan(1986a, b)的结论一致,Skehan 认为优秀的语言学习者应该能够从经验之中抽象出规则以应对脱离语境的材料。但在获得教学指导的情况之下,多语者的表现并不比单语者强,且多语者在内隐条件之下的优势并未延伸到双语组,该研究对于语言经验并不一定促进语言学能提供了弱小的旁证。

Nayak、Hansen、Krueger & McLaughlin(1990)的实验让学习者接受学习一种不同的使用短语结构文法和人造语言的任务测试,进一步探究单语者和多语者的差别。单语者受试和多语者受试随机被指派进行记忆任务测试或者发现语言规律任务测试。在记忆组中他们学会记忆学习过的每一个单词,而那些在发现规则组的受试则被告知句子当中的单词基由一种复杂的规则来排列,他们要尝试发现这些规则。结果发现,虽然多语者被观测到能使用更大范围的学习策略，且他们能够灵活地使用，但不管在词汇学习上还是规则学习上，单语者和多语者之间在两种条件之下都没有显著的差异。

正如这些研究所展现的，大量的实验探究了语言的学习能力和语言经历的关系。虽然 Eisenstein(1980)的相关研究和 Spark(1995)的实验均认为前语言学习经验会影响语言学能，但众多其他相关性和实验性的探索并不支持这一结论。这里应该强调的是，Skehan 的相关性和实验性的探究虽然只证明了语言学能与语言技巧的提升有关，但是将来更深入的研究将致力于发现怎样的学习经验会对哪些方面的语言学习能力产生影响。

4.学能只和正式教学指导有关

基于"监控模式"，Krashen Krashen(1981)认为只有在正式环境下（如在教室中），利用随时监控的方法，才能用学能预测语言学习效果。相反的，在以交流为重心的非正式环境中，当未提供监控学习效果的测试时，用学习态度来预测语言学习效果更可行。Gardner(1986)认同这一观点。但 Cook（1996）却不承认第二外语教学中内容与学能的关联性，他指出："这些测试不能中立地反映教室里发生的事情或者关于语言学习的目标。他们推测的是用心去背单词是第二外语学习能力的重要部分，以及，口语学习和语法结构模式学习都很重要。简而言之，MLAT 主要是预测一个学生在注重听说方法教学的课程中表现有多么出色，而忽略了其他教学方法对学生的影响。"实际上，更多的研究发现，在第二语言学习和教学的过程中，学习效果和学习者的认知能力有显著关系。

解决方案：在一定学习环境范围中学能的关联

多项研究发现第二外语的学能与用第二外语学习语法结构的方法，它们之间的关系在各种测试工具（MALT 和 PLAB）中得到有效验证。但是，尽管当学习指导是特定形式设置的，学能测试还是证明同各项语言学习项目或是多语言学习规则相联系的。Sehan 在 Bristol Language Project 的后续研究中选取英国中学水平的被试,让他们学习法语或德语一两年,之后进行阅读、写作、听力和口语的标准测试,测试其不同方面的学习能力和在法语和德语学习中的成就。结果发现,学能和第二外语学习的效果紧密联系。举个例子,测试发现说话能力与语法敏感度和归纳语言学习能力高度相关。当语法结构不是学习的重点时,比如在非正式的学习中,沉浸式的学习中以交流为主的教室中,抑或在实验环境控制不明显的学习中,学能是比较好的预测因素。

非正式学习。在非正式学习环境中的第二语言学能与第二外语学习效果关系比较方面,Reve(1983)的研究是屈指可数的,她的研究可以说明一些问题。这项研究侧重比较同一群说阿拉伯语的学习者在正式教室环境中学习英语和非正式条件下学习希伯来语言的效果。结果发现,相比于非正式环境学习设置,正式条件设置中各项预测值和关键测试之间的相关性低一些,但学能依然可以成为预测学习希伯来语言效果的预测指标,用这个指标进行预测,其效度高于用学习动机、认知能力及学习策略来进行预测。但用该项研究来解释学能在非正式条件下依然具有很强的预测能力并不牢靠,学习者不单纯在自然条件下学习希伯来语言,而接受过六七年的希伯来书面语言学习指导。

法语浸透式学习。Harley 和 Hart(1997)的研究证明了基于教材内容教学的二语学能和效果的关系。他们查验了学能的组成和在法式浸透式学习中两类学习者在二语学习之间的关系,对比从一年级就开始法语浸透的学生和七年级才开始的学生。研究采用 PLAB 的子测验项目"语言分析"(Pimsleur, 1966)与两项记忆测试:MLAT 中的配对联系测验和学习者忆记散文的一种方法。二语学习水平测试包括一系列正式的和交际性的任务。Harley 和 Hart 发现,虽然这两组学习者在学能的组成和不同的二语任务之间的关系模式不一样,学能与二语学习效果还是有密切关系。研究结果还证实了二语习得年龄的影响、教学方案的不同及学生数量的差异。Harley 和 Hart 的研究表明,比起传统的外语课堂教学,浸透式教学对学习者的影响更大,学习的重点是内容学习,学能会在一定程度上影响学习效果。

交际式的二语教学。Horwitz(1987)的研究试图区分促使语法能力发展的能力和促使交际能力发展的能力。她提出一个叫做"概念水平"的学习者因素（Hunt，Butle，Noy & Rosser，1978），该因素与社会认知能力相关，这些社会认知能力又与交际能力相关，但学能却与语法能力相联系。概念水平是反映个人认知复杂性和人际关系成熟性的指标，从阶段发展上看，个体的概念水平有三个阶段，"自我为中心"，"关注社会的可接受性"和"容忍歧义及不同意见"，具有"成熟的同情感和相互依存"。

Horwitz 对美国的高中生在学习法语的第二年（61 例）进行了一项语言学能测验，测试这些高中生的概念水平。该实验包括一次法语语法测试，三次口语表达任务。最后三次口语表达被录音，按交际的有效性来评分。课堂观察确保所有学生在二语课堂的交际活动中都有类似经历。Horwitz 发现，语言学能测验与语法测试有着重要的和适度的相互关联（r=0.41），口头任务测验所得结果表明，概念水平与交际能力相关联（r=0.54）。出人意料的是，语言学能和交际能力，概念水平和语法能力之间都有相似的紧密关系。这项研究证实，语言学能测验中测出的学能的组成部分与通过交际教学取得的口语表现水平之间有明显关系。Horwitz 还发现，语法敏感性和人际关系敏感性两者之间存在共同的影响因素，这值得进一步研究。

Ehrman 和 Oxford (1995)的一次大规模研究发现，学能措施和二语学习成功之间存在着积极的关系。他们研究了学习者各种变量之间的关系（学能、学习策略、学习风格、个性特征、动机和焦虑感）以及说一门外语和阅读一门外语能力的比率。参加实验的对象是 855 名美国政府雇员，他们参加强化性的语言教学培训，主要使用交际型的教学方法，包括诸如句型操练和对话之类的听说教学。然而，所得的数据并不完整，因为只有 282 人完成语言学能测验。Ehrman 和 Oxford 发现，语言学能和教师"观察到的学能"比率是预测的变量，它们与外国服务机构口语、阅读比率有着非常强烈的关系。这些能力测试与语法敏感性测试比率相关，则 r=0.4，如果把语言学能测验作为总体，那么相关在 r=0.5。为此，研究者得出结论，当教学目的倾向于口语交流的时候，语言学能仍然是二语学习成功的预测指标。

实验室的研究。 本章回顾已有的研究时都特别注意特殊教学方法和学习环境对学能的影响。相比之下，这里所回顾的实验室研究控制了学习条件，因此语言学能和教学法之间的相互作用便可以从受控的实验中测出。De Graaff

(1997) 研究了荷兰大学生的世界语学习。被试有 54 人，随机分配到内隐的学习条件或是外显的指导学习条件中。利用荷兰语版本的现代语言学能测试大学生在句子、成对相关联测试和词汇推论测试中的学能，所得数据作为实验的前测数据。这三个学能测验构成一个与熟练度测试相关联的变量。学习要经历 10 个课时，每课大约花 1.5 个小时，使用电脑，学习规则嵌进对话中。在一个背景下，这些对话被置于上下文中进行研究。学习活动包括翻译和练习。除此之外，外显设置下的被试组接受完成目标结构任务的语法上的解释和指导。熟练程度测验分为三次实施，一次是在教学指导阶段进行，另两次在学习后进行。测验内容包括句子的判断、填空、翻译和句子改错。

De Graaff 经过研究发现，在外显的教学指导学习条件下的被试胜过在内隐学习条件下的被实，学能与熟练程度测验中的表现有关。学能和学习处理条件之间没有相互作用：学能在相同程度上影响了这两个不同学习设置条件下的测试表现，换句话说，他的发现支持了学能与无论是内隐学习还是外显学习都相关的观点。

与 De Graaff 采用人工学习语言方法不同，Robinson 却是对在教学环境中学习英语的效果研究。研究首先定义了选择研究两种句法的规则，根据语言结构复杂性和需要教学解释的复杂程度来判断的规则，第一种规则被第二语言的教师认定为"容易"；第二种规则，根据相同的判断标准，被认为"困难"。被试是 104 位把英语作为第二语言来学习的人，他们中的大部分以日语为母语。前测中，筛选出那些表现出对目标语言不熟悉的人。学能程度通过对句子和成对相关联的次测验获得。被试被随机分配到 4 个不同的学习条件中，分别是内隐学习条件，偶然学习条件，找规则学习条件和有教学指导的学习条件。所有课程都在相同时间通过句子呈现在电脑上。看完这些句子后，根据条件不同，被试要完成不同的测验任务。在内隐学习条件下，被试被要求完成记忆任务且回答有关单词在句子的位置等问题；偶然学习条件组的被试要回答有关阅读理解性的问题，他们只需回答是与不是，这个组根据被试回答的内容来接收反馈意见；找规则学习条件组的被试要找出句子中的规则并且回答是否找到这些句子的规则；教学指导学习条件组的被试要观察简单及复杂的规则并把这些规则应用到他们看到的每个句子中，每个句子后都要求回答"是"或"不是"且都可得到反馈。学习效果评价在实验条件后，采用语法判断任务来测试。

后测发现，教学指导学习组的被试在简单规则学习方面胜过其他组，但在复杂规则学习上，它的优势只能与寻找规则组相比。在学能方面，语法判断任务的完成结果显示语法敏感与内隐学习条件、寻规则学习条件和教学指导学习条件下的学习有关，与偶然学习条件无关。事实上，最强的关联体现在内隐学习条件的被试对简单和复杂学习规则的精确性中，在这种条件下，那些有能力描述规则的人在语法判断上往往更准确，他们共同句子措辞相对更好。换句话说，那些具备较高学能的人具有高水平意识及学习能力。

5. 语言学能概念和语言习得过程没有清晰联系

过去的语言研究历史中，当人们发现学习理论说服力不够的时候，学能概念才引起广泛注意，MLAT 测量工具出现后，学能概念和学习理论的行为主义的联系更紧密。然而，Carroll 提出，语言学能的成分模型不应局限于语言学习的刺激—反应模式上。1981 年，Carroll 把学能成分同当时流行的信息处理模型，包括短期记忆和长期记忆模型，联系起来。Skehan（1998）更是借用心理语言学的信息加工模型理论,把学能理论演绎得更加丰富。他提出的语言习得模型有三个阶段:输入处理、中央处理、输出处理。每个阶段都同他提出的语言学能的三个成分——语法敏感性、归纳语言学习能力、语言分析能力。虽然研究无法证实这些联系的存在,但工作记忆容量方面的研究成果为研究这些联系提供了线索。

解决方案 1:语言学能和工作记忆容量

工作记忆容量可以解释语言学能同第二外语习得过程的关系。Baddeley 和 Hitch(1974)首次提出工作记忆(WM)概念,这个概念同短时记忆(STM)显著不同,体现在两个基本方面:(1)STM 被视为长期记忆的一个环节,WM 则是独立的临时认知工作区,用于结合具体的认知过程,如理解和产生语言;(2)STM 通常是被动的存储功能区,而 WM 包括临时存储和持续处理功能区。比如,在理解口头语言过程中,倾听者必须先存储前期的有关信息,之后执行准确的、完整话语的表达功能。话语表达完成,前期储存的有关单元信息就被遗忘,只有清除把早期的低水平的信息单元,才有足够的工作记忆空间来完成后续的语言加工过程。

工作记忆概念的提出和发展依赖于认知心理学的理论发展,其与注意容量理论的关系更密切。Carrol 的 MLAT 测验虽然同记忆理论相关,但是还存在着局限。Baddeley 和 Hitch 研究了注意容量对工作记忆的影响,信息存储一旦超过记忆容量,总体信息的数量将减少,以便保证足够的容量为后来的信息提供储备。因此,某些储存过的信息将被遗忘,或者加工过程减慢或变得不够准确。虽然两种记忆成分间的关系可以被理解为通过放弃一方使另一方继续发挥功效的交换,但记忆像是堆雪球模式发展一样,通过消除信息来获得更多信息将会对加工效果产生重要影响,因为这两个记忆过程都很重要,尤其在快速理解语言上。鉴于这样的理论,有可能解释第二语言的学习者经常发现自己正处在工作记忆容量有限的条件下学习,从而导致学习效果的差异。

为了找出工作记忆容量是否与解释个人在阅读理解水平上存有明显个体差异原因，Daneman 和 Carpenter (1980)设计了阅读跨度任务的方法。阅读跨读任务需要学习者同步加工已存信息及采用工作记忆的加工程序。这个任务要求被试读几组不断加长的句子，然后要求他们回忆每个句子最后的单词。设置假设那些有更强的工作记忆能力的人比那些工作记忆力较弱的人能在理解句子的同时记住更多的相关词汇。在大量实验中，Daneman 和 Carpenter 了解了工作记忆力与理解方面的相关（如 SAT 的口语成绩）在 0.5~0.6。更重要的是，研究发现被试在听力理解方面的阅读跨度任务也有相似的结论，说明这些差异可归纳成语言加工过程的差异，而不仅是阅读加工过程的差异。

当工作记忆可以解释语言理解过程的差异的理论已经形成，许多学者（Hamington & Sawyer, 1992）着手研究第二外语学习者在个人工作记忆能力上的区别，这些区别又同他们的阅读理解发生关系。他们对高中级日语学习者学习英语的过程进行了一系列测试——第一语言和第二语言的数字跨度测试、单词跨度测试和阅读跨度测试，还有两个部分托福外语测试和完形填空。测试数字和单词跨度是为了检测影响工作记忆的因素是否由短期储存记忆引起的，结果发现，在阅读跨度测试分数和托福阅读第二部分（语法测试）的分数相关性是 0.57；在阅读跨度测试分数和托福第三部分（阅读测试）分数的相关性是 0.54。这显示了工作记忆能力和第二语言的熟练程度存在较强的联系。这种关系在之后的测试中得到更高的效度验证。

如果有更多的研究证实工作记忆因个体差异而不同，那么工作记忆对研究第二语言学习将有很重要的理论贡献。设想一下，学习需要集中注意力，集中注意需要专注，而在任何时候，专注都受到工作记忆容量的限制，因此逻辑推理上，学习数量和工作记忆容量大小有密切关系，或者说，工作记忆是平台，一个集各方面形同综合展示的平台。在某种程度上，语音编码、语法敏感度、对词汇表的记忆途径在认知过程中是各自独立的，因此加工过程会更慢，更费力。同时，在口语表达过程中，理解或再加工的暂时储存信息将变得不够完整和准确，导致影响后续认知加工，进而降低效率。在工作记忆超负荷的条件下，专注学习变得更困难。

解决方法二：学能与专注

学能的观点最早被 Cook (1996)引用，并影响了上个世纪 70 年代的研究路线。当时，第二语言习得研究不再是行为主义者学习模式，而是借用第一语言习得的研究方法和目标，来探索语言学习的普遍性特征。而对第一语言和第二语言的学习者研究发现，第一语言习得和第二语言习得过程很相似，第二语言习得在孩子和成人之间的学习模式也很相似，在不同第一语言学习过程中的个体学习的相似程度都很接近。有研究者认为，在任何情况下，这个学习过程都是一样的：学习者必须经过输入法，在吸收过程中破译语言密码（编码），语法水平，语言目标等过程（Cook，1996）。由于第一语言习得的儿童在学习过程中也许是本能的，没有注入有意识的分析，因此有人推论说第二语言的成人习得者也可能存在这样的本能学习模式。事实上，不同的语言学习使用的是不同的学习方法，学习第二语言时候的多语言知识不会促进第二语言的学习。目前的语言研究更重视课堂正式教学的作用及语言习得过程中的意识加工。

不同理论研究发现，在第二语言习得过程中，学习者必须学会用一些方法养成专注目标语学习的习惯。这一学习习惯，正如研究者提到的学能概念的形成一样，尤其有助于培养语法敏感度和语言归纳学习能力等语言分析能力。Ranta（1998）研究六年级学习者参加 ESL 外语（这个项目主要是通过外在的指导发展个人的口语交际能力）学习项目后的学习效果，认为，具有高层次语感的学习者会在第二语言学习中的某些方面体现出优势。确实，她发现那些在语感测试中得高分的学习者的表现与第二语言口语生成能力息息相关。

这些研究的发现有力支持学能和专注概念的密切联系，因此，学能应该从信息加工的角度重新定义，强调专注学习形式将有利于弥补学习者在语言编码和语法敏感能力的缺失。采用合适的教学方法吸引学习者的注意，不仅有利于特定阶段的语言学习，也能够减少工作记忆对额外学习材料的负担。不用说，探究关于语言学能与二语习得牵涉过程之间的关系还需要更多的研究。

2.4 小 结

本章研究语言学能、额外的遗传素质和教学指导方式之间的相互关系，这些研究结果将为未来的研究提供丰富的文献基础。

其一，语言学习能力的测量。语言学能的本质和测量是这个领域最基础的研究，这些研究对于探索学能和教学方法的关系提供研究视角。Carroll 在研究中承认他构建的测量学能的四个因素并不是最佳的，同语言测验（MLAT）的成绩并未紧密相关。此外，MLAT 测验的目的是预测使用听说教学方法的学习语言的速度，这个目标同当代的语言学习目标也不密切相关。但并不就此认为 MLAT 测试在非听说教学设置下没有任何预测价值，实际上，大量文献也证明了它的预测功能。Carroll 曾经特意指出，采用各种不同类别的记忆测试也可以有预测功能,研究中提到的工作记忆容量就是很好的例证。Skehan(1982，1998)也提出许多其他可能的学能测量方法。

先前的研究发现，对语言反应时间的测试尤其能够体现语言加工的有效性。这个观点特别适合 Carroll 在学能概念上提出的关于语言学习的速度能力因素。虽然 MLAT 测试的学习数量部分和语音脚本部分这两部分测试学习者对特定量的语言材料的学习能力，测试拼写线索部分需要考虑的是快速完成任务的能力，但许多学能测验都未关注学习反应时间这一因素。上文讨论过 Robinson(1996，1997)和 De Graaf 的研究，他们都对反应时间进行测试，但 de Graaf（1997）并未专门讨论反应时间同学能之间的关系；Robinson 的研究几乎没觉察反应时间和学能测试之间的重大联系，原因可能是 Robinson 研究设计的测试不是为了测试学习者的学习速度而是测试学习的准确度。

其二，学习者个体特征。另外一个研究领域是关于学习者的个体特征与学能的关系。Wesche（1981）和 Skelhan（1986）的一些研究，根据学习者的相似的个体特点分类。这样分类有助于了解语言教学的效果，但也有局限，比如，他们的研究关注那些最显著的个体特征，比如年龄，这不体现个体本身的学习特征，只是生理特征；很多研究发现，发音编码能力的高低不能成为分类的主要标准，因为，在学能概念的三大主要成分上，每个个体都有优劣势，这样就有 9 种可能的分类存在，许多研究只研究其中的两个组别，比如强分析能力/弱记忆能力；强记忆能力/弱分析能力；加上控制组别来研究。早期的学习过程中，第二语言学习者的语音编码能力对学习效果的促进的确优于另外两个学能要素，但在后期的学习过程中，语言分析能力和语法归纳能力就表现出优势。

其三，在特定任务下的能力和表现成绩的关系。基于学习者复杂的知识背景，我们需要更多的有关于学能如何对教学的结果产生不同的影响和特定情况下学能如何对具体的语言学习任务产生不同的影响的研究。实际上，不仅学生学习能力有差异，还有许多可能导致学习者成绩变动的因素，有必要对其与教学成果和导致这些成果的教学进程之间的关系进行研究。先天的才能与后天教育之间的相互作用的研究，学习者自身的个体差异与教学对策之间的相互作用研究，都应成为第二语言研究的重要领域。

其四，个性化的教学模式。设计有效的教学指导来改善学习效果，可以用计算机化的教学模式。计算机教学可以帮助学习者在选择、修改和学习一系列的语言学习任务上提供各种方便。Doughty（1991）的研究就是基于计算机化的教学和互动之间的关系研究，这个研究为研究学习者的阅读理解力和语法知识的构建提供了基础。R.Sawyer（1994）研究学习者在导航学习模式中的不同，通过计算机化的学习，他研究各种变量如何影响不同环境下的学习结果，比如分辨日语的音节特点。尽管这项研究的学习程序短暂且样本太少，但 Sawyer 还是为未来大规模的研究和教学研究开辟了道路。

其五，基于任务的语言学习。虽然计算机化的教学方式为个性化教学提供了很大的空间，但无法完全取代传统的教室教学。因此，应该继续深入研究教室内基于任务的教学方式，考察不同学习任务对学习效果的影响；考察不同类别的学习任务对不同个体学习效果的影响；考察如何有效整合任务类别来匹配个体差异从而使学习效果最大化。对于以学生为中心的教学，应该针对学生的弱点进行教学还是通过迎合学生的优点、绕开其缺点来教学。在先前讨论过的研究文献中，Ranta（1998）针对学生的缺点来设计教学课程；而 Wesche 则证明后者的教学优势。当然，这样的研究结果还需要更多后续的实验性研究验证。

参考文献

Altarriba, J., & Basnight-Brown, D. M. (2007). Methodological considerations in performing semantic and translation priming experiments across languages. *Behavior Research Methods, Instruments,* 6- Computers.

Caramazza, A., & Brones, I. (1980). Semantic classification by bilinguals. *Canadian Journal of Psychology,* 34, 77-81.

Durgunoglu, A. Y., & Roediger, H. L. (1987). Test differences in accessing bilingual memory. *Journal of Memory and Language,* 26, 377-391.

Glanzer, M., & Duarte, A. (1971). Repetition between and within language in free *recall. Journal of Verbal Learning and Verbal Behavior,* 10, 625-630.

Goggin, J., & Wickens, D. D. (1971). Proactive interference and language change in short-term memory. *Journal of Verbal Learning and Verbal Behavior,* 10, 453-458.

Heredia, R. R., & McLaughlin, B. (1992). Bilingual memory revisited. In R. J. Harris (Ed). *Cognitive processing in bilinguals (pp.* 91-103). Amsterdam: Elsevier.

Heredia, R. R., Mendiola, K. M., Tuttle, S. J., & Greybeck, B. （2005).)*Child bilingualism: A psychological Aanalysis of code-switching* (Border Research Rep.). Laredo,

TX:Texas Center for Border Economic andEnterprise Development.

López, M., & Young, R. K. (1974). The linguistic interdependence of bilinguals. *Journal of Experimental Psycholoy*, 102,981-983.

Matlin, M. W. (2005). *Cognition* (5th ed.). Hoboken, NJ: John Wiley & Sons.

Paivio, A. (1991). Dual coding theory: Retrospect and current status. *Canadian Journal of Psychology: Outstanding Contributions Series,* 45, 255-287.

Paivio, A., & Desrochers, A. (1980). A dual-coding approach to bilingual memory. *Canadian Journal of Psychology*, 34, 388-399.

Roediger, H. L. (1991). Implicit memory: Retention without remembering. *American Psychologist*, 45,1043-1056.

Scarborou gh, D. L., Gerard, L., & Cortese, C. (1984). Independence in bilingual word recognition. *Journal of Verbal Learning and Verbal Behavior*, 23,84-99.

第三章 双语教学的心理语言学

人们总是问,什么区分自己和其他物种,什么使自己成为人类?研究者认为语言使人类同其他物种区分开来,其他物种也有交流的形式,但它们没有规则的语法系统,人却能根据语法规则不断形成新的词汇和语言。当一个人懂得一门以上的语言时,这些语言是以不同的方式分别储存还是在两套语言表征系统中,两种语言是否有共享的部分?本章揭示人类语言的一些基本概念,尤其关注掌握多种语言的人怎样有效整合学习、回忆和语言使用。

心理语言学研究人们使用和领会语言的过程,心理语言学家对语言加工很感兴趣。本章将介绍心理语言学的相关概念和它们应用于双语研究的实例,本章还将涉及一系列双语心理语言学的概念和文献,讨论最新的研究和其他适用于当前观点的应用研究。

3.1 在跨语言心理学研究中的分析水平

心理语言学家使用许多方法研究语言的加工,综合不同水平的语言加工,最终获得对双语加工有组织的、统一的理解。例如,语音学、语义、词法和语用学是语言加工的不同方面,这些不同方面组成整个的语言加工。由于有不同层次的加工,因此一方面的加工水平要高于另一方面,例如,理解一个完整的句子比领会一个单独的声音需要更多的个体注意资源和记忆容量。

双语研究：从理论到教育实践

语音学是与语言相关的声音研究，例如，研究英语单词"cake"中"c"的发音（发"k"音）与"cellar"中"c"的发音（发"s"音）的不同。语义加工或语义学研究语义含义，例如，单词"cake"来说，说英语的人会学到"cake"指烘烤甜点。语言心理学旨在研究说英语的人遇到单词"cake"时的心理加工过程。词法或词态学研究最小的、有意义的语言单位——词素，语素并不是实际的单词——以词尾"-ing"为例，在单词里及本身，它都不是一个词，然而，结尾带"-ing"的单词表示正在发生的事，例如，"we are eating（我们正在吃）"。句法结构由语法正确的句子构成，比如，英语语法要求形容词必须放在被修饰的名词前。说话的人把语用学作为语言使用的标准，例如，以英语为母语的人会选择说"big bad wolf"，而不是"bad big wolf"，两个词在语法上都是正确的，然而，英语母语者偏爱使用第一种，第二种是心理词汇。心理词汇包含说话者知道的所有单词。

3.1.1 语音学

语音学研究与语言相关的声音，研究不同声音元素组合和它们互相作用的规则。音素是有意义的发音的最小单位，例如，"c"是有意义的发音，因为"c"在"cup"中表示杯子，而"p"融合在"up"中表示出不同的意义，正如"pup"在"puppy"里表示的意义。双语者两种语言之间的联系，这不仅适用于语音学研究，也适用于其他领域。非选择性语言观点认为，正是因为双语者的两种语言相互作用，才使得两种语言可以同时获得，而不论这种语言是否正在使用中。另言之，两种语言可以同时提取。选择性语言观点认为双语者在特定的时间使用一种语言的时候可以轻易的从正在使用的语言中提取单词，而受到双语者另外一种语言的干扰是很小的。

Jared 和 Kroll（2001）设计了一个命名任务的实验，看双语者是不是在实验任务中同时激活两种语言的语音表征。实验要求法语-英语双语者、英语-法语双语者都用英语和法语命名物体。实验材料选择的是一些英文单词和有相似拼写的法语单词，但是它们的语音编码不同。双语者先命名一组英文单词，紧接命名一组法语单词，最后命名另一组英语单词。Jared 和 Kroll 假设法语单词会影响英文命名，这个假设得到一系列实验的支持。在双语系统中，两种语音的编码都可被激活。然而，这取决于法语是被试的第一语言还是第二语言及被试的法语的整体流利程度。语言非选择性理论获得支持，因为两种语言的语音同时激活，它们相互作用。此外，语言的支配能力和精通程度也影响被试的表现。法语流利的双语者用法语命名完一个物体后用英语命名时会比较慢。法语的流畅会影响在英语上的表现，这意味着法语语音的获得影响了英语的命名。然而，Roelfs（2003）的试验结果却相反。Roelfs 选择了一些荷兰语-英语双语者作为被试，要求被试大声读单词。Roelfs 指出，那些共享语音的单词实际上能帮助荷兰语-英语双语者用另一种语言读出单词，相似的语音能够帮助双语者更快地进行命名。Marian 和 Spivey（2003）的试验则不同，他们使用视觉呈现，避免相似语音造成混淆。他们要求俄语-英语双语者参加全英语测试，以调查俄语和英语间的语音相似性。主试记录下呈现物体时被试的眼动情况，眼动能够测量和辨别被试的注意点，以此推断出研究假设。另外，除了测量眼动外，实验还要求被试为呈现的一组语言的词汇选择发音相似的另一种语言词汇。实验材料选择的目标刺激和任务刺激在发音上类似，以此作为实验的竞争刺激材料。设计的目标刺激是为了激活参与者的语言反应。这是实验者感兴趣的一个研究。在无竞争刺激材料的控制条件下，一个为目标物体，其他三个为无关物体。无关物体是和目标无关的，并不会引起被试期望效应的产生。语言间的条件刺激除了目标物，还增加与英语相近读音的俄语目标词。这个刺激是一个语言间的竞争词，由于语音上的相似，这些物体的名字在语音上彼此竞争。比如下面这个例子，plug 和 plum

共享字首的读音。另外两个物体为无关目标词。在语音内的实验条件里，一个目标刺激紧接着一个物体出现，这个物体的英语名字和目标物体的英语名字在语音上相似。这之所以称为语音的竞争者是因为在英语中的语音具有相似性，而不在俄语中。例如，单词 plug 和 plum 在第一个发音上是相同的。而其他的两个只是无关目标词。最后，在同时发生的实验条件下，一个目标词后紧跟着语言间的竞争词、语言内的竞争词和补充的词根。

比如，Marian 和 Spivey 进行了一个实验（p102）：

目标对象："plug"。

语言内竞争对象："plum"。

语言间竞争对象："plat'e（dress）"。

每一次尝试，眼睛的运动都会被记录下来。然后，要求被试读出目标对象和两个额外的非目标对象。呈现"plum"和"dress"之后，指导被试读出并挑选出"plug"。测试语言间竞争对手时，被试注视竞争物体的时间占了实验时间的18%，而注视控制物体的时间只有7%。这意味着他们注视竞争词的时间要比无关词更长，这表明双语者经历了第一语言俄语与英语的竞争，语音相似性会引起语言内和语言间的竞争，研究结果支持了语言非选择性理论，因为两种语言以平行的方式激活。此外，由于语言内竞争的存在，似乎语音竞争在双语和单语中都存在。第二个试验（Marian & Spivey, 2003）为单一的俄语试验，也使用相同的实验设计，以考察俄语-英语双语者在这一情况下的表现，英语实验用俄语重现，俄语刺激物名单也模仿英语刺激物的名单进行呈现，下面是使用过的刺激物：

目标对象："sharik（balloon）"。

语言内竞争对象："shapka（hat）"。

语言间竞争对象："shark"。

该研究证实了语言选择也有通道，但较少发现第二语言在语音重叠上的竞争。

当被试用母语（俄语）时，英文似乎并不影响他们。使用英文时，发现俄语竞争。尽管试验认为两种语言是同时激活的，但调查结果还表明，熟练的语言有优先权，因为英文似乎并不影响俄语情境。

一些学者认为，对一种语言的熟练程度并不影响语言的加工。Duyck、Diependaele、Drie 和 Brysbaert（2004）认为：语音启动不依赖于双语者对第二语言的精通程度。他们选用荷兰语-法语双语者作为被试，向被试呈现启动词（用来影响被试对随之出现的词的反应），后在电脑屏幕上呈现视觉掩蔽，增加阅读单词的难度（例如，一排星号或其他随机字符，能掩蔽单词），然后呈现目标（关键）词，被试必须识别这个目标词并在键盘上打出来。所有目标词是法语（第二语言），所有启动词都是荷兰语单词。第一个启动词的语音与法语目标词重叠，第二个启动词的拼写与目标词相似，第三个启动词则是无关的控制词。Brysbaert、Vandyck 和 Van de Poel（1999）的研究使用同样的实验程序。Ducky（2004）的研究显示：当启动词和目标词在语音上相似，被试识别目标词的速度更快；被试精通第二语言的程度不影响语言的启动。Brysbaert 的研究也支持这一假设。Duyck 的研究对语言无选择性观点的支持或许比 Brysbaer、Marian 和 Spivery 的研究更强有力。正如 Heredia 双语交互作用激活理论所认为的，双语系统和单语系统都是与生俱来的。

对语言的研究只是语言心理学的一方面。尽管在语言心理学的研究中，语言和语言加工研究是很重要的部分，但其他水平上的分析也很重要。除了声音信息，语义信息也是产生和理解语言的必要条件。有文献指出，语义加工在语言加工过程中的层次比语音加工要更深入。

3.1.2 语义加工

心理词典是和语言相关的词的集合，两个词典指拥有两种词的集合——

各自与一种语言相关。双语者的第一语言指其优势语,第二语言指其劣势语。第一语言和第二语言经常指代双语者拥有的两种语言的词典。词典反映拼字法或语言的拼写,也反映语义。研究者们已经能用模型来说明两种语言在一个人身上起作用的过程(双语心理词典参见 Krolld & Groot,1997;Schreuder & Weltens,1993)。

双语研究的一个焦点是语言词汇系统的数量——双语者所有的词汇信息,不论哪种语言,同属一个系统或是分成两个独立的系统?例如,西班牙语-英语双语者的词汇中有两个词项指"狗",即英语的"dog"和西班牙语的"perro"。此外,除了词典或词汇问题,还有关于语义加工的问题,特别是概念的存储。由于概念的存储被保持在记忆中,比如,狗的概念是有四条腿,有毛,会汪汪叫,忠实的宠物,因此"狗"的概念不包括词汇输入(lexical entry)中的狗。因为词汇输入或词汇标识实际上存在于双语词典中。

Kroll 和 Stewart(1994)构建的层级模型表明,两个词典连接至一个单一的概念存储。在这一模式中,第一语言或优势语的词典较大,由于我们先学习优势语,因此相较于第二语言,包含更多的条目。除了概念存储和两种词典外,还包含词汇联结和概念的联系。有两个概念的联系连接到概念存储。一个强有力的概念连接是优势语词典和概念存储的链接。另外,较弱的概念联结是非优势语词典和概念存储的联结。这里假设第二语言是较弱的语言,因此连接到概念存储的词汇也将较弱。这些概念联结可以在任何方向进行;连接可以从概念储存或词典出发,也可连接到概念存储或词典。这意味着,一个记忆中的概念可以引导词汇输入。词汇输入也可以引发对应的记忆概念,例如,当双语者遇到目标词"桌子",从"桌子"的概念连接到第一语言的词汇输入要比连接到第二语言的连接要更强烈。他们认为有两种词汇连接,一种是从第二语言的词汇到母语词汇的连接,一种是从母语词汇到第二语言的连接。这两个词汇连接在这个层级模型中是单向的,即连接到心理词典只有一个方向。从第二语言到母语的连接更强烈,因为第一次学习第二语言时,双语者往往依赖于把新的第二语言的词汇连接到熟悉的母语词汇,这个联系就变得很强。另一方面,在使用第一语言时,双语者很少依赖第二语言;因此,从第一语言到第二语言的连接变得相对较弱。例如,双语者的母语是西班牙语,第二语言是英语,遇到英语单词"table"时也将启动西班牙语单词,因为英语是较弱的语言。但遇到西班牙单词"mesa",不会启动"table",因为第一语言是较强的语言。

但是,并非所有研究者都找到支持 Kroll 和 Stewart(1994)的证据。Names(2004)研究认为,过去一直认为,第一语言词汇是在语义信息的基础上形成的,第二语言的词汇是在语音信息或词形的基础上形成的。Name 用词汇联想任务来研究波斯语-瑞典双语者。Name 希望单词联想能启发被试联想起与原词语义相关的单词。Names 发现,这些语音联想是基于所给单词与联想单词的语音交叠基础上的单词联想,研究者感兴趣的是语义联想而非语音联想。例如,在英文中语音联想可能是这样,单词"light"可能与"height"、"sprite"有关。试验表明,无论被试如何精通语言,都会产生语音联想;这种联想一直被认为与单词掌握量有关,词汇量越少,越可能产生语音联想。但 Namei 发现,人的一生都在用他们能说的所有语言学习新词汇,无论说话的人多么精通一种语言,他碰到不熟悉的词同样会产生语言联想。因此,第一语言的词汇和第二语言的词汇并不以不同的方式组织。Kroll 和 Stewart 的模型未区分以语义为基础的第一语言和以语音为基础的第二语言。

接下来讨论双语者对词法的加工。词素是语义最小的单元,例如,学习英语的过去时态的构成,学会在单词末尾加"ed",在"walk"后加"ed"就会使这个单词从一般现在时变成过去时。尽管"ed"本身并不构成单词,但可赋予语言意义。在语言中,词法是单词形成元素和加工的系统。在语言学中,词素是最小的意义单位。这一部分将从三个方面讨论构词法:单词中词频的作用和词素的数量;动词时态的形成;词语性别(morphological gender)。

词语频率用于测量词汇在语言中的出现率。Lehtonen 和 Laine（2003）选择芬兰语单语者和芬兰语-瑞典语双语者为被试，研究词语频率在词法加工中的作用。实验呈现芬兰语中不同频率的词语，要求被试进行词汇选择，他们要决定电脑屏幕上出现的文字串是不是真实的词语。研究关注被试识别词汇的方式方法，例如，被试可能用"整词"策略来辨识词，或者仅根据词法或词语的一部分进行辨别，向被试呈现的词语包括仅含有一个词素和变形的名词。屈折语素是添加到词干中但不改变该词干意思的语素，比如说，在英语中，把"s"加在"car"后得到"cars"，但这个词仍然表示单词"car"所指的物体。换句话说，"car"和"cars"没有不同的意思，两者唯一的不同，"cars"指的是更多的"car"。字典中，"cars"不会有独立的词条。相对的，派生词素则会改变词义。在英语中，在"camp"后加"er"得到"camper"，但"camp"和"camper"指的东西不一样。"camp"表场所，作动词表"扎营"、"露营"；"camper"指露营者或者露营装备；两者意思不同，在字典里也有不同的词条。Lehtonen 和 Laine 关注屈折词素。双语者使用基于词素的识别加工过程来辨识加工，他们不用所有词语结构来辨识词句，而仅靠词句中的部分来帮助辨识。这可能是因为，相对单语者而言，双语者较少接触这些词语，同时考虑使用两种语言时，单词出现的频率也较低。

　　另一种词法关系的类型是规则和不规则形式。De Diego Balaguer、Costa、Sebastian-Galles、Juncadella 和 Caramazza 在 2004 年的时候测试了患有布罗卡失语症的西班牙语-加泰罗亚语的双语者。布罗卡失语症是脑部布罗卡区受损导致的疾病，此脑区关系语言的加工。虽然患者能理解话语，但言语不流畅。在这项研究中，主试要求失语症患者说出动词在西班牙语和泰罗亚语里的规则形式和不规则形式。各个词法转换任务是包含动词现在时或过去时的句子完成启动任务。而患者需要立刻说出没有呈现的动词时态。以下是一个英语翻译的例子：Yesterday I ate, today I_____。而患者要反应出"eat"。在英语中，动词"to eat"是不规则的，因为过去式不按照语法上的一般规律进行变化。规则的英语动词结构是"to jump"，其一般现在时是"I jump"，过去式是"I jumped"。这些是规律的英语语法规则。

  用词法转换任务测试的病人在每个范畴的正确反映时发现，病人对西班牙语和加泰罗亚语常见动词的判断比不常见动词更准确。对失语症患者来说，不常见动词的转换更困难。这改变了传统上认为语法缺失通常与规则动词形式变化表现欠佳相关，由于在两种语言中得到的结果相似，表明脑组织中对两种语言进行加工的区域相似。这支持了语言的非选择性理论。

  性别是许多语言词法的特性，如塞尔维亚克罗地亚语、德语、西班牙语、俄语、意大利语、法语。语法中的性别在其他认知过程中的影响将在稍后讨论。一般说来，语言的性别包括阴性和阳性，中性的情况也可能出现，但不经常。很多情况下，用结尾代表词性。例如，西班牙语词以"a"结尾，这个词可能是阴性。反过来，以"o"结尾，则可能是阳性。词性也体现意义，比如，词性也许会影响该使用哪一类动词或形容词。除此之外，它还能为人或动物的性别提供信息。然而，词性并不总是与人或物的性别有关。换句话说，指代男性的词不一定是阳性词。在这种情况下，词性仅仅只是与意义无关的语法标记（语法符号）（如西班牙语中指代手的词 lamano）。

  2004年，Scheutz 和 Eberhard 研究了双语者的句子加工中的词语性别。他们向英语单语者被试和德英双语者被试呈现英语句子。在德语中，后缀"-er"结尾的是阳性词。每个句子都包含"himself"和"herself"，以限定人的性别。下面的例子引自 Scheutz 和 Eberhard（2004，p567）的研究：

  The hunter hurt herself after falling out of a tree.

  Did the hunter get hurt while climbing the tree?

当指代男性个体或是女性个体时，是否会想到某些典型的名词呢？也许 hunter 在一般情况下指男性。相关数据表明，英语单语组和德英双语组在这方面的差异并不显著。他们都把这些名词看作更男性化的名词。可能德语-

双语研究：从理论到教育实践

英语双语者倾向于认为 "-er" 结尾的名词更男性化。

词法可以提示人们了解单词的词性（动词、名词、形容词和副词等）。另外，除了词法提示，语言结构也为单词类型提供线索。句法会通过给读者和演讲者结构信息来为语言提供意思，反过来也会提供单词意思和单词类型。句法描述了语言的结构。Syntax 是关于句子中单词的语法安排的语言领域。简单地说，句法是曾经用于描述词组和句子中词序的一种说法。例如，英语在词序上是非常严格的，它总是遵循着主语、动词、宾语（SVO）的形式。又如，英语演讲者会说："我想要一个苹果。"其他语言使用者，比如西班牙语使用者，更依赖词法，会说 "Quiero una manzana"，这种说法根本不需要单词 "yo（我）"，因为动词的词形变化已经提供了信息。研究者曾经探索过双语中的句法合成系统研究是否根据语言相互分开来研究（Deuchar & Quay，1998；Hartsuiker、Pickering & Veltkamp，2004），这和研究心理词典的问题很相似。Hoover 和 Dwivedi 仔细研究了精通英法双语的人。他们根据阅读速度把被试分为快速阅读者和慢速阅读者，同时对法语单语者进行测试，作为比较组。实验要求被试在看完一个问题后阅读实验者给的成对的句子。第一个句子与上下文有关，第二个句子是研究者感兴趣的句子，是四种类型句子中的一种。接着呈现一列研究者感兴趣的句子。使役句中，句子中的主语以动词形式表示——主语是行为的原因。这些句子的句法结构各不相同。附属词是句子中领先于动词的代词。英语没有附属句。以下是句型例子及翻译（Hoover & Dwivedi，1998，p.9）。

Serges'achetait freguemment un bon vin rouge。

 Serge 经常买一瓶好的红酒。

 目标词：使役的，无附属

Il faisait tranquillement gouter le vin avec son fromage prefere.

他安静地吃他最喜爱的乳酪，品尝他的红酒。

目标词：使役的，包括附属

Il le faisait tranquillement gouter avec son fromage doux prefere。

他安静地品尝他的红酒，配上他最喜欢的清淡乳酪。

目标词：非使役，无附属

Il aimait tranquillement gouter le vin avec son fromage prefere。

他喜欢安静地品尝他的红酒，配上他最喜欢的乳酪。

目标词：非使役，附属的

Il aimait tranquillement le gouter vin avec son fromage doux prefere。

他喜欢安静地品尝他的红酒和他最喜欢的清淡乳酪。

实验记录了被试阅读句子中的每个单词用的时间和理解问题用的时间。实验表明，依据阅读速度和理解程度对被试进行分组，然后分别测试，这些组之间没有区别；每个组（快速的英语-法语阅读者，慢速的英语-法语阅读者）的法语熟练水平相当。结果表明，本地的法语阅读者和英语-法语阅读者加工动词出现在含有附属词的使役句时需要更多的时间。当实验者对比快速和慢速的英语-法语阅读者阅读句中包含附属词时，慢速阅读者加工句子结尾时耗时更多，对慢速英语-法语双语者来说比快速阅读者困难。就好像慢速英语-法语双语者会被英语句法影响是因为他们在法语上不如快速英-法双语者熟练。因此，第一语言句法的影响也许依赖于第二语言的综合熟练程度。

　　Dussias（2003）的实验用句法歧义解决方式测验单语者和双语者。他向阅读者呈现语义模糊的句子，例如"彼得爱上了在加利福尼亚学习的一个心理学者的女儿"。这个句子有两种解释，那个女儿曾经在加利福尼亚学习，心理学者才在加利福尼亚学习过。该句是歧义句。为了进一步进行研究，Dussias又设计了一个实验，选择西班牙单语者、西班牙语-英语双语者、英语-西班牙语双语者三种人作为被试。西班牙单语者会联系上下文来理解句子，比如观察所有格"su"指"他的"还是"她的"，确定句子的可能性。碰到歧义句，西班牙单语者要等到有上下文时才去详细了解句子的意思。实验中要求所有的双语参与者在每种实验条件下都看到实验提供的句子，但他们不会看到用不同语言呈现同样主题的句子。实验采用的句子范例如下。

四种不同语言结构的歧义句（Dussias，2003，p.547）：

第一个例句：El perro mordio al cunado de la maestra / que vivio en Chile /con su esposo.The dog bit the brother-in-law of the teather who lived in Chile with his/her husband.

第二例句（高联接）：El perro mordio a la cunada del maestro / que vivio en Chile /con su esposo.The dog bit the sister-in- law of the teather who lived in Chile with his/her husband.

被试应该把 su esposo（她丈夫）和 la maestra.（她小姑子）连起来。最有可能，esposo（男性）和 cunada（女性）结婚了。

例句三和例句四包含控制控制条件。

第三个例句：El perro mordio a la cunada de la maestra / que vivio en Chile /con su esposo.The dog bit the sister-in- law of the teather who lived in Chile with his/her husband.

在第三个例句里，la cunada 和 la maestra 配对出现。

第四个例句：El perro mordio a la maestra / que vivio en Chile /con su esposo.The dog bit the teather who lived in Chile with his/her husband.

这个句子删除了所有格短语。

低联结指歧义句相对于其他高联结的句子，不是很容易发现之间的链接。高联结指读者能够很容易地避免产生句子歧义。低联结使读者不得不把"con su esposo"和"la maestro"连起来，因为"esposo"是配偶的男性形式，而

"la maestro"是教师的阴性形式。一般认为，女性嫁给男性。Dussias 预计，西班牙单语者读这种类型的句子比较慢。西班牙语中通常在"la maestro"前把"suesposo"和名词连起来（换句话说，他们最可能将其和"al cunado"的名词位置连起来）。

每个句子分为三部分，斜线表明句子划分的地方。实验要求被试快且准确地阅读。被试朗读完句子的特定部分后，按按钮进入下一部分。结果表明，西班牙语单语者要花更长的时间阅读低联结句子。英语-西班牙语双语者阅读高联接句子和低联接句子的时间差不多。但在低联接条件下，双语者的阅读速度普遍比较快。西班牙语-英语双语者、英语-西班牙语双语者与西班牙语单语者的阅读速度相反，他们阅读高联接句子时比较快，阅读低联接句子时比较慢。Dussias（2003）认为，双语处理可能面临加工限制，单语者可能用局部的连接来节省时间和资源（高联接时）。从某种意义上说，这一解释偏向语言者自身的能力需求，而不是语言能力。

3.2 比较语言心理学中的语用和语篇

语言学是描述人们如何使用语言的学科。双语言使用者对语言的使用涉及语言使用规则与单语者迥异（Naremore，1985）。有时候，双语者无法习得第二语言所有的语言规则，因此无法熟练地掌握第二语言。

2000 年，Silva 对英语和葡萄牙语之间的语用学进行了研究。研究使用的英语例句是"为什么你不……"这是礼貌的建议，就像问"你为什么不过来？"然而，这一句话翻译成葡萄牙语就有了不同的意思。实验中，以葡萄牙语为母语和以英语为母语的双语者需要判断项目的正确性。先让被试阅读一段描述社会状况的文字，然后要求被试判断这种社会状况是否合理。Silva 认为在美国居住的时间将会对来自葡萄牙语使用国家的双语者产生影响，同样，在巴西居住时间的长短将会影响来自英语使用国家的双语者的判断。与葡萄牙本土人不同，那些没在巴西住过的双语美国人更倾向于将"你为什么……"看作合理。Silva 认为这些美国人会不经意地在日常中用一些不礼貌的词。换句话说，即使一个美国人精通葡萄牙语，但如果他们没有在葡萄牙语国家居住过，他们依然没办法像熟练掌握本族语的葡萄牙人一样，掌握一些语用规则。一个美国人在巴西待了一段很长的时间，或者说他是因为居住在巴西才学会葡萄牙语的，那么他们进行判断时更像当地人。这些美国人不仅仅长期暴露在巴西文化中，他们的日常交流也主要使用葡萄牙语。实验结果表明，巴西人住在美国的时间不超过一年，他的表现同巴西本土人一样。居住时间延长，他的表现将有所不同。换句话说，某个人生活的特定文化带来的语言使用会渗入其日常语言使用中。

还有一个值得注意的文化要点，无论何时，所有巴西人的回答都很相似，不管他们在哪里定居。Silva 认为有些特殊的社会反应在他们的文化中根深蒂固，因此，这些现象中的某些语言使用和社会暗示都不会因为时间的推移而有所改变。换句话说，强而有力的社会文化环境可能限制双语者熟练使用第二语言。除了全球环境社会文化的影响外，句子的上下文在词汇获得和语言系统中扮演重要的角色。

3.2.1 语境中的语言

在上下文语境中的语言，环境被描述成约束句子形成和词汇辨析的角色。研究发现环境信息在句子或上下文中的语境信息有利于读者理解语言。因此，读者可以从提供的语境信息中获得理解。此外，双语研究对模糊词加工的研究也是研究关注点（也称作词汇歧义），具体表现在，如果一个词汇有多种意义，阅读者能够辨别词语的特定意义，这些词被称为同形异义词。同时，这种歧义也发生在不同种语言中的时候，双语者为了解释一个模糊语的内涵，他们会倾向于使用环境线索，比如语言线索来加强理解。跨语言也会出现这样的歧义。

3.2.2 双语句子加工的条件

句子加工包括提供阅读者可以获得恰当意思的词和短语的上下文，以及对词汇加工和概念加工（Altarriba & Gianico，2002）。为了调查第一语言和第二语言关系的本质，研究者需要对双语使用者进行句子加工测试（Altattiba、Kroll、Sholl & Rayner，1996）。有些研究的结果表明了双语者在两种语言加工上存在一定的关系。Altarriba设计了一系列试验，让被试阅读和默读句子："她把蛋糕从暖炉里拿出来。"西班牙语-英语双语者都能流利地用两种语言完成实验，也就是说，他们在混合的语言状态下能顺利完成语言任务，无论整个句子以英语呈现，还是句子语法框架是西班牙语言，但句子的最后一个单词却是另一种语言（如英语）。低限制的句子像："她去商店买了只新烤炉。"这样的句子可以用很多单词来结尾。研究使用眼球追踪仪，监测结果显示，双语者用不同的语言阅读，会对某个特别词汇有期望，这个词汇是该语言中某个能适合整个篇章语境的词汇。当句子未受到严格限制，即一个词在任一种语言里都不会中断加工。第一个实验里使用过的句子，在第二个实验里以视觉形式呈现出来。每个单词都用连续快速的视觉方式呈现一次，被试要指出每个句子里大写的目标词。实验记录了被试看到隐蔽词时的眼球运动，整理出的数据也说明了眼动轨迹。因此，从双语语言加工和双语记忆看，当在单语中建立起强烈的字词期望时，语言的加工是分开的。一篇文章或句子内容的概念信息未被强烈限制时，任何一种语言都无法在加工中提供有意义的结论。双语者能够单独加工一种语言，能够形成以单一语言加工模式为基础的期望。但他们也能在低限制环境中轻松地进行跨文化的信息加工。比如，双语者碰到同一个词，但在两种语言中有不同的意思。

3.2.3 跨语言的词汇歧义

同一个词，在不同的语言中有不同的含义，这样的例子很多，这种意义模糊的词汇常被称作"跨语言同形词"。例如，"pie"这个词在英语中指烘焙的甜点，但在西班牙语中却是"脚"的意思。因此，向英语-西班牙语双语者呈现"pie"，他们会问你呈现的是哪种语言。在会话和阅读中，上下文常常有助于确定词的正确含义。回顾词汇歧义研究发现，这一领域有两种相对立的理论（Altarriba & Gianice，2003）——语言-选择观和语言-非选择观。语言-选择观假设一种语言中的词汇处理不受另一种语言的影响。Greenberg 和 Saint-Aubin（2004）设计了一系列实验来研究英语-法语双语者。第一个实验中，一组双语者主要说英语；其他组主要说法语；一组英语单语者作为控制组。研究者选择在英文文章和法文文章使用"or"和"pour"这样的词来研究"语种间的同型词"的获得（在英语中，"pour"是"分配"或"流出"的意思；法语中，它相当于英语中的"为了"）。这些词都属于"语言间的同型词"，但它们在这两种语言间的使用频率不同。在英文中，"or"这个词比"pour"更常见，但"pour"在法语中的使用频率高于"or"。被试拿到一些包含"or"或"pour"的英文文章或法文文章。被试读这些文章的时候，他们要叉掉看到的每一个"r"（"or"和"pour"都以"r"结尾）。这叫做"字母探测任务"。当被试读英文文章时，双语者没有"探测"出高频英文单词"or"中的"r"

情况比较多，漏掉低频英文单词"pour"的情况则相对较少。高频词因为较常见，所以人们经常会直接跳过"r"这个字母。英语单词者也有类似的结果。法语文章的模式也显示出了频率效应。双语者更多地跳过了高频法语单词"pour"中的"r"，而低频法语单词"or"中的"r"则较少被跳过。研究者认为这种现象可以用语言-选择观来解释，说明这个观点在获得与语境有关的语言含义时较有优势。然而，研究者也发现英语主导的双语者和法语主导的双语者之间的差异。比起以法语为主导的双语者，以英语为主导的双语者更常出现没有探测到法语文章中的"or"里的字母"r"的情况。因此，当文章中使用法语时，精通英语的双语者很难探测到"or"中的"r"（or 是一个高频英语单词）。相比较上下文驱动式的获得词义的一般发现，这一发现支持了语言非选择说。被试能够理解他们掌握的两种语言，虽然语境可能只指向其中的一种语言。

语言非选择理论得到许多研究的证实，De Groot、Delmaar 和 Lupker (2000) 研究了荷语-英语双语者对同形异义字的加工。它们将双语交互式白板激活模型描述为非语言选择性过程的模型（Bilingual Interactive Activation，BIA 模型）。BIA 模型使用综合性词库（双语者掌握的两门语言不拥有独立的词库），换句话说，两门语言在加工过程中相互作用、相互影响。实验设置了一个翻译任务和一个词汇判断任务。为完成翻译任务，被试要将词语从一个语言翻译为另外一种语言；为完成词汇判断任务，被试要判断一串字母是否在特定语言中能形成真实的词汇。为了创造一个"非词"，某个词比如"grit"中的一个字母会换成另外的字母，生成一个不存在的词汇"glit"。又如，"blot"改成"blit"。词汇判断实验中，要求被试判断字母串形成的词汇是否存在。这些被试都是荷兰语优势者，也精通英语。翻译时，被试要判断两个词汇是否对应。跨语言的同形异义词在一个翻译组中不是第一个词就是第二个。例如，在英语中，"angle"意为"天使"，其拼写和跟荷兰语"刺"一样，英语中的"刺"拼写为"sting"。

单词"angle"是其同形异义词。被试们都被给予了英语和荷兰语的详细的指导语。最后的数据显示出当翻译的内容中有同形异义词时，被试的翻译速度就会下降。De Groot 等人总结说，被试的翻译速度的下降是因为他们对同形异义词的荷兰语意思与英语意思都进行了加工处理。实验的结果显示，两种语言同时被加工处理了。这说明对词汇意思的过程是非语言选择性的。

3.3 语言的生成

根据 Carroll（2004）的理论，言语产生的要素包括以下几个方面：概括要表达的想法；设置一个语言计划；执行言语计划；监督言语过程。在言语生成中，不管是由于语言的熟练度不足，还是一个很小的记忆跳转都可能犯的错误，比如"舌尖效应"。从单语文献和双语文献中都证实了"舌尖效应"的存在。在生活中，舌尖效应常常体现在突然无法命名曾经很熟悉的人或物。Gollan, Bonanni 和 Montoya（2005）在一个名字诱导任务和图片命名任务中，收集单、双语被试的舌尖效应的数据。实验要求西班牙英语双语者和英语单语者被试完成一个任务，他们要回答关于名人和以前老师的问题。整个实验是以英语进行的，这些问题包括：

Anaconda 和 Selena 谁是女明星？

你八年级的科学老师是谁？

舌尖效应的比率显示 36%的人选择名人的名字，30%的人选择以前的老师。28%的人选择物体或者事物。总的来说，单语者和双语者的舌尖效应发生概率上有区别。然而，双语者对物品的名字比单语者出现舌尖效应的频率更高。这些结果可能说明：对双语者来说，名人和老师各自都只有一个名字。

但物体却有西班牙语和英语名字。因此，物体的西班牙语可能干扰到物体的英语命名的生成。所以，即使是在英语单语的实验中，两种语言都是可获得的。这个研究结论支持语言-非选择观点。

另外一项在 Hermans,Bongaerts,DeBot 和 Schreudes（1998）的研究中，荷英双语者用他们的第二语言，也是弱势语（英语）命名物体时，他们经历了第一语言的激活，使这个命名任务更加困难，结果表明：不管什么时候呈现单词，语音相关的单词能提高物体命名的速度。另外，词义相关的单词会干扰命名能力，但是只有与荷兰语的物体单词同时和图片一起呈现时才会出现重大干扰，换句话说，当被试只用英语时，她的第一语言荷兰语被激活了，因为跨语言的语音重叠，在产生英语词汇时会发生干扰。因此，Costa、Santesteban 和 Cafio（2005）总结说，当物体在两种语言中，拼写上有重叠，且意思相同，如英语的 trophy 和西班牙语的 trofey,双语者命名物体图片会更快。作者解释说这种加速加工是因为同源词的词汇表达和次级词汇语音表达的相互作用形成的。这些结果似乎说明，跨语言的语音重叠在双语语言生成中起着重要作用，Costa、Santesteban 和 Cafio 的数据也提供了这样的证据：在第二语言的语言生成中存在跨语言的干扰。跨语言的干扰是指在某一特殊任务时，双语者对第一语言和第二语言同时激活。在一些案例中，这种双激活可能导致在一个对话中的语言转换。而语言转换是由语言激活和加工消耗的编码转换产生的。

3.3.1 编码转换及其内涵

双语者经常进行编码或语言转换，当双语者说一种语言然后转换到另一种语言时，就要进行编码转换。以下编码转换的例子选自 Heredia 和 Altarriba（2001.p.164）

Dame una hamburgesa sin LETTUCE por favor

Give me a hamburger without lettuce please.

Heredia 和 Altarriba 试图阐述双语者进行语码转换的过程。当双语者使用该语言时遇见不熟练的地方，就可能切换到另一种语言，进行语码转换，这样表达才能继续。这种看法不尽正确，首先，这个说法假设双语者因为无法在正在使用的语言中找到相应的词汇而被迫进行语码转换，但双语者转换到另一种语言并不意味着他无法从正在使用的语言中提取出需要的词汇；这也无法解释为什么语码转换受语法的影响。在语码转换中，句子仍然按照在说话之初最初使用的语言和语法结构。也就是说，我们虽然说的是"外"语，但句子结构并未改变。更重要的是，语言的熟练程度一开始并没有明确的界定，许多心理语言学的文献中都试图定义语言的熟练程度，但由于无法在与心理语言加工有关的部分或区域（如阅读理解、口语、书面语）测量个体语言能力，也无法对编码转换形成一致的看法，所以这种定义很难形成一致的意见。Heredia 和 Altarriba（2001）也指出，双语者使用双语语码转换作为与其他双语者改善交流的手段，比如，一个单词可能在这种语言里比另一种语言更好用。比如"carino"这个西班牙词有喜欢的意思，然而，许多西班牙语-英语双语者认为"carino"没有对应的英语单词，因此，如果两个西班牙语-英语双语者用英语交谈，他们会使用这个西班牙词。因为这个词比英语里头相似单词的含义更丰富、更深刻。Chan（2004）认为，语码转换的对象是文字线索信号，需要从对话的剩余部分中分离出来，进行解释。

除了研究语码转换的原因外，许多人试图探究语码转换是否额外占用时间，语言间的转换是否额外消耗时间？ Kolers（1996）的初步研究发现，阅读混合语言句花的时间比阅读单一语言句要长。研究者们假设，转化编码需要花费时间，要额外的"消耗"。早在1971年，Macnamara 和 Kushnir 就认为双语使用者要使用两个相互独立的词库；语言加工过程中双语者的心理词典一个处于"工作",一个处于"关闭"状态,"合上"一个词典,"打开"另一个词典需要时间,两种语言不可能在同一时间被启动;因此,混合语言的句子要花更多的时间来加工;转换编码过程中的耗时是研究的焦点。就 Meuter 和 Allport(1999)关于转换编码的消耗观点看,语言转换过程中存在着加工耗时,言语转换的加工需要消耗时间加工和占用认知资源。这一结论支持相对优势假说,和编码转换联系的消耗独立于语言的相对优势。当一个双语者从第一语言(L1)转换到第二语言(L2)时,他们先用到第一语言,然后通过第二语言反应。根据相对优势假说,当从第二语言转换到第一语言时,双语者必须先抑制第一语言,这种对第一语言的抑制一直持续到转换回使用第一语言的初始加工,因此延迟了第一语言的回答。对第二语言的抑制就没有那么强烈,那是因为第二语言比较弱而不需要太努力来抑制。所以,从第一语言到第二语言的转换不需要延迟反应。相对优势假说预测双语者需要花费更多的时间来抑制第一语言,因为他们对于第一语言的熟练程度大于第二语言,抑制更强的语言需要更多努力,这也使得双语者更难转换回该语言,因为要用很多的认知来抑制这种语言。相对第二语言而言,第一语言的相对优势是这个假说的核心。为了验证这个假设,Meuter 和 Allport(1999)为双语者(英语是他们的第一语言或者第二语言)设计了一个数字-命名测验。实验时向被试呈现阿拉伯数字并要求用他们使用的两种语言中的一种说出来,例如,要西班牙语-英语被试看到"2"回答"two"或在"dos"(西班牙语)。这个实验还选择了许多类型的双语者作为被试,英语-法语双语者,英语-德语双语者,英语-意大利语双语者,英语-葡萄牙双语者,等等。转换实验要求双语者把一种语言转换到另一种语言,非转换实验则被试在一组中只用一种语言。结果表明,转换试验的反应时间慢于非转换试验。因此,这验证了语言转换需要"消耗"的观点。然而,在转换试验中,被试在 L1 的反应要慢于在 L2 的反应,从 L2 到 L1 的转换一直都慢于 L1 到 L2 的转换。从 L2 到 L1 的转换耗时更长,这种情况支持了相对强度假说,正如预测的那样,转换到较强的 L1 所需的时间要长于转换到较弱的 L2。然而，在精通西班牙-加泰罗尼亚语的人从第一语言向弱势语言进行编码转换的试验中，Costa 和 Santesteban（2004）并未发现不对称的转换消耗。他们的试验结果认为，语言的熟练程度不影响转换的消耗。Costa 和 Santesteban（2004）认为，精通的双语者运用了改进的抑制机制（抑制不依赖于每种语言整体的熟练程度）来使之转换成弱势语言，原因可能是这些双语者在语言转换方面非常自如。

Li（1996）研究关于听者编码转换（CS）字词的认知机制。试验想了解，句子或谈话用同样的方式发音来作为试验提示，编码转换的字词是否易于识别。Li 测试被试的音位，让广东话-英语双语者识别什么词将出现在特殊的句子中。被试分节听每句子，所有句子都用广东话。试验事先对音位结构进行了处理，将编码转换的目标词处理成两种形式：辅音-辅音（CC）单词，比如"flight"；辅音-元音（CV）单词，比如"sell"。编码转换的目标不是用英语（编码转换词）就是用广东话（借用词）发音。

呈现句子片段后，要求被试写出他们认为适合的单词。以下演示简化了试验程序：

第一个片段：I fed the stray c…
第二个片段：I fed the stray ca…
第三个片段：I fed the stray cat in the alley.

告诉被试用英语正确拼写英文单词，中国人拼写广东话单词。被试用于正确识别目标词所需要的音位信息的数量是试验要了解的变量。试验结果支持了假设，当用非本族语语发音时，编码转换的单词为被试提供了线索，帮助他们识别发音单词。用英语发音的效果次之，因为句子的主要语言是汉语，编码转换的单词也是英语。换句话说，当英文的目标用英语的音位规则发音时，单词更容易识别。与识别辅音-元音词汇相比，被试需要更多的听觉信息来识别辅音-辅音词汇。广东话中很少辅音-辅音词汇；英语和广东话都有大量辅音-元音词汇。Li 认为辅音-辅音词汇的发音就像借用词（用广东话发音）被同化了，经常失去有助于识别的音位线索。识别辅音-辅音借用词（广东话发音）花费的时间要多于识别辅音-辅音编码转换词汇（英语发音）。根据 Li 的发现，在编码过程中，音位结构可能影响并且与双语者的能力相互作用。试验认为，考虑变量，比如音位和音位结构学，的作用时，编码转换不会比处理单语的句子花费更多的时间。

3.3.2 跨文化的手语

语言产出不只是语音生成，还包括非言语的语言生成。简单地说，使用语言和手语的人事实上也是双语者，也有的人能使用两种不同的手势语，这也是双语者。一些研究者关注手语的跨文化应用而不关注手语中的双语元素。Pizzuto 和 volterra（2000）进行了一项跨语言和跨文化的手语研究，他们把手语分成美国手语（ASL），丹麦手语（DSL），中国手语（CSL）及意大利手语（ISL）。手语还可以按意的清晰与否来分类，分成意义清晰的手势和模糊晦涩的手势。意义清晰的手势指不懂手语的人（或用另一种手语系统的人）也可以轻松理解的手势；意义模糊晦涩的手势指不能被非手语者或用不同手语的人理解的手势。

Pizzuto 和 Volterra（2000）认为与文化有关的手语，例如表示"很好"的手势，这种类似于意大利健全人使用的手势不能被非意大利人理解，不管他是健全人还是聋子。实验者向讲意大利语的被试播放包括有 40 个手势的录像带，其中一半标记为意义清晰的，另一半标记为意义晦涩的。被试需要定义这种手势或猜测每一种手势的意义并写下这些定义。试验结果显示，大部分被试（健全者和聋人，意大利人或非意大利人）都能正确猜测出意义清晰的手势；意义晦涩的手势则比较难被人理解，从健全的非意大利人到耳聋的非意大利人，每一个手势都只被猜对了不到一点。与文化相关的手势，其被理解的概率远小于预期。实验结果也显示聋人被试对意大利手语的理解正确率最高，不管手势是否意义清晰。事实上，在理解与文化相关的手势上，聋人被试的表现优于健全被试。似乎理解一种手语有助于更容易地理解另一种语言中的手语。

在承认使用手语及口语的人也是双语者的前提下，Kuntze（2000）检验了书面语言与美国手语的编码转换。Kuntze用摄像机记录聋校老师上历史课的情形，因为美国手语中缺少一些英语单词，比如"was"、"it"，这个老师用手指拼写美国手语，通过呈现单词中的字母来代替手势。Kuntze的研究结果说明，聋哑老师可能通过编码转换来帮助学生们阅读，就像口语中编码转换可以帮助双语者强调谈话中的特定部分。

3.4 语言学习

实际上，每个暴露于语言环境的孩子都会建构自己的语言结构系统，他们可以借此学会说话，掌握特定语言的规则。许多研究者都热衷于研究语言获得，不管是个体的第一语言还是第二语言。Lacerda（2003）提出一个语言获得的模型，该模型主要从语言习得者的生物因素、感知过程、联系、与父母的社会互动来分析语言获得的影响因素。

3.4.1 学习第二语言

Altarriba 和 Mathis（1997）设计了一系列实验，分析初学双语者和熟练双语者的词汇和概念表征作用。Altarriba 和 Mathis 检验了克罗尔和斯图尔特的修订后的层次模型——该模型认为,双语者有两个单独但相互联系的贮存方式,即词汇贮存(每种语言有一个贮存结构)和一个共享的概念贮存。

实验的第一阶段,Altarriba 和 Mathis 让英语单语者学习西班牙语,这样他们就变成初学双语者,让新手们只能精通有限的西班牙语,因为实验要测试语言习得的最初阶段。

实验的第二阶段,让初学双语者和熟练双语者都接受测试,向他们呈现一系列常见的西班牙单词,这些单词都有与之搭配的英语单词,对比他们的表现。英语单词的呈现顺序是:正确翻译的单词(正确的译词),拼写正确的相似的单词(相似单词)或控制词(没有联系)。例如,西班牙语单词"cama",正确的译词是"bed",相似单词可能是"beg",控制词可能是"owe"。紧接着,初学双语者和熟练双语者要看跟在英语单词的西班牙单词,判断英语单词是否是先前西班牙语单词正确的译词。初学双语者对相似单词的判断慢于控制词,因此,拼词受到相似单词的干扰。熟练双语者对相似单词的判断慢于对控制词的判断,拼词受到干扰。换句话说,相似单词影响了判断。根据这些发现,初学双语者能够在一段时间的训练之后在记忆系统中贮存正确的单词。第二个实验探讨语义,实验表明,初学双语者对有语义联系的单词的判断慢于对无联系单词的判断。初学双语者要花更多的时间判断这个单词是否翻译正确。另外,熟练双语者的判断,在有语义联系的条件下的慢于无语义联系条件下。初学双语者和熟练双语者都会关注有意义的相关字词,因而受到干扰。这一系列实验揭示,在第二语言习得的最初阶段和熟练阶段,双语者学习到的语言的词汇部分和概念部分相似,在实验条件下,它们都产生类似的干扰效应。Altarriba 和 Mathis 认为,初学双语者使用"新"语言时既有词汇表征也有概念表征。Altarriba 和 Mathis 认为,初学双语者受到语义干扰,这并不完全支持 Kroll 和 Stewart(1994)提出的模式。大家并未料到初学双语者会表现出这种概念干扰效应,他们认为概念上的联系尚未形成。

Talamas、Kroll 和 Dufour(1999)也调查了在第二语言习得中的词形法和语义学方面的情况。Talamas 等人检验了以下假设：第二语言的初学者在习得字词时十分依赖词形。此假说表明，在第二语言习得的更高阶段，学习者开始减少对形式的依赖而更注重语义特征（比如单词含义）。Talamas 等人认为，初学者较少依赖语义，此结论与 Alterriba 和 Mathis 的结论背道而驰。Talamas 等人测试了两组西班牙语学习者：一组流利，一组稍微不流利。被试不像 Alterriba 和 Mathis 的实验中的被试那样，是真正的新手。向所有被试呈现词组，一个是西班牙单词，另一个是英语单词；实验要求被试确认词组配对是否正确。在词组配对里，实验控制西班牙词，使其作为正确的翻译。词可以在字形上和正确翻译有关，也可以和翻译的意思有关。实验中也包括无关联控制词，不正确翻译对与作为错误翻译对有关。结果显示，比起语义错误，初学双语者更容易受词形错误的干扰。比起语义，熟练双语者更容易受词形的干扰。表面看来，Alterriba 和 Mathis 的结论与 Talamas 等人的结论水火不容。Alterriba 和 Mathis 发现，初学双语者容易学会词性和语义这两种词的表现形式，也同样容易受到词性和语义这两个形式的干扰。Talamas 等人认为，初学双语者受词形相似的干扰甚于语义相似，这证明初学双语者的概念表征不发达。许多实验在细节上有差异，导致结果的不统一。比如，Alterriba 和 Mathis 教英语单语者西班牙词，他们是真正的初学双语者。他们在实验之前进行训练，以便更流利地使用那一系列的词，使他们更像熟练双语者。另外，Talamas 等人同时呈现具有语义相关和词性相关的目标词，导致结果的不一致，同时呈现这两种词汇可能使被试无法区分那些错误的译词。

3.4.2 关键时期的假设

个体发展假说认为语言学习能力和个体青春期前的几个关键时期有关，

该假说认为，成年人学习第二语言受学习能力所在时间段的限制。Hakuta、Bialystok 和 Wiley（2003） 用档案资料来调查第二语言使用者的年龄与其对第二语言的掌握情况的关联，调阅并分析这些人口调查数据来评估"关键期"。这些人口调查数据的范围设定为那些第一语言是中文或西班牙语的移民；Hakuta 还了解了这些人的英语精通程度，他们移民进入美国的时间及教育背景。如果第二语言学习有"关键期"，那么在一定年龄以后习得第二语言的移民的数量一定会下降。为了验证这个说法，实验设置了两个常模：一个组假设关键期是 15 岁，另一个组假设关键期是 20 岁。Hakuta 假设会出现一个英语习得非常明显的下降的时间点，这个点就是关键期。但是，分析数据时找不到这个时间点，这说明学习第二语言并不取决于年龄。关键期的假说没有得到数据的支持，但 Hakuta 发现，第二语言的熟练程度在人的一生当中的确呈下降趋势。这个实验没有，但实验结果的确反映出第二语言习得的趋势。这个实验还有一个失误，收集和分析的数据是 10 年的甚至更久以前，使用新近的数据也许会得到不同的分析结果。

  为了验证关键期假说，研究者们还进行了一些尝试，Johnson 和 Newport 设计了一个实验，验证语言学习存在关键期，他们让西班牙语-英语双语者判断英语句子的语法，要求被试指出所呈现的语句合乎语法还是不合乎语法。Birdsong 和 Molis（2001）重复 Johnson 和 Newport（1989）的实验，采用完全相同的程序和材料，这次选择西班牙语-英语双语者作为被试，而不是中文-英语双语者和韩语-英语双语者。

  接下来的例子来自 Birdsong 和 Moils 的实验，该实验又模仿自 Johnson 和 Newport 的实验。

  下列句子中，第一句合乎语法，第二句不合乎语法。
Every Friday our neighbor washes her car.
Every Friday our neighbor wash her car.

Two mice ran into the house this morning.
Two mouses ran into the house this morning.

The horse jumped over the fence yesterday.
The horse jumped the fence over yesterday.

实验前记录下每个被试移民美国时的年龄——早移民的人早学习第二语言，晚移民的晚学习，早移民的人就是第二语言的早学习者。Birdasong 和 Moils 假设，如果语言习得中确实有关键期，则学习者在青春期之后的语言表现不应该与语言有联系（成熟发展的结束），因此，学习第二语言的年龄不应该和青春期之后的语言表现有联系，和在青春期之后的语言表现应有很大差异。结果表明，那些在青春期后移民美国的人在判断语法时并没有太大差异，说明早移民和晚移民是一样的，但年龄和语言表现的确存在一定的联系，例如，20岁的移民比30岁的移民有优势，虽然他们的年龄超过关键期。除了年龄的影响，Johnson 和 Newport 的研究还发现，西班牙语-英语双语者的语法判断优于汉语-英语双语者和韩语-英语双语者。这和第一语言与第二语言之间的形式及语法任务的整体表现相似而获得的学习便利有关——第一语言与第二语言相似，学习者容易理解并掌握。结合这些研究结论和新近发现的研究结果，研究者认为语言学习的关键期假设的确存在，但是这个关键期的结束不是语言获得的结束时期，因为个体存在着成熟发展的阶段，语言发展也将随之发展。总之，年龄的发展不会抑制第二语言的获得。

3.4.3 语言和文化

在这部分，文献展现出各种各样关于语言与文化之间关系的观点。关于这种关系研究者提出许多问题。是语言影响了思维过程？还是文化影响了语言？这个部分的主题涉及语言与文化之间的关系。例如，包括了跨语言的颜色分类表达，时间的表示法，和语言象征性的口译。

The Sapir Whorf 假说认为是语言塑造了其他认知过程，即所谓的思维过程。有两种方法用于研究 The Sapir Whorf 假说：一种是对比法，即对比说不同语言的人；另一种方法可能选择那些通晓两种语言的人群。

语言决定论指语言决定了思维。语言相对论则认为不同的语言有不同的思维过程。由于语言特性的不同，双语者认识事物的方法可能不同。例如，Boroditsky 和她的同事（2003）对西班牙语者与德语者采用一系列的任务研究范式。实验使用西班牙语与德语的动机是因为两种语言都有一个性别系统。性别系统是语言中的词汇（一般为名词）的一种语法特性。（例如，西班牙语和德语中，名词有阳性的，阴性的和中性的性别范畴。词语性别的分派在本语言和跨语言中是任意设置的。我们可以很明显的发现，当一个物体在一种语言中定义成阳性，而在另一种语言有可能定义成阴性。这种跨语言的词汇性别差异可能会对双语者产生一些特殊的问题。Boroditsky（2003）在探索是否西班牙语-英语双语者与德语-英语双语者对事物将有不同的思维。Boroditsky 让西班牙语者和德语者（他们也精通英语）学习 24 种物体的名字。例如，名字或是被分配给苹果，事物的名字被选择以至于事物在一种语言表示阳性的，而在另一种语言中表示为阴性。在德语的这个例子中，苹果是阳性的，而在西班牙语是阴性的。所有的实验都是用英语进行的，这使得研究者能够挖掘没有语言特性的"概念性"性别加工，相对来说，相较于"语法性"的性别加工过程具有"语言特性"。研究者预测德语者能够记住"Patrick apple"这个组合词，因为相对于德语来讲，"apple"这个单词是阳性的，并且"Patrick"这个单词也反映了该物体的性。正如研究者所预测的那样，对于那些物体的语法性别和相应名字匹配的记忆效果会更好。说英语者并没有"语法性别"的知识的干扰，然而德语-英语和西班牙-英语双语者则会被干扰。因为真正的实验是用英语进行的,这意味着在没有特别使用他们的另一语言的情况下,这些被试的其他语言也会影响他们的认知过程。

Sera 等人(2002)的研究也调查了"语法性别"在言语加工中所扮演的角色。在一项研究中,要求法语者和西班牙语者对物体进行分类,这其中也包括英语者。研究者向四个年龄组(幼儿园组,2 年级组,4 年级组以及成年人)展示了一些关于人和物的图片,要求被试为这些图片中的人或物配男声或女声。这项研究有一个很有意思的发现,虽然英语不是一种"性别"区分度很强的一种语言,但英语者跟西班牙语者的匹配结果非常接近。同一种语言内的物体,其语法性别决定了声音分配任务的差别。这意味着语言中一个阳性词根的物体被分配给阴性的语音,而在另一种语言中同样一种物体若是阳性词根则被分配给阳性语音。然而是很重要的一点是幼儿园的孩子并没有体现出这些效应。研究者建议说在一种语言上练习越多也就会对言语者在行动上有更多的影响。在关于法语——西班牙语的一项后续研究中,Sera 等人在 2002 年进行了另一项关于德语者的研究,这项研究的结果并不支持"词性影响声音匹配作业"的结论。德语者并不以一种系统方式来匹配声音,这似乎推翻了 Bprpditsky 等人的结论,因为那项研究确确实实反映了语法词性的影响。然而很重要的一点是 Sera 在他们的研究中并没有测试成年德语者,而在 Borodisky 的实验中所有参与者都是成年人。这个倒反而可以用来支持 Sera et al 的结论——语法词性对成年德语者的影响可能会变得明显。除了语法词性影响外,其他语言项目,如词汇加工,在不同的语言和文化中也会有所不同。后面的部分将介绍语言对其他认知功能的影响,如色彩的分类等。

3.4.4 跨语言的颜色词汇术语和分类

在这个领域的研究采用不同的研究技术，如纵向研究和比较研究测试。纵向研究需要在很长一段时间内不断地重复测试同一组被试，也可能是被试一生中的几十年。横向对比研究测试不同文化、群体的被试，并且对比不同的结果。Roberson, Davidoff, Davies 和 Shapiro（2004）发现支持语言相对假说的研究。这个假说也认为不同语言对思维过程有不同作用。Roberson 等人（2004）做了对比性研究——在同一语言中对比三种不同文化的数据。实验研究了三种不同的语言：英语，希姆巴语和伯利母语。希姆巴语和伯利母语有相似的颜色词汇，但被用在非常不同的文化中，说伯利母语的人们已经西化，穿西方化的衣服，上西方学校，而希姆巴人则比较注重传统文化。实验要求被试对彩砖做出分类判断。此外，还让被试指出最能代表特定颜色词的彩砖，并对颜色按相似性进行分类。例如，在一个试验中，给被试一系列有三种颜色的色卡，然后指出最相似的两种颜色。在另一个试验中，让被试进行迫选再认任务。迫选再认任务就是在测验中给被试呈现两个项目，然后选出先呈现的那个项目。先给被试呈现一个颜色刺激，然后再呈现一对刺激（前后两种颜色刺激属于同一类别）。这系列试验的主要发现是，西姆巴族被试是根据他们的语言与文化中使用的颜色词进行颜色分类，而不是英语的或 Berinmo 的颜色分类法。该结果给语言、思维以及文化的联系提供了证据。

Roberson 等（2004）也曾对英国和西姆巴族的儿童进行了为期三年的颜色分类研究。实验结果对颜色分类的语言依赖性解释具有提示性。在这两组儿童在颜色词获得的不可预测性上是相似的。虽然英国儿童在稍大后获得的词具有像褐色和灰色这样的趋势，但总体上这两组儿童获得的颜色词顺序是不系统的。然而，英国儿童在英语的焦点颜色词上记忆力更好，而西姆巴族儿童则在西姆巴族的焦点颜色词上更胜一筹。焦点颜色是一种语言内的基本颜色。例如，在英语中，蓝、红、黄是焦点颜色，而土耳其色、紫红色还有石灰绿则不是焦点颜色。颜色词学习过程中发展较快的颜色组织的差异说明了儿童必须要学习颜色分类，而且这些分类在发展过程中不是天生的。颜色组织上的快速变化支持了语言相对论的观点，即语言会对儿童的颜色分类产生影响。作者们还注意到，在语言上，跨语言的儿童对于颜色词的获得都是一个逐步加工的过程。然而，在不同的语言和文化组中，颜色词的组织也是不一样的。进一步的研究应该侧重于语言在双语者解释颜色相似性上的作用。

3.4.5 其他词汇类别范畴

除了语法性别和颜色词外，思维的其他方面可能也会受语言的影响。例如，双语者以不同的方式思考时间概念是否取决于语言背景？Boroditsky（2001）通过给汉语和英语使用者一系列关于时间概念组织的任务来探究这个问题。有一个需要注意的关键点是汉语和英语使用者在谈论时间的方式上有明显的空间差异。英语使用者倾向的言语是暗含时间超过一个水平线，比如，沿着从左到右旋转的时间轴。而汉语使用者能够同时运用水平的和垂直的空间隐喻来描述时间概念，并且会更倾向于用垂直隐喻法。在这个假设事实下，Boroditsky 测试了汉语和英语使用者在涉及事件水平和垂直描述任务上的表现。汉语和英语使用者在看过垂直导向或水平导向的图表后再判断一些句子的准确性，如，March comes before April and March comes earlier than April（Boroditsky，2001，p.8）。应该说明的是，只有汉语使用者会用垂直空间隐喻来描述时间，这点区别是很重要的。实验结果表明汉语和英语使用者的成绩会随着在做出正确判断前呈现给他们的空间图表的不同而变化。英语使用者在水平说明中会比垂直说明中对时间事件的判断会更快。而汉语使用者则在垂直导向的说明中做出更快的正确判断。那么该结果支持了语言会影响人们思考，像时间这类非语言性概念的方式这个观点。那么下一步就是研究双语者在时间概念上是否有不同的思考。

在汉语和英语单语者实验之后，Boroditsky（2001）试图用普通话-英双语者来重现这些结果。双语被试在英语的熟练程度及英语的习得年龄上不一样，但他们的母语都是汉语。如果双语者较早学习英语，那么他们在时间短语的正误判断上出现较少的垂直偏向。汉语和英语的拼写顺序很不一样，英语是从左往右水平书写，汉语则以垂直或水平方式书写。研究者认为书写的方向会影响人们对时间性事件的判断。

3.4.6 形象语言加工

形象语言模棱两可，它的句子或习语的具体的、字面的意思并不是真正表达的意思。以英语为母语的美国人可能熟悉"she let the cat out of the bag."这一表达，这是一个比喻句，它的整体意义与把一只猫从包里放出来没有关系，它表达的是某人泄露了秘密。形象语言有文化特色，表达了特定文化中某些重要的东西。同时，形象表述也不容易从一种语言直译成另一种语言。

Vaid 和 Martinez（2001）研究了西班牙语-英语双语者的形象语言加工。他们选择的是一种形象语言——格言，格言是具有重要文化意义，用来表达社会风俗和其他信仰的语录。Vaid 和 Martinez 先向西班牙语-英语双语者呈现格言，让他们翻译或解释。同时向被试呈现用英语或西班牙语写成的熟悉或不熟悉的格言，让被试用同种语言解释格言或用另一种语言翻译格言。之后，对被试进行意外再认测试，以考察他们对格言的记忆情况。

英语高熟悉性/ 西班牙语低熟悉性
The grass is always greener on the other side.

西班牙语高熟悉性/ 英语低熟悉性

Es major prevenir que lamenter

（翻译：It is better to prevent than to lament.）

英语低熟悉性 / 西班牙语低熟悉性

Half a loaf is better than no bread at all.

Guidado con el doctor joven y el peluquero Viejo.

（翻译：Take care with the young doctor and the old hairdresser.）

形象语言通达存在两种不同的观点。例如，对形象习语呈现的原有语言形式的记忆支持了文字激活的观点。然而，如果双语者以翻译的语言来恢复习语，却不是记住习语原来呈现的形式，那么直接获得理论就能成立。直接获得理论认为，不论原来以何种语言呈现，都保留概念意义。Vaid 和 Martinez 的记忆测试表明，被试能够在记忆中保留格言原来的语言形式。他们更容易正确再认以原有语言形式呈现的格言。大体上，数据表明格言不是以整体的概念单位被记忆，而是根据原有的语言形式来记忆，这支持了文字激活理论。再者，文字激活理论认为，人们是以逐字翻译的形式，而不是整体的概念单位，来记忆格言。在概念意义被存储的情况下，不论格言以何种语言编码，被试能够以同等的频率用英语和西班牙语回忆格言。除了 Vaid 和 Martinez（2001）关于格言的研究，其他人还用暗喻和惯用语作为刺激（Harris，Leka、Garcia & Erramouspe，1999）来进行了相似的试验。记忆任务作为了解形象语言理解力的工具被广泛采用。暗喻是句子中把描述某个事物的词汇与描述另一事物的词做直接的对应。例如，"he is an open book."，短语"open book"和"book"完全没有联系，而是用来描述人——这个人不掩饰他的感觉和想法，其他人很容易觉察出他的情绪。明喻本质上也是暗喻，只是用"像"、"如同"这样的词来连接。例如，"满地的雪花就像一张湿透了的地毯"。明喻和暗喻唯一文法区别就是在明喻中出现"像"、"如同"这样的词。在第一个实验中，Harris 等（1999）向英语单语者呈现一张含有 16 个英语暗喻句和 16 个英语明喻句的列表。结果显示，不管原先以何种形式呈现句子，以英语为母语的倾向于把所有比喻句回忆为暗喻句；而以西班牙语为母语的被试则倾向于把暗喻和明喻都回忆为明喻句。这一结果被假定与可能的频率效应有关——暗喻在英语中更普遍，明喻则在西班牙语中更常见。假若这样，回忆会受呈现的语言形式的影响。之后，Harris 等人（1999）用同样的方式对西班牙语-英语双语者进行测试，进一步推进了他们的研究。双语者对两种语言上的熟练程度相似，但 1/2 强的被试以西班牙语为母语，其余被试以英语为母语。然而，与西班牙语单语者一样，西班牙语-英语双语者倾向于把暗喻句和明喻句都回忆为明喻句。基于双语者实验，研究者们认为西班牙语的明喻差异比英语的暗喻偏差更显著。Harris 等人（1999）的研究发现，英语中更经常出现暗喻，明喻则经常出现在西班牙语中。双语者的数据很难解释，研究者们发现西班牙语明喻偏差的保持与被试的双语模式不匹配（双语模式指两种语言同时被任务激活，英语暗喻偏差和西班牙语明喻偏差应该以同样的方式证明自己的存在）。也许 Harris 等人的结论是正确的，即西班牙语的明喻效应更显著，那么双语者的结果就能得到解释。实验结果也给语言非选择模型提供了证据，因为英语暗喻偏差在双语者的数据中并不显著。也有可能是在回忆任务中西班牙语明喻偏差影响了对英语暗喻偏差的依赖。虽然被试更经常使用英语，可能双语者更依赖于西班牙语知识。如果这样，英语暗喻偏差就不会对回忆结果产生明显的影响。

　　Blair 和 Harris（1989）通过向双语者呈现习语来考察双语者在两种语言间的交互作用。习语是一种作为整体单元的表达法，它不能从每个词的独立意思来理解。例如，英语句子"you are pulling my leg"表示一个人认为别人跟他开玩笑。这些习语包括一般的英语句子、西班牙语的翻译以及名词-修饰语互换的英文句子（如下例）。变换名词和修饰语的顺序是为了让英语句子的句法与西班牙语的句法相匹配。以下是例子源自 Blair 和 Harris 的实验（1981，

p.461）：

习语翻译：Jalopy wants to say car in one form of English slang.

（querer decir = to mean,字面翻译是 to want to say）

名词-修饰语倒装：The swimmer froze in the water icy after diving into the scenic mountain lakes.

标准英语：In many states, buying lottery tickets is illegal.

了解西班牙语的标准句法有助于双语者理解字面翻译的习语和名词-修饰语倒装的句子，这支持了语言非选择理论。尽管只用一种语言作为研究测试语言，但双语者脑海里的两种语言相互作用。这些结果都支持了语言非选择模型，不管在特定时间内，双语者使用的是哪种语言，两种语言是同时被激活的。为了更清楚识别形象语言加工过程中起作用的语言通达的类型，研究者们必须用各种各样的任务和方法论来重复过去的实验结果。如果用启动范式来继续研究这个课题会很有利的。如，先给被试呈现习语，之后，给被试呈现与习语有关或无关的目标词；然后测被试确定目标词以及加工的时间。而实际上，这些结果都可以在语言选择或非选择的框架下得到解释。

3.5 小 结

本章介绍了语言心理学的基本概念研究，包括语音学——与语言有关的声音研究；语义学——用于处理意义的研究；构词法——与具有意义的最小语言单位（词素）有关，构词法处理字词的结构，句法则是语句结构的规则；语用学——给说话者提供运用语言以及与他人沟通的技巧研究。此外，还探讨了语境中语言的加工、语言的产出（如 TOT，手语）、语言的学习（如，关键期假说）以及文化、语言和思维的影响。还考证了对双语机制中语言心理学方面研究有重要意义的各种理论上的和实验上的发现。回顾了双语心理学在当代的理论和观点的系列研究。研究者试图理解双语者两种语言之间的关系：两种语言是同时激活，还是根据使用中的语言只激活其中一种语言。此领域的主要理论语言选择理论和语言非选择理论。语言选择理论认为，双语者的两种语言是相互独立的，每次只激活其中一种，而不同时激活。语言非选择性理论认为，，双语者的两种语言同时激活，同时互相影响。语言心理学领域以各种方法验证了这两种理论。比如，记录阅读某些词汇的时间，即允许研究者估计加工那些词所需的时间。总体上，和单语语言加工相比，双语语言加工的确有些差异，这些差异可以通过对语言的不同层次（语音、语义、构词法等）的分析来了解，除了这些分析外，语言其他领域的研究也有助于我们了解双语语言加工的过程。

参考文献

Altarriba, J., & Gianico, J. L. (2002). The use of sentence contexts in reading, memory and semantic disambiguation. In R. R. Heredia & J. Altarriba (Eds.), *Bilingual sentence processing* (pp. 111-135). Amsterdam: Elsevier.

Altarriba, J., & Gianico, J. L. (2003). Lexical ambiguity resolution across languages: A theoretical and empirical review. *Experimental Psychology, 50,* 159-170.

Altarriba, J., Kroll, J. F., Sholl, A., & Rayner, K. (1996). The influence of lexical and conceptual constraints on reading mixed-language sentences: Evidence from eye fixations and naming times. *Memory 6- Cognition, 63,* 875-890.

Altarriba, J., & Mathis, K. M. (1997). Conceptual and lexical development in second language acquisition. *Journal of Memory and Language, 36,* 550-568.

Birdsong, D., & Molis, M. (2001). On the evidence for maturational constraints in second-language acquisition. *Journal of Memory and Language, 44,* 235-249.

Blair, D., & Harris, R. J. (1981). A test of interlingual interaction in comprehension by bilinguals. *Journal of Psycholinguistic Research, 10,* 457-467.

Boroditsky, L. (2001). Does language shape thought?: Mandarin and English speakers' concepts of time. *Cognitive Psychology, 43,* 1-22.

Boroditsky, L., Schmidt, L. A., & Phillips, W. (2003). Sex, syntax, and semantics. In D. Genter & S. Goldwin-Meadow (Eds.), *Language in the mind: Advances in the study of language and thought* (pp. 61-79). Cambridge, MA: MIT Press.

Brysbaert, M., Van Dyck, G., & Van de Poel, M. (1999). Visual word recognition in bilinguals: Evidence from masked phonological priming. *Journal of Experimental Psychology: Human Perception and Performance, 25,* 137-148.

Carroll, D. W. (2004). *Psychology of language.* Belmont, CA: Wadsworth.

Chan, B. H. S. (2004). Beyond "contextualization": Code-switching as a "textualization cue." *Journal of Language and Social Psychology, 23,* 7-27.

Costa, A., & Santesteban, M. (2004). Lexical access in bilingual speech production: Evidence from language switching in highly proficient bilinguals and L2 learners. *Journal of Memory and Language, 50,* 491-511.

Costa, A., Santesteban, M., & Cafio, A. (2005). On the facilitatory effects of cognate words in bilingual speech production. *Brain and Language, 94,* 94-103.

de Diego Balaguer, R., Costa, A., Sebastian-Galles, N., Juncadella, M., & Caramazza, A. (2004). Regular and irregular morphology and its relationship with agrammatism: Evidence from two Spanish-Catalan bilinguals. *Brain and Language, 91,* 212-222.

de Groot, A. M. B., Delmaar, P., & Lupker, S. J. (2000). The processing of interlexical homographs in a bilingual and monolingual task: Support for nonselective access to bilingual memory. *Quarterly Journal of Experimental Psychology, 53,* 397-428.

Deuchar, M., & Quay, S. (1998). One vs. two systems in early bilingual syntax: Two versions of the question. *Bilingualism: Language and Cognition, 1,* 231-243.

Dussias, P. E. (2003). Syntactic ambiguity resolution in L2 learners. *Studies in Second Language Acquisition, 25,* 529-557.

Ducky, W, Diependaele, K., Drieghe, D., & Brysbaert, M. (2004). The size of the cross-lingual masked phonological priming effect does not depend on second language proficiency. Experimental Psychology, 51,116-124.

Gollan, T. H., Bonanni, M. P., & Montoya, R. I. (2005). Proper names get stuck on bilingual and mono-lingual speakers' tip of the tongue equally often. *Neuropsychology, 19,* 278-287.

Greenberg, S. N., & Saint-Aubin, J. (2004). Letter detection for homographs with different meanings indifferent texts. *Bilingualism: Language and Cognition, 7,* 241-253.

Hakuta, K., Bialystok, E., & Wiley, E. (2003). Critical evidence: A test of the critical-period hypothesis for second-language acquisition. *Psychological Science, 14,* 31-38.

Harris, R. J., Tebbe, M. R., Leka, G. E., Garcia, R. C., & Erramouspe, R. (1999). Monolingual and bilin-gual memory for English and Spanish metaphors and similes. *Metaphor and Symbol, 14,* 1-16.

Hartsuiker, R. J., Pickering, M. J., & Veltkamp, E. (2004). Is syntax separate or shared between languages?Cross-linguistic syntactic priming in Spanish-English bilinguals. *Psychological Science, 15,* 409-414.

Heredia, R. R., & Altarriba, J. (2001). Bilingual language mixing: Why.do bilinguals code-switch? *Current Directions in Psychological Science, 10,* 164-168.

Hermann, D., Bongaerts, T., De Bot, K., & Schreuder, R. (1998). Producing words in a foreign language: Can speakers prevent interference from their first language? *Bilingualism: Language and Cognition,*I(3), 213-229.

Hoover, M. L., & Dwivedi, V. D. (1998). Syntactic processing by skilled bilinguals. *Language Learning,*48,1-29.

Jared, D., & Kroll, J. F. (2001). Do bilinguals activate phonological representations in one or both of their languages when naming words? *Journal of Memory and Language,* 44, 2-31.

Johnson, J. S., & Newport, E. L. (1989). Critical period effects in second language learning: The influence of maturational state on the acquisition of English as a second language. *Cognitive Psychology, 21,* 60-99.

Kolers, P. (1966). Reading and talking bilingually. *American Journal of Psychology, 3,* 357-376.

Kroll, J. F., & de Groot, A. M. B. (1997). Lexical and conceptual memory in the bilingual: Mapping form to meaning in two languages. In J. F. Kroll & A. M. B. de Groot (Eds.), *Tutorials in bilingualism:Psy cholinguisticperspectives (pp.* 169-199). Mahwah, NJ: Lawrence Erlbaum Associates.

Kroll, J. F., & Stewart, E. (1994). Category interference in translation and picture naming: Evidence forasymmetric connections between bilingual memory representations. *Journal of Memory and Lan-guage, 33,* 149-174.

Kuntze, M. (2000). Codeswitching in ASL and written English language contact. In K. Emmorey & H. Lane (Eds.), *The signs of language revisited (pp.* 287-302). Mahwah, NJ: Lawrence Erlbaum Associates

Lacerda, F. (2003). Phonology: An emergent consequence of memory constraints and sensory input. *Read-Ing and Writing: An Interdisciplinary Journal,* 16, 41-59.

Lehtonen, M., & Laine, M. (2003). How word frequency affects morphological processing in monolinguals and bilinguals. *Bilingualism: Language and Cognition,* 6, 213-225.

Li, R (1996). Spoken word recognition of code-switched words by Chinese-English bilinguals. *Journal of Memory and Language,* 35, 757-774.

Macnamara, J., & Kushnir, S. (1971). Linguistic independence of bilinguals: The input switch. *Journal of Verbal Learning and Verbal Behavior,* 10, 480-487.

Marian, V, & Spivey, M. (2003). Competing activation in bilingual language processing- Within- and between-language competition. *Bilingualism: Language and Cognition,* 6, 97-113.

Meuter, R., & Allport, A. (1999). Bilingual language switching in naming: Asymmetrical costs of language selection. *Journal ofMemory and Language,* 40, 25-40.

Names, S. (2004). Bilingual lexical development: A Persian-Swedish word association study. *International Journal ofApplied Linguistics, 14,* 363-388.

Naremore, R. C. (1985). Explorations of language use: pragmatic mapping in Ll and L2. *Topics in Language Disorders, 5(4),* 66-69.

Pizzuto, E. & Volterra, V. (2000). Iconicity and transparency in sign languages: A cross-linguistic cross-cultural view. In K. Emmorey & H. Lane (Eds.), *The signs of language revisited (pp.* 261-286). Mahwah, NJ: Lawrence Erlbaum Associates.

Roberson, D., Davidoff, J., Davies, I. R. L., & Shapiro, L. R. (2004). The development of color categories in two languages: A longitudinal study. *Journal of Experimental Psyc-hology: General, 133,* 554-571.

Roelofs, A. (2003). Shared phonological encoding processes and representations of languages in bilingual speakers. *Language and Cognitive Processes, 18,* 175-204.

Scheutz, M. J., & Eberhard, K. M. (2004). Effects of morphosyntactic gender features in bilingual language processing. *Cognitive Science, 28,* 559-588.

Schreuder, R., & Weltens, B. (1993). *The bilingual lexicon.* Philadelphia: John Benjamins North America. Sera, M. D., Elieff, C., Forbes, J., Burch, M. C.,

Rodriguez, W., & Dubois, D. P. (2002). When language affects cognition and when it does not: An analysis of grammatical gender and classification. *Journal of Experimental Psychology: General, 131,* 377-397.

Silva, R. S. (2000). Pragmatics, bilingualism, and the native speaker. *Language & Communication, 20,* 161-178.

Talamas, A., Kroll, J. F., & Dufour, R. (1999). From form to meaning: Stages in the acquisition of second-language vocabulary. *Bilingualism: Language and Cognition, 2(1),* 45-58.

Vaid, J., & Martinez, F. (April, 2001). *Figurative language and thought across languages: What transfers?* Poster presented at the Third International Symposium on Bilingualism, University of the West of England, Bristol, UK.

第四章 双语与语言认知发展

使用双语会影响语言和认知能力，因为双语儿童熟悉两种语言，而单语儿童只熟悉一种。为了弄清楚什么使两种语言的发展不同，本章比较了双语和单语的差异，主要从四个方面展开讨论：语言的延迟发展、语言的加速发展、跨语言转换和认知差异。文献表明，双语和单语的差异在于双语的特点。大多数研究都以同时双语者（即儿童从出生后获得两种语言）为被试，因为如果这两种语言是后天获得的，其发展就可能不同（de Houwer，1995）。因此，研究要顾及双语发展的顺序和在相同环境条件下暴露于两种语言的儿童各自的特点，双语的特点是由被动学习的情况决定的。这里所说的双语比较宽泛（自由），强调的是学习的时期。双语儿童的水平或知识的变化怎样影响双语的发展，双语是否会延迟语言的发展？为了回答好这个问题，需要比较典型的双语儿童和典型的单语儿童，然而，寻找合适的双语者很难，因为双语者的群体很庞大，分多种类型，每个类型又有不同的来源。双语儿童经常对其中一种语言比对另一种语言更精通，精通的程度在不同的个体和时间上相差很大。已知的言语配对的差异也可以清楚地显示双语发展的差异（比如汉语-英语对越南语-法语），父母和公众对双语的态度也影响到儿童说双语的优劣程度。

4.1 语言的延迟发展

双语者类型甚多，对制订双语发展的标准来说，这是一项挑战。在语言发展的某些方面，双语儿童似乎不存在发展迟滞。言语行为发展最早的标志是出现咿呀学语，儿童会咿咿呀呀地说一些由辅音-元音-辅音-元音组成的词，如"dada"。一些研究者认为，咿呀学语是孩子在真正说词汇之前的练习（Vihman，1996）。他们设计了一个试验，记录婴儿听一段西班牙语和英语之后发出的咿呀学语（Oller，Eilers，Urbano & Cobo Lewis，1997），研究显示，双语婴儿开始学语的年龄和已被报道的单语婴儿开始学语的年龄是一致的。但是，也有文献表明双语语言会延迟获得。也有研究指出，学龄前双语儿童的词汇分数在两种语言上都比单语儿童的要低。皮尔森让 25 位 8~30 个月大的西班牙语-英语双语儿童的家长记录下儿童平时本能使用的词汇，发现，双语儿童的平均词汇分数只有单语儿童的一半。尽管有家长的记录表明，双语儿童的词汇总量和单语儿童的大致相当。还有一些研究者研究这些双语儿童使用不同语言时候的应对时间，比较儿童两种语言词汇的使用率。他们发现，儿童在某种语言上花费的时间越多，他们占有这种语言的词汇量就越大。这些研究表明，幼龄儿童的词汇量受某种程度的限制，存在极限，他们的语言能力和学习的词汇相关。成年双语者在两种语言的词汇测试中可以取得和单语者一样的成绩，但没有人对比较大的儿童进行类似的系统分析，有的研究发现，三四岁的双语儿童参加词汇测验，获得的分数比单语儿童的高。这让人猜想，双语儿童的词汇获得延迟只是短暂的现象，幼龄儿童的语言获得能力有一定限制，这要从双语儿童和单语儿童的认知区别来解释。

研究双语儿童对动词过去式的习得，也可以支持语言获得延迟的假设。被试为 4~6 岁的法语-英语双语儿童、英语单语儿童、法语单语儿童，让被试看一段卡通，让被试向没看过卡通的儿童复述卡通的内容。其中，双语儿童要复述两次，一次对法语单语儿童，一次是对英语单语儿童。主试发现，双语儿童复述时候使用的过去时的词汇比比单语儿童少，这一情况在使用不规则动词的过去时时尤其明显；双语儿童在动词后面加"ed"会犯的错误更多，比如"goed"和"runned"。因为不规则动词过去式不规则，除了反复听，没有更好的途径来掌握（Bybee，1995）。单语人群也会犯这样的错误，不过那时他们还很小。研究者们据此认为，双语会延迟儿童对动词过去式的掌握，导致延迟的原因可能是双语儿童接触到两种语言的频率较之相应的单语儿童要少，使用动词过去式的频率也更少。

总而言之，文献研究发现双语儿童语言掌握的延迟领域主要是词汇量和动词的过去式（尤其是不规则动词）。因身处特定语言氛围而使用词汇的频率和使用该语言的频率在掌握该语言的过程中起关键作用，然而，尽管这种延迟部分与语言使用的频率有关，但并不能推断，表示没有产生延迟效应，语言使用的频率就不是影响语言生成的重要变量。有些领域没有发现延迟，可能是因为在那些领域中，对任何语言的暴露都是必不可少的。比如说，只要一个小孩有规律地持续听某种语言，他就会在 13 个月大的时候掌握第一个该语言的单词（Doyle，Champagne & Segalowitz，1978; Caputo，Palmer，Shapiro，et al.1986）。

4.2 语言的加速发展

目前无法证明，双语儿童语言发展的各个领域都有延迟效应。例如，Nicoladis（2003）设计了一个促进/加速语言发展的实验，观察儿童是否会创造性的生成词汇来命名具有特定行为能力的物体，比如，呈现一种能够捕捉蝴蝶的机器，观察英语单语儿童是否创造"butterful catcher"（客体-动词-er）这样的混合词汇，让法语单语儿童创造 chasse-pqpillonsl（文法转换：chase-butterflies）的词汇。在法语中，尽管少用，但动词-客体形式混合符合语法，一旦统计控制动词得分，会发现学龄前法语-英语双语儿童使用的法语创造混合词汇比单语儿童多。双语儿童的英语知识有助于他们用法语创造更多的动词-客体合成词，英语单语儿童在四岁左右就会创造不合语法的动词-宾语成词，因此可以认为他们也会使用宾语-动词-er 形式的词汇（Clark, Hecht & Mulford，1986）。例如，他们可能用"a wash-bottle"来指洗瓶子的人，但成年人会用"a bottle washer"来表示。Nicoladis 说，虽然法语-英语双语儿童也用英语创造动词-宾语合成词（运用任何英语单词儿童使用的规则），但他们比单语儿童更喜欢使用法语创造动词-宾语合成词。因此，研究发现双语儿童会用所学的任何语言知识来创造新词，甚至能够用上下文都不匹配的语言文本来生成词汇。Gawlitzek Maiwald 和 Tracy（1996）也做了一个试验，被试是一个德语-英语双语女孩，德语比英语更熟练。他们记录被试和各种人的自然交谈，发现，不久之后被试开始使用德语中的辅助动词，在大多数英语会话中使用这些德语辅助动词。例如，她说"ich hab gemade you mach better（I have ge-made you much better）"。值得注意的是，词素"ge-"在德语中可以标识一个动词使之成为过去时。通过使用德语中的辅助动词，被试可以用英语清晰地指出过去的事件，此前，她不能单独用英语来指称这样的事件。研究指出，被试使用两种语言，因此能创造出比单独使用英语更复杂的说话方式。这个时候，儿童就处于是双语发展爆发期（bilingual bootstrapping）。

　　从这些试验的结果看，一种语言底层结构的知识可以引导双语儿童用另一种语言产生相似的语言（即使这种结构没有语法，就像动宾合成词）。考虑到儿童双语语言的熟练程度的发展，这种产生可能快于个体的发展。如果这两种语言共享同一语言结构，那么在语言发展的同一阶段，双语儿童的发展要优于单语儿童。

4.3 跨语言转换

有时候，双语儿童使用的语言结构似乎来自另一种语言，比如说，西班牙语-英语双语儿童会说"the shoe of my father"，而不说本应说的"my father's shoe"，这时他们使用的是西班牙语法结构 el zapato de mi papa。我们用跨语言转换（转换）来表示一种语言对另一种语言的结构影响。上例中的最终结构是英语结构，但很多时候跨语言转换的结果没有语法结构。比如，在意大利长大的意大利语-德语双语儿童会说"Von Lisa klein klein"（Volterra & Taeschner, 1978），意大利语中，大多数形容词出现在名词后面，而在德语中，形容词一般出现在名词前，该儿童可能在德语中使用意大利语词序。又例如，广东话-英语双语儿童会说"where's the Santa Claus give me the gun"来表示圣诞老人送给他玩具枪（Yip & Matthews, 2000），该儿童使用的是广东话词序。

跨语言转换不仅出现在词序中，还出现在语音中。例如，Holm 和 Dodd（1999）对两个两岁后开始学英语的儿童进行研究，纪录了他们用广东话发辅音的情况。这两个小孩都住在澳大利亚且是来自香港的移民。Holm 和 Dodd 对他们进行了 6 个月的详细记录，录下他们讲话时的单词发音。他们最初发带有汉语音调的中文单词的音，暴露在英语环境中几个月后，他们在广东话语音中开始使用英语音调的辅音。

导致跨语言转换的原因很多，主要的是下列两个——特殊的输入条件和语言生成的个体能力，这两个原因并不相互排斥，因为转换的情况十分复杂。

1. 特殊输入

例如，Paradis 和 Navarro（2003）挑选了一个在英国长大的西班牙语-英语双语儿童作为被试，观察其自然发音。被试使用西班牙语时，所用句子没有主语，例如，不说"Yo como la manzana——我吃苹果"，而说"como la manzana——吃苹果"。如果双语儿童使用西班牙语时喜欢使用带主语的句子，那是因为英语要求造语法句子。比同龄的两个仅说西班牙语的孩子来说，被试在讲西班牙语时更喜欢使用带主语的句子。计算被试父母句子中主语的频数，发现，双语儿童的父母比西班牙语单语儿童的父母更喜欢使用主语。但要说明的是，不能排除被试是因为学习自己家庭特殊版本的西班牙语的而导致其在说西班牙语时喜欢使用主语。

2. 语言生成

Nicoladis（2006）研究英语-法语双语儿童后得出结论，转换通常出现在一般的语言生成过程中，即将字词转化为思想时。她选择了一些学龄前的双语儿童作为被试，向他们呈现一些物体的图片并鼓励他们用形容词-名词短语描述这些东西，如"a sad dog（一只悲伤的狗）"或"a striped dinosaur（一只有条纹的恐龙）"。她将被试分成两组，一组是英语母语者，试验语言也用英语，一组是法语母语者，试验语言使用法语。英语中，形容词总是出现在名词前，法语中，大部分形容词出现在名词后（如"Carte blancey"翻译成"card white"），只有少量形容词出现在名词前（例如"grand"翻译成"big"，把"nouveau"翻译成"new"）。研究证明，此即跨语言转换导致。有必要指出的是，对目标语言来说，双语儿童所说的大部分内容符合语法。比起单语儿童，双语儿童使用英语时喜欢颠倒形容词（如"a dog sad"）；双语儿童使用法语时比单语儿童喜欢颠倒形容词（如，"unraye elephant"英文为"a striped elephant"，这个形容词一般出现在名词后）。研究还发现，双语儿童使用法语时更喜欢颠倒形容词。Nicoladis（2006）指出，跨语言转换的现象在早期文献和关于双语儿童表达自己的研究中都能观察到。Ferreira 和 Dell（2000）的单语研究早就观察到语误现象，说话者表达相同意思时候不得不在两种语言结构中进行选择，就可能发生语误。例如，说话者要用"sofa"和"Chesterfield"，不经意说成"chofa"。Nicoladis（2006）认为跨语言转换可以看作语误，双语者在两种语言结构中选择（无论在语言内还是跨语言间）

时就可能产生语误。通过这种解释，英语-法语双语儿童为形容词进行位置排序时，在法语中犯更多错误的原因是法语中形容词位置前后可以选择的结果。

总之，双语儿童的大部分语法符合目标语言的规范要求，但他们常创造受其他语言知识影响的结构。许多因素影响儿童的跨语言转换行为，尤其是双语儿童不得不在各种信息表达方式中进行选择的时候。从这一方面讲，双语儿童的跨语言转换和单语儿童的语误也有相似之处。

4.4 认知差异

一些人认为，双语儿童的认知发展受益于其使用的两种语言和在两种语言系统中进行的对比，这种对比促使双语儿童区分词语与指示物。从20世纪六七十年代开始，研究者就已经证实了单语儿童与双语儿童之间的认知差异——双语儿童在认知的灵活性（Ben Zeev, 1977）、智力和创造力上要优于单语儿童。研究员认为选择语言的经验使得双语者心理上关于词语与指示物之间的连接没那么强烈。大体而言，双语者和单语者在认知方面的差异有四个方面：交际能力，心理理论、策略使用和注意控制。

交际能力指有效交流的能力，判断对话者的知识水平和交谈需要的能力。由于双语儿童有选择语用语境的丰富经验，他们会对其他人的交谈需要敏感。例如，Comeau、Genesee 和 Lapaquette（2003）分三次访问在蒙特利尔长大的两岁的英语-法语双语儿童，对每次与孩子交谈的语言混合率都进行标准化处理。第一次访问时，混合率很低，第二次访问时，混合率比第一次高，第三次访问时，混合率又变低了。孩子们的语言混合率反映了研究者的语言混合率，结果表明，双语儿童可以调节混合率，以应对不同的谈话者。Vihman（1998）则设计了一个试验，挑选两个爱沙尼亚语-英语双语儿童为被试，记录他们四年间的自然游戏情境，从姐姐六岁，弟弟两岁半的时候开始。Vihman 发现，孩子们在表现游戏的时候使用英语（在学校和家外的语言），在商定玩耍的规则的时候使用爱沙尼亚语（在家中的，孩子比较擅长的语言）。这样看来，孩子们似乎赋予了不同的语言以不同的功能。

研究证明，双语儿童可以"在线"调整自己的语言选择，而这主要取决于用什么语言对话。被试在和主试交流时，他们仅仅是对研究者的语言做出反应吗，或者他们知道和对话者分享语言知识？可以通过观察双语儿童对对话者的语言知识是否敏感来观察儿童的交际能力，观察他们在不同语言环境下的表现。研究表明，当主试使用被试不会的语言时，双语者比单语者更敏感。Nicoladis、See 和 Rhemtulla（2005）比较了英语单语者和法语-英语双语者，看他们是否懂得自己并不了解一个汉语者表达的意思，结果表明，儿童更倾向于认为新词即他们不知道名字的物体（例如，Markman, Wasow & Hansen, 2003）属于外语。Nicolais 和她的同事们曾经要求两三岁的儿童用中文说出他们已经知道的名字（像 apple）或者不熟悉的物体（像 Zimmer frame），如果该儿童懂得这个中文单词已经有英文名字，他们应该会在熟悉和不熟悉之间进行随机挑选。实际上，这就是双语儿童擅长的。相对而言，单语儿童不可能挑选熟悉的物体，这意味着他们看到那些中文单词像是看到英语中的新单词。以年龄较大的双语儿童为被试的试验却没有得到相同模式，但是，Nicolais 等人（2005）指出，对话者有时会转换语言，所以双语儿童也可能会语言转换。以年龄小的儿童为被试的研究表明，双语儿童可能对对话者的语言知识比较敏感。

双语儿童对他人比较敏感，研究已经证明了双语儿童在心理理论的发展上具有优势。心理理论指考虑他人思想的能力，尤其是知道其他人的想法与自己不一样的能力。双语儿童有根据谈话者来改变语言的经验，他们会在早期发展出理解他人的想法与自己不同的能力。Perner、Leekam 和 Wimmer（1987）设置了一个试验，让被试完成虚假信任任务，用于评估孩子们的心理理论。例如，研究者向被试展示一个聪明盒子，询问里面装的是什么。被试通常会说是里面装的是聪明。研究者接着打开盒子露出其他东西，比如铅笔，预测另一个没看到打开的聪明盒子的孩子说盒子里装着什么。三岁的小孩会经常说"铅笔"而四岁的小孩更可能说"聪明"（Perner，Leekam & Wimmer，1987）。研究者认为，这意味着三岁儿童假定所有人的想法和自己的想法一致，四岁的小孩却能意识到他人会有不同的想法并认为别人的想法可能是错的。Goetz（2003）认为，普通话-英语双语儿童比英语单语儿童更能辨认出"错误信念"。值得注意的是，普通话-双语研究并未发现双语者会在思维时更占优势（Jean-Louis，1999），他还认为，在控制了词汇后，双语者也仅有微弱优势（Bialystok & Senman，2004）。不过，大量的结果表明双语导致对他人信息敏感度增强的可能性。

　　双语很可能影响影响认知发展的另外一个领域——内隐策略在交流中的应用。对于成人双语的研究表明，双语者学习单词比单语者更快（Gollan & Silverberg，2001）。根据上述观点，学龄前双语儿的词汇量童的时候会比其他任何单语者要更小，不管在哪种语言上（Pearson，1993）。那么到底在发展的哪个阶段上，学习单词的策略得以迅速发展呢，研究4~6岁双语者后发现部分答案（Nicoladis，Pika & Marentette，2005）。这个研究显示让法—英双语儿童看一部"粉红豹"的卡通片并复述，他们在讲述中比法语单语者和英语单语者使用更多的手势（法语和英语单语者使用手势的比率是相同的）。研究者解释这个结果是双语儿童为了帮助听者更有效地接收他们的语言而采用更多的手势。事实上，研究发现双语者复述故事所用的词数和另外两种单语者没有差异。

　　为什么做手势可以帮助孩子们理解词语呢？先前的研究显示：不管是成人（Frick-Horbury & Guttentag，1998）还是孩子（Alibali，Kit & Young，2000），都用手势来帮助理解口语，特别是要求人们完成困难任务时。可以认为，用手势能更有效帮助他们。还有一些研究也得出相同的结果。首先,四岁以下的双语儿童已经展示了在说特别长的句子时可用某些辅助的手势(Nicoladis, Mayberry & Genesee, 1999; Nicoladis, 2002)。其次,双语成人比较喜欢手势,即使在说母语的时候(Pika, Nicoladis & Marentett, 2006)。综上所述,双语者从学前阶段开始就已经比单语者更经常用手势了。最新研究结果支持了这样的结论是:双语者在语言交流中更经常使用手势,因为双语者也许希望使用手势来减少在生成语言时两种语言间的冲突。

在正式语言交流中,双语儿童能根据语言环境和语言对象的不同采用合适的语言,由于双语儿童具备选择性的注意分配能力(Bialystok, 2001)。Bialystok 回顾一系列研究发现,在对语义异常的句子进行语法判断的时候,双语儿童表现得更好(例如, Colourless green ideas sleep furiously)。为了判断语义反常的句子是否符合语法,儿童特别注意对句法的选择而忽视词汇意义。这样的结论在其他研究中也得以证实,但是研究结果还不能非常明确地推论出双语优势存在于所有的年龄阶段(Bialystok, Majumder & Martin, 2003),然而可以肯定的是,双语者的某些认知能力优于单语者,特别是在特殊的情景下选择合适语言的认知能力。

总之,在认知发展上,双语儿童与单语儿童的差异主要体现在交流能力、心理理论、手势的使用和选择性注意这四个方面,这四种认知看起来是独立的,但它们很可能是潜在认知过程的不同表现形式。或许这四者之间的相互作用很小,例如,在交流的时候,双语者会有意识地选择语言来适应交流对象的语言,这种体验促进了心理理论的发展,帮助儿童在控制注意与正式的语言资源中建立联系。

4.5 小 结

　　双语者与单语者在语言发展的延迟、语言发展的加速、跨语言转换及认知差异上有差异，在这些领域中，双语者和单语者间存在微小但可觉察的差异。这些差异可以为研究双语儿童在语言和认知的发展方向提供理论依据。研究显示，双语者在语言加工的某些方面较单语者缓慢，然而并非在语言的所有方面，双语者都是延迟的。已观察到的延迟可能取决于语言使用频率的高低，双语儿童听到的和使用的语言较单语儿童更少。例如，双语儿童在学习不规则动词的过去式时会发生延迟。除了死记硬背，没有什么方法可以学习不规则动词的过去式。因为双语者对每一种语言的接触频率都比单语者少，语言习得需要高频率学习，双语者因此延迟，有些人认为，语言学习建立在儿童自己的言语使用基础上，双语的获得为这些理论提供了有趣的理论基础。

　　当然，语言习得不是单纯的建立在使用频率上。在发展的某些阶段，儿童必须归纳存在他们的语言体系中的合并模式。在这个问题上，研究者认为当双语者同时具有两种语言时也同时具备两种语言的加工结构，他们可能会加快加工的速度。当两种语言的结构较为相近的时候。当然也取决于他们对这两种语言的熟练水平。如果双语者具备两个完全不同的语言加工结构，当在他们生成语言时，他们可能存在某种语言的转换中介机制。如果这个解释正确，双语儿童在整合两种语言的语法结构时无法通过语言完全区分的。

　　跨语言转换是由于儿童两种语言的不同基础语言结构造成的。双语儿童必须学会加工语言特定结构。当两种语言结构之间存在差异，儿童也许就不得不进行选择。研究发现，双语儿童必须发展出有效的语言生成。比如，Nicoladis 等人在 2005 年发现，在让儿童重复故事，双语儿童的肢体语言多于单语儿童。他们认为，双语儿童用手势帮助获得词语，这种方法十分有效。

为了验证此解释，研究者们试图核实当两种语言的基础结构不同，是否有更多的肢体语言。如果这样，双语儿童可能会使用肢体语言以在两种语言选择时减轻认知负担（Goldin-Meadow, 2000）。

最后，双语儿童在交流能力、心智理论和选择性注意上比单语儿童有优势。研究者解释说这些优势是因为双语儿童根据情境选择合适语言的经验形成的。如果这种解释正确，那么儿童语言选择的早期经验就会引导他们至少在语言和社交领域形成对他人思想的洞察力和对相关线索的注意。为了验证这个解释，非常重要的一点就是对学前儿童第二语言获得过程中的心智理论和选择注意的变化进行纵向记录。

总之，这些研究清楚地揭示，双语的习得并不像研究者和家长担心的那样，会使儿童在发展中产生混乱。双语使用以很不起眼但系统（规则）的方式影响儿童语言和认识的发展。研究单语和双语的差异帮助我们更深刻地认识个体语言的发展。

参考文献

Alibali, M. W., Kita, S., & Young, A. J. (2000). Gesture and the process of speech production: We think, therefore we gesture. *Language and Cognitive Processes, 15,* 569-613.

Ben-Zeev, S. (1977). Mechanisms by which childhood bilingualism affects understanding of language and cognitive structures. In P. A. Hornby (Ed.), *Bilingualism: Psychological, social, and educational implications.* New York: Academic Press.

Bialystok, E. (2001). *Bilingualism in development: Language, literacy, and cognition.* New York: Cambridge University Press.

Bialystok, E., Majumder, S., & Martin, M. M. (2003). Developing phonological awareness: Is there a bilingual advantage? *Applied Psycholinguistics, 24,* 27-44.

Bialystok, E., & Senman, L. (2004). Executive processes in appearance-reality tasks: The role of inhibition of attention and symbolic representation. *Child Development, 75,* 562-579.

Bybee, J. (1995). Regular morphology and the lexicon. *Language and Cognitive Processes, 10,* 425-455.

Caputo, A. J., Palmer, F. B., Shapiro, B. K., Wachtel, R. C., Schmidt, S., & Ross, A. (1986). Clinical linguistic and auditory milestone scale: Prediction of cognition in infancy. *Developmental Medicine andChild Neurology, 28,* 762-771.

Clark, E. V., Hecht, B. F., & Mulford, R. C. (1986). Coining complex compounds in English: Affixes and word order in acquisition. *Linguistics, 24,* 7-29.

Comeau, L., Genesee, F., & Lapaquette, L. (2003). The modeling hypothesis and child bilingual code-mixing. *International Journal of Bilingualism,* 7, 113-126.

de Houwer, A. (1995). Bilingual language acquisition. In P. Fletcher & B. MacWhinney (Eds.), *The handbook of child language* (pp. 219-250). Oxford, UK: Blackwell.

Doyle, A. B., Champagne, M., & Segalowitz, N. (1978). Some issues in the assessment of linguistic consequences of early bilingualism. In M. Paradis (Ed.), *Aspects of bilingualism* (pp. 13-20). Columbia, SC: Hornbeam Press.

Ferreira, V. S., & Dell, G. S. (2000). Effect of ambiguity and lexical availability on syntactic and lexical production. *Cognitive Psychology, 40,*296-340.

Frick-Horbury, D., & Guttentag, R. E. (1998). The effects of restricting hand gesture production on lexical retrieval and free recall. *American Journal of Psychology, 1,* 43-62.

Gawlitzek-Maiwald, I., & Tracy, R. (1996). Bilingual bootstrapping. *Linguistics, 34,* 901-926.

Goetz, P. J. (2003). 'Ihe effects of bilingualism on theory of mind development. *Bilingualism: Language and Cognition, 6,*1-15.

Goldin-Meadow, S. (2000). Beyond words: The importance of gestures to researchers and learners. *Child Development, 71,* 231-239.

Gollan, T. H., & Silverberg, N. B. (2001). Tip-of-the-tongue states in Hebrew-English bilinguals. *Bilin1 gualism: Language and Cognition, 4,* 63-83.

Holm, A., & Dodd, B. (1999). A longitudinal study of the phonological development of two Cantonese-English bilingual children. *Applied Psycholinguistics, 20,* 349-376.

Jean-Louis, B. (1999). *Does childhood bilingualism facilitate the development of theory ofmind?* Unpublished PhD dissertation, Yale University, New Haven, CT.

Markman, E. M., Wasow, J. L., & Hansen, M. B. (2003). Use of the mutual exclusivity assumption by young word learners. *Cognitive Psychology, 47,* 241-275.

Muller, N., & Hulk, A. (2001). Crosslinguistic influence in bilingual language acquisition: Italian and French as recipient languages. *Bilingualism: Language and Cognition, 4, 1-21.*

Nicoladis, E. (2002). Some gestures develop in conjunction with spoken language development and othersdon't: Evidence from bilingual preschoolers. *Journal of Nonverbal Behavior, 26,* 241-266.

Nicoladis, E. (2003). Cross-linguistic transfer in deverbal compounds of preschool bilingual children.*Bilingualism: Language and Cognition, 6,* 17-31.

Nicoladis, E. (2006). Cross-linguistic transfer in adjective-noun strings by preschool bilingual children. *Bilingualism: Language and Cognition, 9,* 15 -32.

Nicoladis, E., Kwong See, S., & Rhemtulla, M. (2005). Are mutual exclusivity violations guided by children's assumptions about people's word knowledge? Paper presented at the Jean Piaget Society, Vancouver, BC, Canada.

Nicoladis, E., Mayberry, R., & Genesee, F. (1999). Gesture and early bilingual development. *Developmental Psychology, 35,* 514-526.

Nicoladis,E.,Pika,S.,& Marentette, P. F. (2005). *Gesturing bilingually: French-English bilingual children's gestures.* Paper presented at the International Congress for the Study of Child Language, Berlin, Germany.

011er, D. K., Eilers, R. E., Urbano, R., & Cobo-Lewis, A. B. (1997). Development of precursors to speech in infants exposed to two languages. *Journal of Child Language, 24,* 407-425.

Paradis, J., & Navarro, S. (2003). Subject realization and crosslinguistic interference in the bilingual acquisi-tion of Spanish and English: What is the role of the input? *Journal of Child Language, 30,* 371-393. Peal,

Perner, J., Leekam, S. R., & Wimmer, H. (1987). Three-year-olds' difficulty with false belief. The case for a conceptual deficit. *British Journal of Developmental Psychology, 5,* 125-137.

Pika, S., Nicoladis, E., & Marentette, P. F. (2006). A cross-cultural study on the use of gestures: Evidence for cross-linguistic transfer? *Bilingualism: Language and Cognition, 9,* 319-327.

Vihman, M. M. (1996). *Phonological development.* Cambridge, MA: Blackwell Publishers.

Vihman, M. M. (1998). A developmental perspective on codeswitching: Conversations between a pair of bilingual siblings. *International Journal of Bilingualism, 2,* 45-84.

Volterra, V., & Taeschner, T. (1978). The acquisition and development of language by bilingual children. *Journal of Child Language,* 5, 311-326.

Yip, V., & Matthews, S. (2000). Syntactic transfer in a Cantonese-English bilingual child. *Bilingualism Language and Cognition,* 3, 193-208.

第五章 双语现象和认知老化

认知老化和双语现象的关系还不明朗,人们对这一领域的关注受认知老化(几乎仅限于单语)和双语加工(几乎仅限于儿童、年轻成人)交叉研究的启发。虽然这一领域的研究甚少,但已有研究表明,这两个领域里都有令人兴奋的发现,值得进一步探究。本章简要回溯单语老化研究,分享双语老化领域的现有文献,整合认知老化基本机制和双语加工理论的理论模型,重点了解认知及成人语言加工过程的保持和损失。

5.1 认知老化的理论解释

目前,我们至少可用加工速度降低理论、工作记忆萎缩理论、抑制能力缺失理论和知觉功能下降理论这四个主要理论来解释儿童和成人认知表现的不同(Park,2000)。

加工速度降低理论认为,大多数加工不足由总体认知减退导致。

工作记忆萎缩理论认为,记忆随着年龄的增加而"缩水"。工作记忆是短期记忆存储,在这里,信息被激活并暂时维持,以备使用。和年轻人相比,老人的工作记忆能力下降。

结合加工速度降低理论和加工记忆萎缩理论,对记忆过程的解释更加复杂，因为短时储存在工作记忆中的信息在被进一步加工之前可能已经萎缩或丢失。

抑制不足理论认为，在认知加工过程中，老人逐渐无法抑制干扰信息，无关信息就在工作记忆中东游西荡，这降低了加工效率。

感觉功能下降理论认为，老年人感觉敏感度和认知的下降是因为大脑逐渐丧失以感觉敏感度作为指标的完整性大脑功能。

上述种种理论都能用来解释老化会影响语言，下面分析相关文献。

5.1.1 单语老化

大量关于语言和认知老化的研究集中在单语上，已有文献主要支持三个结论。首先，随着年龄增长，语言能力在总体上呈下降趋势。Juncos 分析了 14 种语言的数据，发现，各种语言在各年龄组（50～59，60～69，70～91）中都存在相似的下降趋势。其次，年龄大的成人个体的语言缺陷并不对称，例如，生成性缺陷（说、写）比理解性缺陷（理解和阅读）明显。最后，由于老人采用简单的和成功的补偿策略，这些缺陷似乎并不影响老年人的正常语言和对话。根据这三个关于老化和双语的研究结论，下文讨论老化对语言加工的认知构成的五个方面的具体影响。

1. 视觉和听觉的缺陷

老化的生理变化包括，失去区分高频和低频话语（语言）的听觉感受性。大多数语言在低于 3000HZ 的高频率范围下产生，一些声音可能高于这个范围。失去听觉的老年人较难分清这些声音，因此一些老人要使用设备来放大声音的频率，但很多老人能够在编码时大量利用情境信息来调整适应这种情况。老人的听觉经历从声音结构、频率范围到说话速率改变的过程。

2. 字词水平的再认与提取

也许老人面对的最大问题是语言交流中的词汇搜索——对话时无法想起某个词，临床和实验文献都发现这种现象。一般临床上用"冲突命名"或"图片命名"来测验老人的词汇提取能力。在实验中，先向被试展示一系列物体图片，从常见的物体（球或是椅子）到不常见的物体（听诊器），要求被试说出每个物体的名字。相比于年轻的成人，较为年长者通常在想起正确的名字方面有困难。事实上，实验结果也显示，相比于年轻的成人，年长者的词汇提取能力确实较弱（Au，Joung，Nicholas，Kass，Obler & Albert，1995；Feyereisan，1997）。据日记研究（Burke，Mackay，Worthley & Wade，1991）和实验文献（Burke，Locantore，Austin & Chae，2004）披露，针对舌尖现象的正式研究表明，随年龄的增长，该现象出现频率也增长。为了解老人人的语言通达能力，研究者们使用门户技术进行实验（gating techniques）（Grosjean，1996）。实验中，被试听到一个单词前50毫秒的发音，然后要求说出整个单词的发音。一般来说，相比于年轻人，年长的成人再认单词需要更多额外的时间。然而，相比于较少上下文情境，在提供了较多情境信息的情况下，再进行同样的实验时，较为年长的成人的错误明显减少——他们通过策略性地运用上下文的信息来弥补认知上的退化（Wingfield et al.，1991）。这也表明，单词的词汇形式可以利用（它们没有被清除或遗失），但被试需要从附加的语境线索获得更多的激活以便进行加工处理（Tulving & Pearlstone，1996）。年轻人可能就不太需要开发这些附加语言线索，老年人则需要。相反地，语义的检索——单词涵义的检索——由年轻人到年老者，语义记忆的结构并无重大差异。研究者们又借助语义启动这一研究范式来探究这个问题，典型的语义启动这样进行，给一个启动词（比如，医生）后，当呈现一个相关的词（比如，护士），被试命名该词（或者做一个有关词汇的决定）会快于呈现一个不相关词（比如，桌子）。较短的反应时表明，在语义网络中，相比于不相关的节点，相关的节点里语义更容易激活、扩散。有趣的是，年长的成人不仅仅表现得跟年轻人相似，一些研究还揭示，老年人的反应时更短（Duchek & Balota，1993；Laver & Burke，1993）。这些试验表明，在语义记忆结构中，语义检索几乎不随年龄增长而退化。因而，在完成需要意志努力而不是自动化的记忆任务时，发现老年人的表现比年轻人差时就无须惊讶。那些需要在记忆中主动搜索的任务（就好像词汇搜索）需要意志的努力，自动化任务则不需要。实际上，正如启动实验证明的：一个词义一旦被激活，相关意义的词汇也将出现并被激活，之后这些词就更容易被提取。这些自动化的思维机制不会像需要更多意志努力的控制性思维机制那样受年龄显著影响。

3. 句法处理

老年人使用的句法形式比年轻人的更严格更复杂，但使用简单的形式时反而更容易出错（Kemper，1987a；2001；Kynette & Kemper，1986 ）。阅读散文时，如果句法形式或照应参考要求高，老年人回忆会比较差（Kemper，1987b；Light，Capps，Singh & Owens，1993）。照应参考是一个代词和先行词之间的关系，经常表现为左分支句与右分支句。左分支句就是一个被嵌入的从句打断主句。2004 年，Kemper 等人比较老年人与年轻成人时使用了一个左分支句："That Joan stole the jewelry was a surprise."（p.222）在这种情况下，从句 "That Joan stole the jewelry" 就是嵌入式的从句，为了解释这句话，它必须进行处理并保存于工作记忆中。该研究还使用了一个右分支句："Tom saw who was robbing the store."（p.222）在这种情况下，相对的从句 "who was robbing the store" 不是嵌入式的，而是被放置在确切的宾语位置，这和人们期待的一样。大体而言，处理左分支句对工作记忆的要求更高。老年人理解和生成这类句式的速度比年轻人要慢 （Kemper et al.，2004）。类似的，在阅读中，代词和它们的先行词之间间隔的距离越大，老年人的记忆就越困难。这些是实验室研究的结论，应该放入现实背景中来理解。首先，在以实验室为基础的文献中，关于句法的自动处理是否与控制加工有所不同，或与通常认为的工作记忆相关的意识加工不同？Caplan 和 Waters（1999）认为，有一个"专门的 WM（工作记忆）系统支持那个最初的、在线的、强制性的、无意识的处理过程，而这过程确定了句子的结构和字面的、首选的、语篇合适的句子的意义"（pp..403-404），这和通常所设想的工作记忆不同。尤其对第二语言的双语句法进行加工，研究者们认为这种"专门的工作记忆"系统应该产生更多的资源密集。第二个关于句法处理与工作记忆的研究的细微差别是，当使用的是规范的句子形式（常见于日常用语，而非实验室中）时，老年人的表现与年轻成人相当（Kemper、Kynette & Norman，1992）。至少在句法上，在对日常用语进行加工时，中老年人似乎与年轻成人没什么差别。

4. 构建基于文章和情境的模式

Wingfield 和 Stine-Morrow（2000）总结说，在许多领域，年长成人和年轻人在篇章理解差别反应上没有显著差异。篇章差异的其中一个方面是命题密度，即，一个命题即两个或两个以上的相关概念隐含着一个句子的意义，而与语言表面的特征结构无关（Brown & Yule，1983）。更复杂的命题是多个概念的集合，通常存在层级关系。当在话语和文章中存在多重命题时，命题密度会加大。命题密度增加时，年轻人和年长成人都会出现篇章理解速度的下降（Stine & Hindman, 1994）。但在语言生成中，与年轻人相比，年长成人产生的命题密度更低，对每个命题的加工也需要更长的时间（Hartley，Stojack，Mushaney，Annon & Lee，1994）。虽然对话者说话速度加快时，年轻人和年长成人的理解难度都会加大，但老年人比年轻人的理解阈限更低（Stine，Wingfield & Poon，1986）。在第二语言或非优势语中，速度和命题密度都由说话者控制，这些差异在双语中就显得尤为显著。

在阅读文章和口语会话试验中，被试必须建立和调整特殊心理模型或事件状态的意义表征。Hamm 和 Hasher（1992）设计了一个故事，一个年轻女性感觉不舒服,想查出什么原因。她去一间大房子里头,希望找到关于这个问题的书,找到书后,进行查找。读这文章的读者产生了一个"那个女人去图书馆"的心理模型。由于添加了新信息,心理模型需要更新。Hamm 和 Hashe 说了另一个故事来改变读者的心理模型:年轻女性感觉不舒服,联系当护士的朋友寻求建议,然后去一间大房子里找答案。在这个版本里,参与者特别构造了那个女性进入医院的模型,接着故事的发展是那个女性找到了一本书,此时,被试必须更新"医院"模型而生成"图书馆"模型.

在记忆工作中,保持备选心理模型以不断扩充资源,这会加重老年人的记忆加工。因此,Hamm 和 Hasher(1992)发现,老年人无法跟年轻人一样借助相同的资源及时更新他们的心理模型。他们认为,老年人无法抑制先前的心理模型,这导致更新状况模型时候容易出错。也有人认为,年轻人在测验中展现了较强的再现回忆能力,而老年人用的是哲学的和解释性的回忆(Adams,Smith,Nyquist & Perlmutter,1997)。

5. 过程和交流

一般来说,老人的来源记忆比年轻人差,来源记忆包括从哪里或是从谁那儿获得的信息。这种记忆来源困难可以在多方对话中找到证据,年长的成年人可能不记得谁说了什么,谈话的主题(Rabbit, 1981)。但研究发现年长的成年人和年轻的成年人在记散文时差异微乎其微,只要文章是叙事性的而不是解释性(Kausler & Wingfield, 1990)。反过来,这也许可以说明年长的成年人利用前后文的关系支持所提供的可预见的结构(记叙文),用来补偿语言上或记忆上的其他不足(Wingfield & Stine-Morrow, 2000)。在语言生成和理解的其他方面,这样的补偿策略可以用于解释为什么在日常环境中年长的成年人和年轻人基本没有差异。

5.1.2 单语老化研究总结

从单语老化的文献综述中可见，语言加工能力和语言技巧的丧失和保留能力与年龄有一定的关系，普遍的趋势是，年龄增长，能力下降，虽然语言理解能力有增长趋势。具体说，在词汇提取中可以看到老人语言能力的缺陷，但是对于语意记忆的结构研究结果还没有获得文献支持。类似的结果是，句法加工能力也是受到年龄的影响，尤其是在大量处理复杂结构时，因为老人更倾向于加工简单的句法。另外，当命题密度增加，特别是说话速度加快，年长成人在理解时会遇见更多困难。不管是对概念单元的回忆还是对句子的回忆，都显示出老化的特征。最后，年长成人在信息监控上（比如追踪在谈话中谁说了什么）遇见的困难要大于年轻成人，然而，对日常生活来说，这些困难并不重要，因为上下文中有更多的信息，足以支持、补偿由年龄关系带来的下降（Stine & Wingfield，1987；Wingfield Poon, Lombardi & Lowe，1985）。

5.2 双语的老化

单语语境中由于年龄关系造成的老化，对此的观察结论同样适用于双语吗，双语语境下的老化是否表现不同？比如老化出现在一种语言中而另一种语言并未出现老化现象？

5.2.1 双语的特定因素

在认知方面，使用双语的人并不是简单地交替使用两种语言。使用两种语言就好像用英寸、英尺、英里或厘米、米、千米来测量世界一样，而且，两种语言的机制不断被激活,它们相互作用,相互影响(Francois Grosjean 说:"神经语言学家注意了!双语者并不是一个会说两种语言的单语者。")。而且,双语者的语言并不是处于静态的,相反,第一和第二语言会互相促进和抑制。动态地看待双语,就可在心理语言学研究中导入四个因素:语言熟练程度、语言环境、语言的使用频率和消退程度。说到底,双语转换能力是单语文献中从未提及的认知能力。接下来将综述关于双语和认知老化的实证性研究结果,提出验证性假设来探索这些概念。

1. 语言消耗

语言加工中由于年龄关系导致加工能力的丧失被再定义为"语言的消耗",单语研究结果只是语言消耗研究的一个方面。同通常的双语研究一样,语言的消耗指个体在语言结构上非病理性的加工能力丧失。除了对老化进行研究之外,双语的研究者几乎总是认为追踪双语者说第二语言的条件和因素不太容易,这就是语言的环境变量。

2. 语言环境

与年龄相关的语言加工能力的改变受特定语言环境中各种语言支持条件的影响。比如,一方面,在单语老化的简单案例中,单语者所处的环境让他们可以调整理解和认知。相似的,"平衡的双语者"也要面对类似的情境,因为对他(她)来说,环境为两种语言提供了相等的支持条件。但对不同的语言来说,环境不同,当双语移民者处在单语社会时,对于年长移民来说,如果和同胞的接触很少,社会对母语的支持微乎其微。如果移民者居住在语言集中的群体社区中,第二语言得到的支持也很少。在这些情况中,语言的熟练程度和占优势程度成为重要因素。

3. 语言熟练

大体上，语言熟练指与最理想的本土语言者比较起来，个体获得的语言水平。通常，双语者是那些一出生就学习两种或更多语言的人或者那些在日常生活中运用这些语言的人，他们被认为在所有语言中都有"本语竞争力"。第二语言学习者常常在学习语言时出现高原效应（虽然不总是，参考 Birdsong & Molis，2001），形成第二语言习得研究者所谓的内隐语言，同时形成第一语言与目标语言相联系的语言系统。这个高原效应又称化石效应。然而，研究语言沟通能力时不仅强调语言知识，也强调适当地运用语言。在移民环境下，一个后来才学习第二语言的人的沟通能力有限。从理论上说，语言精通能力的获得也是从零开始到最后像说本土语言一样的持续学习过程。

4. 使用频率

使用频率较难测量，实践中，高使用频率意味着反复练习。认知上，高频率练习意味着更强的获得能力。语言上，高频率练习意味着语言的主导力。但如果没有自我评估报告，就无法测量语言的使用频率和主导语言能力，而语言环境往往被认为是一种平台。

衡量或者控制这些变量——语言精通程度、语言环境影响和使用频率——对于认知年龄和双语研究都十分重要。比如，要探讨年龄对双语者的语言输出和语言理解与单语者的表现差异，我们要比较完全精通两种语言的双语者和单语者，或者将其同不充分掌握第二语言的学习者进行比较，或者将其同语言学习中容易混淆的变量进行比较。如果研究中采用的双语者被试不是很精通第二语言，或者生活在从来没有使用过第一语言或第二语言的环境中，或根本没有用过第一语言或第二语言，（使用频率低），那么关于认知年龄对他（她）的双语影响的结论就值得怀疑。

5.2.2 双语老化研究假设

基于文献中提到的研究结果的差别,一些学者试图结合年龄比较(年轻的和年长的)、类型比较(双语和单语)和语言比较(第一语言和第二语言),以语言精通度、语言优势和语言环境为变量进行试验,验证如下假设:

假设一:与单语者一样,双语者同样要面临与年龄相关的语言能力的下降与保持。

比较单语者和双语者的语言理解和生成,暂不考虑任一语言的生成差异,期望存在着普遍的下降模式。就假设来说,Juncos-Rabadan(1994a)选取了 60 位加利西亚语-西班牙语双语者作为被试,将他们按照年龄分成三组(30~40 岁、50~59 岁和 70~90 岁),试验设计着眼于将年龄和语言作为语言生成结果的自变量,年龄高的被试组在传统语言的胜任方面(语音学、形态学的理解和生成,词汇,句法,语义)和特殊语言技巧方面(理解力、重复讲话和试题的能力,适合的词汇表和语法结构的判断力,词汇检索和一般建议)的得分低于年轻的被试。这证明普遍下降的模式与单语的语言模式一致。另一方面,Obler、Albert 和 Lozowick(1986)的研究指出,年长的双语者与年轻的单语者之间存在差异。他们对比了年长的 Yiddish(依地语)-英语双语者和英语单语者,以评价英语双语者与英语单语者的英语是否有差异。他们选取 11 个平均年龄为 73.6 的年长双语者(出生在美国,父母说依地语)和 32 个平均年龄为 73.8 岁的年长英语单语者作为被试,进行了一系列语言测试。所有的双语被试都是以英语作为第一语言。测试的步骤如下:图片命名——个体看到物体的图片,然后在记忆中检索该物体的名称。为了评估语音的流畅性,让个体说出以"f"、"a"和"s"开始的词语,通过统计其数量。

反义词可用于评价词语意义（例如，法律的，非法的），自主演讲是通过单纯的背诵一年中的各个月份（那些单词以系列方式存贮在记忆中）来测试的。语义干扰利用传统的 Stroop 测试，让被试看一个表示颜色（如红色）但用另外一种颜色（如绿色）打印的单词，然后被试必须说出那个字的颜色而不许他读出这个字，最后，让被试完成关于成语和谚语格言意义的测验（例，请说出"loud tie——花哨的领带"或"Rome wasn't built in a day——罗马不是一天建成的"的意思）。一般说来，双语者与单语者的英语水平不相上下，但是在不同的方面会有细微的优势差异（例如双语者在给动物命名方面略占优势，单语者则在自主演说和谚语方面有优势）。尽管现在还未见到有关双语者的依地语的报告结果，但这个实验证实了年长的双语者和单语者在语言的加工处理方面没有太大差异。

最后，Rosselli 等人（2000）选取了 81 个年长（平均年龄为 61.76 岁）的个体作为被试，以测试单双语的不同，被试中有 45 个英语单语者，18 个西班牙语单语者和 19 个西班牙语-英语双语者。对双语者进行的波斯顿命名测验显示，其两种语言的熟练程度与单语者的熟练程度相同。以双语者接受第二语言的年龄为标志，被试可分为两组：9 名被试 12 岁以前就学习英语，10 名被试是在 12 岁以后才开始学英语。像 Obler 等人先前描述的那样，不仅让被试说出以"f"、"a"和"s"开头的单词来测试其熟练程度（语素的熟练），用 animals 和 fruits 的词义分类（语言熟练，见于 Spreen 和 Strauss，1998 年的神经生理学测试）进行描述。被试描述来自波斯顿诊断失语症的曲奇偷窃的图片（Goodglass & Kaplan，1983），这是一个复合的连线测试，显示一个厨房的情景，情境中有多种多样的正在发展的灾难（例如，水槽溢出，孩子从凳子上掉下来）。最后，被试要完成来自多语言失语症测试（Benton, Hamsher & Sivan，1989）的句子重复任务。不管熟练度的分类，在单语者和双语者中，除了语义熟练度外，在其他方面不存在差异，语言熟练度方面的结果是混合的，双语者在西班牙语中生成了更少的 fruits，而西班牙语和英语都生成了更少的 animals。12 岁以下学习英语的双语者在重复、命名和图片描述方面与单语者没有差异。尽管这个实验没有进行专门的年龄对比，该研究认为，年长的双语者与单语者相比，在语言加工方面并无显著差异。

总的来说，已有的证据表明，双语者与单语者经历相同的与年龄相关的加工缺陷。

假设二：对年长双语者来说，与年龄相关的下降和保存的模式将在两种语言中都存在。

这个假设检验与年龄相关的语言变化在双语者的两种语言中都存在还是只影响其中一种语言。通过证明假设来检验两种语言表现出老化的结果，当然要排除因语言运用的熟练度的不同而产生的让人混淆的结果。因此，选择被试时必须注意使两种语言的运用熟练度和使用频率相同。面对后者的条件，理想的状况是被试在两种语言中必须报告相同的语言支配能力。

单独研究陈述语言或听力缺陷和双语老化，Xue、Hagstrom 及 Hao 通过试验证明能在年轻双语者身上观察到话语基础频率的差异，这些差异也能在年长双语者身上观察到。语言的基础频率是每秒钟开合声带的次数（Fabbro，1999，p.13），以赫兹为单位。Hagstrom 和 Hao（2002）解释说，随着时间流逝，语音特征会僵化，两种语言将使用同一套语音特征。通过注册语言病理学家的临床判断发现，普通话-英语双语者中，年轻人与老人的语言熟练水平并无差异。对于 23 位中英双语青年（平均年龄为 28.32 岁）而言，虽然两种语言的最高语基频一致，但普通话的最低语基频率明显更低。在 18 位年长的双语者（平均年龄为 75.68 岁）身上，两种语言不存在语基频差异。研究者认为，年轻双语者的人格在社交活动中调节了声带的发音。随着时间的流逝和年龄的增长，个体运用声带越来越习惯化，导致年长被试的声音参数不发生变化（p.60）。这个研究表明，发音机制的老化和双语老化之间存在交互影响，无论使用第一语言，还是使用第二语言，年长双语者的语基频更趋于一致。de Picciotoo 和 Friedland（2001）以英语-南非荷兰语双语者为被试，让他们指出动物名称，分析其熟练程度（在一分钟内尽可能多地为动物命名）。每个双语被试参加三种语言环境下的测试：（1）只用南非荷兰语；（2）只用英语；（3）混合语言条件。试验选取平均年龄为 77 岁，自测熟练度为 4-5（在 5 点量表上）的 30 位被试。语言间的词汇，每一种具有一系列全面选取的典型词汇，或者类型词中的词汇，几年来的语言运用差异（每种语言的××率）与所得数据并不存在显著相关。试验表明，年长双语者在两种语言上的表现没有差异。为了了解第二语言年长者的熟练程度，DeBot 和 Lintsen（1986）比较了德国的荷语-德语双语者和法国的荷语-法语双语者中的年长者，发现，在双语失语测验分类项目中（比如重复词汇、语法转化、语句构成和音韵熟练水平），德语者的表现优于法语者。两组被试在他们第二语建构量相似，研究认为，这种差异可能是由于，对一部分法语者来说，他们频繁地到法国旅游（因此表明是一种在"语言环境"中的熟练效应，而不是成熟效应）。然而，在自测他们极度熟练（事后回顾）和对当前熟练度的测量，组间的当前自测熟练度都没有差异。

Juncos-Rababan（1994a）同样对加利西亚语-西班牙语双语者被试的语言差异进行研究——在熟练度和使用受到社会双语情境控制的情况下。尽管被试在日常生活中使用两种语言，他们在西班牙语的总体表现要优于加利西亚语——特别是在 7~21 个双语失语测试分类项目中（词语听力辨别，句法理解，语法判断，句子重复，排列，派生词法以及描述等）。例如，在接受词语听力辨别测试中，被试听到词时必须从四个代表该词的图片中选择出一副图片，这四幅图片分别代表一种发音相似的词，例如，coat、boat、moat、goat。它测试个人做出正确语音辨识和对口语语汇的理解能力。在衍派生词法中，被试听到一个名词（例如：power），必须说出它的形容词形式（powerful）。被试必须明白该语言的潜在派生词系统从而做出相应的反应。语言听觉识别一种理解任务,派生词是一种生成任务,但是两者同样考察形态认知的能力。总的说来,西班牙语-加利西亚语双语者形态认知任务在西班牙语的表现好过在加利西亚语。研究者推测相对加利西亚语来说,西班牙语更高的社会地位也许能解释被试在西班牙语上更好的表现。正如注意先前对于同样研究的讨论(在第一个部分的假设),研究者发现成熟效应,例如语言能力随着年龄水平上升而减退,值得注意的是,在这些年龄组中(30~40 岁、50~59 岁和70~90 岁),被试在西班牙语上的表现也优于加利西亚语。也就是说,我们从两种语言中都能观察到双语者从青年到老年存在相同的语言能力的衰退

总的来说,文献表明,当双语者精通这两种语言时,可以观察到同样的表现模式,无论第一语言,还是第二语言,老化效应基本无差异。

假设三:在双语老化中,双语者独特的语言转换能力扮演着重要的角色。

在理解与表达中,两种语言经常可以相互转换。研究认知老化的学者们对这种能力非常感兴趣,原因是这种能力与中枢系统控制、抑制(变老时会退化的过程)有关,假如准确转换两种语言,维持这种转换的能力随着年龄的增长而下降,那么我们应该看到年长的双语者不能在对话中持续使用第二语言,而要经常转至母语,这两种现象很少一起发生,除了病理中痴呆的案例中有存在外(Hyltenstam & Stroud,1989;1993; Mendez & Perryman,1999;Schmidt,1993—1994)。这也许可以解释成人们有能力抵抗下降,也许还有一种更令人兴奋的可能——语言转换作为对抗下降的保护因素,与目前为止神经心理学研究文献调查的情况对比,在这个领域的探索显然仍然处于实验阶段。

先前的研究发现老人在任务转换中的速度比较慢,在此基础上,Hernandez 和 Kohnert(1999)假设双语者的语言转换能力是一种核心管理任

务，随着年龄的增长而降低，他们的试验任务是用英语和西班牙语命名图片，让被试根据语言中的言语线索（diga 用西班牙语回答，say 用英语回答）说出每张图片的单词，来比较老年人和成年人的语言转换能力，试验材料是（a）在两种语言中设障碍（英语阻碍对西班牙语阻碍）(b) 混合着交替出现的两种语言阻碍（西班牙语材料紧接着英语材料，后紧接着西班牙语材料），也混合着随机出现的语言阻碍材料，(任务是)从一种语言随即转换成另一种语言。所有被试在八岁前就学了两种语言，他们评估自己是精通英语者。因此，在所有实验情境中，西班牙语比英语出现较慢的反应时间和较高的错误率。更重要的是，在混合情境（穿梭于两种语言中）中，所有的被试表现出较慢的反应时，老年人慢于成年人，并且比成年人犯更多的错误，（在所有情境中）作者认为这些结果跟实验的假设相符，这个假设是老年人在受到实验材料引起的反应模式的干扰时遇到更多的困难，进一步说，试验证明，中央执行系统加工能力随年龄增长而退化。

  Stroop 测验抑制的经典范式是，在这个测验中，个体看到一个词义为颜色的单词（例如：红色）然后说出这个词所用的颜色（例如：红色这个词用蓝色墨水来写出）。这个实验要求被试抑制自己，不读单词，而是说出墨水的颜色。双语 Stroop 使用两种语言中每个与颜色有关的单词作为各自的材料。Zied 等人（2004）为了研究双语者中与年龄有关的抑制能力下降，提供两种语言的材料给 90 名老年人和 90 名成年人，他们会阿拉伯语和法语，先把他们分为三组：两者均衡双语者、法语优势双语者、阿拉伯语优势双语者。研究人员决定使用合适的语言材料——波斯顿命名测验。毫无疑问，无优势的语言对比有优势的语言出现较大的抑制能力差异，从成人组到老年组出现了抑制能力降低。这结果证实了单语者存在年龄效应。然而成人组和老年组中，均衡双语者比两种语言任何一个占优势的双语者表现得更好（较快的反应时间）。例如，法语-阿拉伯语均衡的双语者在阿拉伯语方面胜过阿拉伯语占优势的双语者，即两种语言中后一种语言占优势的双语者，这个出乎意料的结果表明成年期和老年期时，均衡双语者在文字任务上有更多的抑制控制力优势。更深一层，它认为，无优势的语言更易产生由于下降的抑制能力而导致的与年龄有关的衰退。

这两个研究有本质的区别，一个涉及图片命名，一个涉及 Stroop 测验，不过未必结论不一致。这两个都显示出与年龄有关的抑制降低，发现有语言优势的双语者的这种下降情况。后一个实验使均势双语者从有优势的双语者中区分开来成为可能，均势双语者下降的比较少，这些实验关注语言能力（语言转换）和言语（命名）。回顾最后的实验，它提出语言能力中的语言转换怎样作用于非语言反应的疑问。Bialyscok（2001）发现双语儿童发展控制过程更快于单语儿童，并认为保持对两种语言的控制需要良好发展的抑制控制。基于这个研究，Bialystok、Craik、Klein 和 Viswanthan（2004）认为，终生双语者可能减缓老年人抑制的降低。这个实验区别于先前描述的两个实验，因为它的重点不是语言转换，而是作为中央执行系统的控制，终生的语言转换是否能使老年双语者比老年单语者在非语言任务中更加受益。通过 4 个研究，Bialystok 等人（2004）让老年人与成年人完成西蒙任务，这个任务是让被试看电脑屏幕上有颜色的正方形，然后根据正方形的颜色按特定的键。举个例子，在西蒙任务的基本框架中，被试在电脑屏幕的左边或右边会看到一个红色或蓝色的正方形，假如正方形是蓝色的，必须按设定好的左键；假如正方形是红色的，就按设定好的右键。当正方形的位置从屏幕的左边变为右边时，要求被试将规则铭记在心里（例如，蓝色就按左键，红色就按右键），Bialystok 等人（2004）使用更多复杂的任务来挑战工作记忆容量（例如，用四种颜色的正方形且不断他们在屏幕上的位置不断变化）。

总的来说，结果显示，在重要的实验中，双语者比单语者有更好的反应时间，尤其是在工作记忆超负荷的任务中，老年双语者胜过老年单语者。此外，将样本按年龄进一步划分时，在整个 60 岁群体中，双语者较之单语者一直占据优势，因此，双语者在下一个十年中将继续保持他们的优势，而单语者表现出下降的增长率。总体来说，终生的双语学习似乎在后半部分人生中能保护双语者免于我们通常在老年人身上观察到的执行功能的下降。整合起来，这些实验表明，至少在均衡双语者中，语言转换可能赋予某种认知上的好处，也就是说，在老年的早期，均衡双语者的有效语言转换能力可能成为反抑制缺陷的一个保护性因素。

5.3 双语老化研究的方法整合

与单语老化的文献中存在大量实验性研究相比，双语和老化的文献更多与神经心理学实验有关。举个例子，在先前两个假设下的五个研究小组中，通过使用普通的、神经心理学的、临床的工具来测查语言保持和丧失的模式。例如双语失语症测评（Panadis，1987），波斯顿命名测验（Kaplan，Goodglass & Weintraub，1983）语音语意熟练度（Spreen & Strauss，1998），波斯顿诊断测验种的偷饼干图片（Goodglass & Kaplan，1983），多语失语症测评（Benton等人，1989）及其他。对这些工具的使用，研究者提出了很多有关测验翻译及常模化的复杂问题和与语境标准化、年龄组标准化相关的常模问题（Schrauf & Navarro，2005；Schrauf Weintraub & Navarro，2006）。有一些用于临床的语言工具是很有价值的，并且在很多语言中被规范化（双语失语症测评可用于61种语言），而其他工具只能用于少数的语言。

另一方面，关于语言转换和老化的研究大部分是试验性的。Hernandez 和 Kohnert（1999）在图片命名测验中加入线索提示，Zied 等人（2004）将双语 Stroop 用在不同情境下，Bialystok 等人（2004）使用西蒙任务。通常情况下，这些研究工具在探索原因因素时有一定的效用。虽然当代采用神经心理测验工具获得的实验结果很有价值，有助于我们了解双语和老人之间的关系，但要探索终生的双语能力，还需要确立更外显的实验范式。

5.4 第二语言形成过程的解释模型及年龄因素

在这部分，现代认知老化模型（Park，2000）是公认的研究双语和老化的框架。然而，对于双语研究而言，认知老化模型却是尚未成熟的，另一方面，双语加工模型对于老化的研究也是肤浅的，如果两个领域的模型发展成熟到融为一体，能互为所用。未来，依赖于双语测验模型的发展，我们可以开始探索老化和第二语言的产生和理解的领域。下面介绍一种模型——激活阈限假设（Panadis，2004），描述已知的认知老化中可能的影响。

5.4.1 自动化和控制化加工

大多数涉及成年人和老年人的认知比较研究都涉及需要控制化加工对比自动化加工的任务。简而言之，自动化加工决定的心理活动是内隐学习习得的（不需要引导、意识注意的学习），不断重复使它们形成能被很快执行并消耗很少加工资源的程序化的行为组块。另一方面，控制化加工决定的行为是外显学习习得的并且从已存贮的记忆中提取，每次使用时以更细化的方式呈现。这些之所以叫做控制化加工，就是因为在每一个使用中，它们需要用注意资源来评估、反应。有关认知老化理论已被认可，即，成年人和老年人在完成依靠自动化加工的任务时，两者的区别很小，而在完成需要控制化加工的任务时却有显著不同（Craik & Byrd，1982；Park et al.，1996；Titov & Knight，1997）。本章开头的四个理论（加工速度减慢，工作记忆衰减，抑制差异，感觉功能降低）都关注在控制化加工上与年龄有关的差异。

5.4.2 激活阈限假说（ATH）

激活阈限假说是双语的语言神经模型，即心理内容和心理的表现形式（语音形式、词或者短语、句法结构、情景模型等）被一系列刺激激活。每一次激活，它的阈限先是降低然后逐渐上升。经常被激活或最近被激活的内容相对于不经常或者以前被激活的内容而言有较低的阈限值。这些动力学的观点部分解释了这样的结果，例如：移民到一个没有机会说母语的新环境中，母语就会慢慢消退。因为这一原因，不经常使用和逐渐没有及时使用母语都能使第一语言的激活阈限上升，且越来越难以达到这个阈限值。这个理论也表明，语言的产生要比语言的理解难得多。因为在理解中，刺激是由环境（例如，其他说话者，电视，广告牌等）提供的，然而，对于语言的产生而言，这些刺激必须来自个体本身。在以前的关于单语老化的研究中，语言产生比理解需要更多密集的资源。因此，相对于语言理解，成年人和老年人的区别更明显的表现在语言的产生中。

刺激阈限激活模型中，内隐记忆与外显记忆的区别、自动化加工和控制化加工的区别这两个区别也被用在语言获得与学习的区别研究上。语言的获得经常指第一语言，当获得者注意环境中的其他事物时，语言表达和技巧常被编码成为情景记忆，这就是内隐的学习，成为内隐记忆。在这种记忆中，对学习材料的意识觉知是不可能存在的。因此，例如，一个以英语为母语的个体在讲述他或她过去的事情的时候，不会考虑动词时态的用法。事实上，打断句法的建构方式会中断语流。尽管认知过程通常需要自动化的加工和控制化的加工，但第一语言的产生在很大程度上还是依赖于自动化加工。另一方面，语言的学习需要更多外在努力和有意识的尝试努力。比如，在后一种情况中，语法是外显学习习得的（编码并存储在长时记忆中），当个体在说话时，提到工作记忆。例如，以西班牙语为第二语言的个体在用西班牙语讲故事时，其有意识地为每个句子选择正确的一般过去式而不是完全过去时。结果，个体第二语言的语速可能就会比他的第一语言慢（或多或少取决于熟练度）。总的来说，第二语言更多是依赖于控制化加工。尽管随着时间的流逝，程序性记忆会取代它，语言产生中会使用很少的意识思维。

在第二语言中，个体经常保持自己已习得的语法和心理描述的记忆（外显记忆）。例如，当对这些行为的无意识觉知（自动化加工）发展成为程序式过程，言语者在语言语法结构的选择或者是合适的短语或语调方面会变得更加流畅和付出更少的注意。不过，在用第二语言说话时，个体可以暂时中止自动化加工，有意识的使用外显的语言规则来指导他的说话。比如在警察面前对一起交通事故作证时，个体就会很注意地，有意识地使用过去式的动词。在这些情形中，正如 Paeadis（2004）所指出的："控制过程很容易受伴随记忆的影响，然而，自动化加工是不受这些认知需求的影响。"

总的来说，第二语言者在产出和理解第二语言时，远远比第一语言更依赖于加工过程。Paradis 探索的是一个很有实践性的问题，讨论是否"后来学习第二语言的人出现了语言的流畅性不是控制过程加速化的简单结果"。也就是说，起步晚的双语者第二语言的流畅性仍然需要不断努力练习来获得快速加工过程。

5.4.3 第二语言老化的影响结果

在此模型中，认知的老化如何影响双语过程？显然的，老化伴随着认知资源的减少，通常控制过程要比自动过程承受更多变化带来的冲击。通常认知活动包括自动和控制的过程，传统语言的成分是这样排序的：从相对需要较多工作效能的自动化加工到需要最多工作效能的控制加工任务。图 5.1 表示横坐标的顺序,即从自动化加工到控制加工过程分别是语音、字形、字库、语义到语用,与之平行的水平线证实了假说,第一语言对第二语言的组成成分的分配是根据自动对控制过程的多少需求决定的。尽管这一观点被实证研究证实,但这一图表显露出处理过程可能位于第一语言还是第二语言的差别和差异程度。由于老化对控制过程的影响多于自动化过程,可以认为相对第一语言的语言成份而言,第二语言成份可能存在相对更大的因年龄增长带来的退化。

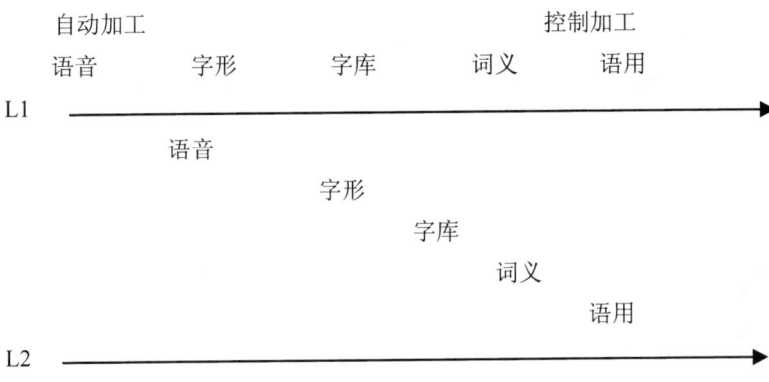

图 5.1 第一语言(L1)和第二语言(L2)的加工过程图

1.加工过程速度的减慢

解释年轻人和老年人之间的认知工作的差异可用四种理论:加工过程速度的减慢、工作记忆的缩小、抑制力的不足和感知功能的衰退。观察该模型的各部分可以得出相应的结论,即年龄对第二语言的加工过程的影响。毋庸置疑,在需要控制化加工过程的任务中加工速度减慢的结果显示老年人使用第二语言比年轻人更慢。(在两组中第二语言的熟练程度相当)。

2. 工作记忆的减少

认知老化的第二个理论涉及工作记忆容量的减少，涉及工作记忆，Paradis（2004）指出，需要控制化加工的言语任务受记忆容量的影响。例如，一个晚期移民英语者在公园与一个卖热狗的小贩交谈，可能很注意让人觉得他能熟练运用棒球词汇，但也会发现他说话更像个外国人。"务实"的话题带来超负荷的工作记忆（对"棒球"的敏感性）也许会打乱控制化加工过程中的字形结构。此外，在熟练掌握第二语言的青年组和老年组中，我们可能发现在这些不同的语言表现中，老年组比青年组表现出更大的语言记忆不足。这种情况由于速度的不足和工作记忆之间的相互作用而变得更加复杂——这就是Salthouse（1996）认为的"并行机制"，即在工作记忆中存储的材料在进行下一步加工之前丢失时会出现这种情况。例如，在带有名词词性的句子中，一个句子的名词主语可能需要后面距离很远的代词来修饰，且在词性上要一致，对于很迟才学习语言的人来说，记住一个长句中的这种词性信息可能比也很晚才学习语言的年轻人更加困难。由于这些原因，人们也预测，相对于年轻人，老年人在学习语言方面将会有更加特殊的困难（比起年轻人，老人很可能会采用完全不同的认知策略）。

3. 抑制不足

第三种理论与认知老化理论与老年个体在需要努力的加工过程中抑制无关信息有关。在需要努力抑制无关信息的过程中，老人的个人能力不断下降，相对于年轻人而言，与年龄有关的抑制不足也会影响到他们对第二语言的控制加工。这种理论出现在Zied（2004）等人早期的研究讨论中，如上所述，Zied等人发现双语平衡的人加工过程更好，但另一方面，他们也发现年龄和具有语言优势的双语者之间的相互作用也很显著。比起年轻的有优势的双语者，不管是在占优势的和不占优势的语言之间，有双语优势的老年人的学习速度都较慢，在 Stroop 任务中，较长的反应时和更多的错误表明了这样的趋势：第二语言和第一语言一样都存在一个普遍的抑制不足的效应。许多类似的，有关抑制不足效应的预测都在图表 5.1 中描绘出来了。在一般的老化或者在痴呆中发现的第一语言的改变可能可以用认知老化中的抑制不足做一些解释。

4. 感知觉的衰退

最后，关于认知衰退的第四种理论表明，认知衰退源于感知觉敏感性的降低，这本身就反映了神经系统普遍性的退化。双语加工进程的衰退可能与特殊的大脑机制有关，这种机制又与衰老有关。但双语老化机制的运用至今仍未得到深入研究。

5.5 小　结

关于认知老化在年长成人认知进程中的作用的解释理论广泛用于解释单语者的语言因衰老而产生的缺失及缺失范围。然而，更重要的是，对于老年人来说，这些缺失并不一定是缺陷，因为语言识别策略可以弥补这些缺陷。年长成人最普遍的困难是词汇提取的困难。在句法的生成过程中，老年人倾向于使用更简单的结构，他们有时在理解句子上存在困难，特别是当理解需要许多工作记忆参与的时候。双语认知老化的研究还存在许多空间。由于研究需要控制各种条件，比如语言使用娴熟度的不同水平，语言的环境，哪种语言占统治地位以及语言消耗等问题使研究变得十分复杂。这都是所有双语研究需要真切面对的。现今的研究结果支持三种假设：第一，双语和单语在衰退和保存的模式上是相似的。采用临床神经心理学的功能测试方法对年轻和年老的双语者进行对比研究，发现年长双语者和年轻双语者的语言认知不足也是相似的。第二，双语者的两种语言衰老和（或）保存模式是十分相似的，前提条件是双语者的两种语言熟练程度是一致的时候，这个结论大部分是采用临床工具测量到的。第三，一些最新的研究表明，平衡的双语机制（包括时常进行语言转换），在对抗单语老化中常见的执行功能衰退上可能起到保护作用，这说明语言转换在认知老化中具有一定的特殊作用。

双语加工和老化的研究基本上集中于平衡的双语者。即双语的语言本质上都是第一语言。双语类型为第二语言的老化研究却得到很少的关注。即双语中，第二语言是在第一种语言获得后习得的。然而，现有的关于第二语言的获得和加工的理论，可能可以对双语的老化做出某种特殊的预测。其中有一种模型——刺激启动阈限假说产生了一系列关于以第二语言为双语类型衰退的可测试假说。这种假说认为，使用第二语言的双语过程需要更多的控制性加工。假如，我们将语言分解成不同成分的任务，这可能也按照加工进程进行排序。即语音的形成或语法的结构的形成包含相对多的自动化过程。然而，词汇的提取或言语的技巧则需要更多的控制性加工。认知衰老有两个等同的发现：（1）对于需要自动化加工的任务对年龄并没有太大影响。（2）在需要控制加工的任务上年长成人具有年龄上的不足，因此可以预测，第二语言比第一语言更容易受认知老化的影响。加工进程减缓，工作记忆衰退，抑制不足，感知觉作用衰退这四个方面可以预测第二语言的获得在老年时候的确非常困难。

参考文献

Adams, C., Smith, M. C., Nyquist, L., & Perlmutter, M. (1997). Adult age-group differences in recall for inel. the literal and interpretive meanings of narrative text.

Journals of Gerontology: Series B: Psychological Sciences and Social Sciences, 52B(4), P187–P195.

Au, R., Joung, P., Nicholas, M., Kass, R., Obler, L. K., & Albert, M. L. (1995). Naming ability across the lifespan. *Aging and Cognition, 2,* 300-311.

Benton, A. L., Hamsher, K., & Sivan, A. (1989). *Multilingual aphasia examination* (3rd ed.). Lutz, FL: Psychological Assessment Resources.

Bialystok, E. (2001). *Bilingualism in development: Language, literacy, and cognition.* Cambridge: Cambridge University Press.

Bialystok, E., Craik, F. I. M., Klein, R., & Viswanathan, M. (2004). Bilingualism, aging, and cognitive control: Evidence from the Simon Task. *Psychology and Aging, 19(2),* 290-303.

Birdsong, D., & Molis, M. (2001). On the evidence for maturational constraints in second-language acquisition. *Journal of Memory and Language, 44,* 235-249.

Brown, G., & Yule, G. (1983). *Discourse analysis.* New York: Cambridge University Press.

Burke, D. M., Locantore, J. K., Austin, A. A., & Chae, B. (2004). Cherry pit primes Brad Pitt: Homophonepriming effects on young and old adults' production of proper names. *Psychological Science, 15(3),* 164-170.

Burke, D. M., MacKay, D. G., Worthley, J. S., & Wade, E. (1991). On the tip of the tongue: What causes word finding failures in younger and older adults. *Journal of Memory and Language, 30,* 542-579.

Caplan, D., & Waters, G. S. (1999). Verbal working memory and sentence comprehension. *Behavioral and Brain-Sciences, 22(1),* 77-126.

Craik, F. I. M., & Byrd, M. (1982). Aging and cognitive deficits: The role of attentional resources. In F.I.M.Craik & S. Trehub (Eds.), *Aging and cognitive processes* (pp. 191-211). New York: Plenum Press.

De Bot, K., & Lintsen, T. (1986). Foreign-language production in the elderly. In B. Weltens, K. De Bot & T.Van Els (Eds.), *Language attrition in progress* (pp.131-142).Dordrecht: Foris.

de Picciotto, J. & Friedland, D. (2001). Verbal fluency in elderly bilingual speakers: Normative data and
preliminary application to Alzheimer's disease. *Folio Phoniatrica et Logopaedica, 53,* 145-152.

Duchek, J. M., & Balota, D. A. (1993). Sparing activation processes in older adults. In J. Cerella, J. M. Rybash, W. Hoyer, & M. L. Commons (Eds.), *Adult information processing: Limits on loss.* San Diego, CA: Academic Press.

Fabbro, F. (1999). *The neurolinguistics of bilingualism: An introduction.* East Sussex, UK: Psychology Press. Feyereisan, P. (1997). A meta-analytic procedure shows an age-related decline in picture-naming: Com-ments on Goulet, Ska, and Kahn. *Journal of Speech and Hearing Research, 40,* 1328-1333. Goodglass, H., & Kaplan, B. (1983). *The assessment of aphasia and related disorders* (2nd ed. Vol. Lea & Febiger). Philadelphia.

Grosjean, F. (1996). Gating. *Language and Cognitive Processes, 11,* 597-604.

Hamm, V. P., & Hasher, L. (1992). Age and the availability of inferences. *Psychology &Aging,* 7,56-64.

Hartley, J. T., Stojack, C. C., Mushaney, T. J., Annon, T. A. K., & Lee, D. W. (1994). Reading speed and prose memory in older and younger adults. *Prycholog &Aging,* 7,56-64.

Hernandez, A. E., & Kohnert, K. J. (1999). Aging and language switching in bilinguals. *Aging in Neuropsychology and Cognition, 6(2),* 69-83.

Hyltenstam, K., & Stroud, C. (1989). Bilingualism in Alzheimer's dementia: Two Case Studies. In K. Hylenstam & L. K. Obler (Eds.), *Bilingualism Across the Lifespan: Aspects of Acquisition, Maturity, and Loss (pp.* 202-227). Cambridge: Cambridge University Press.

Hyltenstam, K., & Stroud, C. (1993). Second language regression in Alzheimer's dementia. In K. Hyltenstam & A. Viberg (Eds.), *Progression and regression in language: Sociocultural, neuropsychological and linguistic perspectives* (pp.222-242).

Cambridge: Cambridge University Press.

juncos-Rabadan, O. (1994a). The assessment of bilingualism in normal aging with the bilingual aphasia test. *Journal of Neurolinguistics, 8(1),* 67-73.

Kaplan, E., Goodglass, H., & Weintraub, S. (1983). *Boston Naming Test.* Philadelphia: Lee & Febiger.

Kemper, S. (1987a). Life-span changes in syntactic complexity. *Journal of Gerontology, 42,* 323-328.

Kemper, S. (1987b). Syntactic complexity and older adult's prose recall. *Experimental Aging Research, 13,* 47-52.

Kemper, S., Herman, R.E., Liu, C. J. (2004). Sentence production by younger and older adults in controlled contexts. *Journals of Gerontology: Psychological Sciences, 58B,* P220-P224.

Kemper, S., Kynette, D., & Norman, S. (1992). Age differences in spoken language. In R. West & J. Sinnott (Eds.), *Everyday memory and aging (pp.* 138-152). New York: Springer.

Kynette, D., & Kemper, S. (1986). Aging and the loss of grammatical forms: A cross-sectional study of language performance. *Language-and-Communication, 6(1-2),* 65-72.

Laver, B., & Burke, H. R. (1993). Why do semantic priming effects increase in old age? A meta-analysis. *Psychology &Aging, 8,* 34-43.

Light, L. L., Capps, J. L., Singh, A., & Owens, S. A. A. (1993). Comprehension and use of anaphoric devices in younger and older adults. *Discourse Processes, 18,* 77-104.

Mendez, M. F., & Perryman, K. M. (1999). Bilingualism and dementia. *Journal of Neuropsychiatry and Clinical Neurosciences, 11(3),* 411-412.

Obler, L., Albert, M., & Lozowick, S. (1986). The aging bilingual. In J. Vaid (Ed.), *Language processing in bilinguals: Psycholinguistic and neuropsychological perspectives (pp.* 221-231). Hillsdale, NJ: Lawrence Erlbaum Associates.

Paradis, M. (1987). *7he assessment of bilingual aphasia.* Hillsdale, NJ: Lawrence

Erlbaum Associates.

Paradis, M. (2004). *A neurolinguistic theory of bilingualism.* Philadelphia: John Benjamin.

Park, D. C. (2000). The basic mechanisms accounting for age-related decline in cognitive function. In D.C. Park & N. Schwarz (Eds.), *Cognitive aging: A primer* (pp. 1-21). Philadelphia: Psychology Press.

Park, D. C., Smith, A. D., Lautenschlager, G., Earles, J., Frieske, D., Zwahr, M., et al. (1996). Mediators of long-term memory performance across the lifespan. *Psychology and Aging, 11,* 621-637.

Rabbitt, P. (1981). Talking to the old. *New Society, 55,* 140-141.

Rosselli, M., Ardila, A., Araujo, K., Weekes, V. A., Caracciolo, V., Padilla, M., et al. (2000) Verbal fluency and repetition skills in healthy older Spanish-English bilinguals. *Applied Neuropsychology*, 7(1),17-24.

Salthouse, T. A. (1996). The processing-speed theory of adult age differences in cognition. *Psychological Review, 103,* 403-428.

Schmidt, R. (1993-1994). Linguistic reversal in Alzheimer's disease patients. *7hejournal ofLong Term Care Administration, Winter,* 34-39.

Schrauf, R. W., & E. Navarro (2005). Using existing tests and scales in the **field.** *Field Methods 17(4):* 373-393.

Schrauf, R. W., Weintraub, S., & Navarro, E. (2006). Is a validation of the word accentuation test (WAT) of premorbid intelligence necessary for use among·older, Spanish-speaking immigrants in the United States? *Journal of International Neuropsychological Society,* 12, 391-399.

Spreen, O., & Strauss, E. (1998). *A compendium of neuropsychological tests* (2nd ed.). New York: Oxford University Press.

Stine, E. A. L., & Hindman, J. (1994). Age differences in reading time allocation for propositionally dense sentences. *Aging and Cognition, 1,* 2-16.

Stine, E. A. L., & Wingfield, A. (1987). Process and strategy in memory for speech among younger and older adults. *Psychology and Aging 2(3),* 272-279.

Stine, E. A. L., Wingfield, A., & Poon, L. W. (1986). How much and how fast: Rapid processing of spoken language in later adulthood. *Psychology and Aging, 1,* 303-311.

Titov, N., & Knight, R. G. (1997). Adult age differences in controlled and automatic processing. *Psychology and Aging, 12(4),* 565-573.

Tulving, E., & Pearlstone, Z. (1966). Availability versus accessibility of information in memory for words. *Journal of Verbal Learning and Verbal Behavior, 5,* 381-391.

Wingfield, A., Aberdeen, J. S., & Stine, E. A. L. (1991). Word onset gating and linguistic context in spoS ofken word recognition by young and elderly adults. *Journal of Gerontology. Psychological Sciences, 46,* P127–P129.

Wingfield, A., Poon, L. W, et al. (1985). Speed of processing in normal aging: Effects of speech rate, linguistic structure, and processing time. *Journal of Gerontology 40,* 579-585.

Wingfield, A., & Stine-Morrow, E. A. L. (2000). Language and speech. In F. I. M. Craik & T. A. Salthouse (Eds.), *The handbook of aging and cognition* (2nd ed., pp. 359-416). Mahwah, NJ: Lawrence Erlbaum Associates.

Xue, S. A., Hagstrom, F., & Hao, J. (2002). Speaking fundamental frequency characteristics of young and kerelderly bilingual Chinese-English speakers: A functional system approach. *Asia Journal of Speech, Language, and Hearing, 7,* 55-62.

Zied, K. M., Phillipe, A., Karine, P., Harvet-Thompson, V., Ghsilaine, A., Arnaud, R., et al. (2004).Bilingualismand adult differences in inhibitory mechanisms:Evidence from a bilingual stroop task. Brainand Cognition, 54,254-256.

第六章 双语语言原则和应用

使用第一语言时，双语者的发音会受其掌握的其他语言的语音的影响，比如法国人讲英语，发/t/ 和 /d/ 的音时带着浓厚的法语味道。第二语言学习也会受性别的影响，学习者会根据自己的性别快速学会正确发音，如，女性喜欢将 going 进行式中的"ing"读成有鼻音的/in/，男性则读成无鼻音的/in/。在一次交通事故中，一位双语摩洛哥人大脑受损，10 天后，他会讲法语不会讲阿拉伯语；第二天则会讲阿拉伯语而忘了法语；第三天又可讲一口流利的法语；三个月后两门语言都会讲。在伦敦东，5 岁的孟加拉儿童先学会发常规的过去式词尾/t/（learnt）和/d/（played）的音，过后才学会发/id/（waited）的音（Cook，2007）。

本章解析语言学如何帮助或阻碍我们理解这些现象，将涉及语言学在第二语言习得（Second Language Acquisition，SLA）和双语研究中的一些应用方法——从语言学系统理论到研究方法，评价语言学和第二语言习得（SLA）研究之间的关系。

非本族语语言习得和使用的研究者来自不同领域，有些人出身语言学，检验最新的语言理论；有些人出身心理语言学，研究 SLA 的过程和使用；有些人是教师，试着摸索语言教育的模式；有些人自称为应用型语言学家或第二语言研究者，或者宣称自己是双语研究者。开展语言研究时，这些学者都抱着思维定势，不会轻易赞同他人。语言学家不赞同心理学家，心理学家也无法理解语言学家对句法和语法的抽象细节（如过去式词尾变化）的浓烈兴趣，但双方都无法将理论实际应用于情况复杂的课堂教育情境中，这是许多教师出身的研究者感到惋惜的地方。一般而言，语言学将从总体上设定语言的本质，然后描述个别语言，从音系学（phonology）到语义学（semantics），提供语言不同层面的图表，帮助那些使用和学习多门语言的人达到目的。

著名语言学家 Roman Jacobson（1953）说：" 对我而言，双语现象是语言学的基本问题。" 这向研究者重申了其所在领域的重要性，同时暗示：语言学家视双语现象为一个问题，是单语现象中的一个例外，而非人类的普遍现象。Chomsky（1986）则认为："最理想的语言知识的研究形式应该是把学习过程作为首要研究目的，而不应把双语现象作为研究对象。"他认为，在研究涉及双语现象会给理论带来不必要的干扰。总而言之，语言学家将单语本族语者（monolingual native speaker）作为标准（Illitch & Sanders，1988，p.52），"从 Saussure 到 Chomsky，'说相同单语者（homo monolinguis）'被断定为使用该语言说话的人"。定义"第二语言使用者"的概念应该与定义"单语本族语者"的概念相关，而不是把定义"第二语言使用者"的概念归结于人类具有超常能力。如果这个假设成立，第二语言习得（SLA）研究者就可从双语研究者队伍中独立出来，因为双语研究者经常否认该假设，导致 SLA 研究出现分歧。其实，与第一语言习得相比，双语研究者更倾向于研究 SLA 并设置了大量隐含假设。

6.1 语言能力和第二语言习得

Chomsky（1965）区分语言能力和行为，从那以后，人们一直认为正常的成年人都拥有掌握本族语的语言能力。无论在何种语言环境下，所有儿童都能在大致相同的时间里成功地掌握本族语,成为地道的本族语者。第一语言习得研究的一个重要领域就是找出儿童是如何相对不间断完成学习的。

　　SLA 不研究最终的语言能力,因为第二语言习得的情况非常复杂。大多数第二语言学习者无法如同掌握本族语那样掌握第二语言,他们的对第二语言的掌握情况不同,从只能说几个单词的初学者到熟练使用第二语言进行文学创作(如 Conrad 或 Nabokov)。第二语言学习没有标准,但对本族语的掌握有标准。第二语言学习的环境也差异悬殊,可从学校到难民营,这也与作为主流学习环境的家庭教育环境不同;第二语言学习者的年龄也有巨大差异,从少儿到老人,第二语言习得与像年龄的关系不如第一语言习得和年龄的关系那么紧密;第二语言学习的动机也不同,比如教育、移民、工作需要。SLA 研究必须综合考虑第二语言习得的这些细节问题。

　　SLA 涉及的主要概念是中介语(interlanguage)——第二语言学习者思维中存在着来自于第一语言和第二语言的分离语言系统(Selinker,1972)。这明显符合 Chomsky 的理念:语言能力是真实存在的而不是虚无的。被称之为独立语法假说(independent grammars assumption)(Cook,1993)在儿童语言发展中得到证实;比如,儿童说的话同成人不一样,但是这样的语言学习并不算失败,因为儿童自身的语言能力将促进语言的后天发展。McNeill(1966)等第一语言研究者因此试图为特别的发展阶段撰写语法,如适用于两岁儿童的独立语法系统。将中介语这一概念引入 SLA 后,SLA 研究的首要目标变得明确起来——描述第二语言学习者,而不是评价他们的本族语使用。由此又发展出多语能力(multicompetence)理论:中介语只是第二语言使用者所有语言系统中的一个,这个系统包含第一语言和中介语(Cook,2002)。

6.1.1 对学习的总体观点

在发展期间，语言学领域产生多种第一语言习得理论，有的直接来自语言理论，如 Chomsky 的普遍语法说（Universal Grammar, UG），该理论认为，语言知识包含部分固有的语言原则，部分有限变异（limited variation）的词汇和大量的需要学习的词汇术语。心理学领域也产生多种第一语言习得理论，如 ACT（Anderson, 1983），该理论将语言习得看作一种自动化过程，即将陈述性知识（descriptive knowledge）所包含的大量语言信息转化为程序性知识（procedural knowledge）的自动化过程。所以，很难找到一种可以向 SLA 转化的第一语言习得理论。从 UG 说（White, 2003）到 ACT（Dechert, 1984），第二语言习得研究只能借用这些理论。语言学家反对心理学领域的那些假设，语言学家们认为，语言本身是一个复杂的系统，需要一定量的具体的语言习得，不能从联结主义（connectionism）等人类学习的普遍理论来推算语言，而非 ACT 所认为的那样——参照其他经验做法，应该使用同样的学习和产生过程。心理学家却经常怀疑，Well they would, would't they? 他们认为，如果语言不明确，语言学就不是一个独立的学科了。

区分外部语言与内部语言（Chomsky, 1986）为了解语言、学习语言和研究方法论提供了有意义的借鉴。外部语言是真实产生的语言，可以表现为对话、报纸或任何其他形式；内部语言是储藏在人脑中的语言知识。SLA 通过解析、研究磁带、e-mail 或其他形式的语言材料来找出学习的模式、频率和规律性，这是收集外部语言数据的方法。提取内部语言数据则可以使用语法性判断法（grammaticality judgments）（叫人们判定句子是否符合语法，是否可取等）或者反应时间测量法（reaction time measures）（计算人们要花多长时间对各种第一语言和第二语言的刺激因素做出反应），等等。语言知识是间接产生的，不一定来自学习者说出的话。正如我们所见，在 SLA 研究中，外部语言和内部语言的区别很明显。

6.1.2 SLA 理论来源与语言学

有一些 SLA 研究方法明显来源于语言学，特别当它与旧的语言形式相联系时，比如对比分析法（Contrastive Analysis，CA），这是经典的外部语言方法（external-language approach，乔姆斯基的语言理论之一）在第二语言习得方法上的延伸。Sajavaara（1981）认为，欧洲的学校最早使用对比分析法，Lado 却也举例说明，美国的学校最早使用对比分析法。使用对比分析法时，语言描述成了最主要的研究方法，语言学家会描述两门语言，两种描述的区别给学习者造成困扰，如 Stockwell、Bowen & Martin（1965）对英语和西班牙语的描述。在句法中，它以短语结构形式出现，通过短语结构语法，第一语言和第二语言两者的关系可以用二维句法树或置换列表来说明。在音位学中，音位理论将言语当成一系列离散声音，特别是最小成对（minimal pairs）如 bit 和 bat 等。大多数句法和音位学方面的语言教学使用这些方法，大概因为它们应用起来更直接。

在美国，对比分析法同样依赖于理论结构主义（structuralist），比如，对于 Lado（1964）而言，说话者要控制不经思考便自动生成言语的习惯，这需要反复的接触和练习。为完成某项任务而形成的习惯会迁移至新的任务中，或可能干扰新任务。因此，他认为学习是一种行为主义（behaviorism），依赖于学习发生的频率和模仿，但语言学家不愿意接受这样的解释。Chonmsky 在评论 B.F.Skinner 的 Verbal Behavior 一书时，对行为主义进行了委婉的批判。此后，语言学家并不认为学习第二语言就要经常开口说话，也逐渐承认可以通过模仿来学习规则。

既然第二语言习得事关两门语言，这些语言之间的关系，在学习过程中，在知识学习的最后阶段，不可避免地成为知识的重要组成部分。学习者采用一种语言向另一种语言的转移（transfer）的时候，各种语言形式就随之产生。比如，西班牙学习者可能将西班牙语句子结构转移到英语中，形成了没有主语的句子"is raining"，或将西班牙语音节结构转移到英语中，多加一个元音，生成"eschool"。然而采用转移和干扰（interference）这样的理论同对比分析理论相比，它们之间有着不同的理论根源。不论使用何种术语或理论，它们揭示的两门语言之间的关系仍然是 SLA 研究的重点。如果第一语言和第二语言在学习者大脑中完全分离，SLA 研究就没有独立的原则，第二语言也将成为第一语言习得的特殊案例。

6.1.3 UG 和 SLA

自 20 世纪 50 年代以来，Chomsky 的内部语言理论对语言学产生重大的影响，Chomsky 强调在可获取的资源中创造语言知识，首先将其概念化为在儿童脑中创造语言知识的语言习得方法（Language Acquisition Device，LAD），接着概念化为 UG。UG 固定的原则决定了所有语言的结构和变化参数，每种语言都有繁多的参数（Chomsky，1986），简化可得 Minimalist Program（MP；Chomsky，1995）。

在第二语言研究中，UG 理论有很大优势，因为它视所有语言为某一主题的变化，Rizzi（2004）称其为 comparative syntax，而不是当成变化不明确的语言，后者是结构学家经常犯的错误。UG 理论会自动提供对第一语言和第二语言进行全面比较的框架，例如，主语参数将区分语言（如英语和西班牙语），英语句子中的介词主语是强制性的，西班牙语则不是。所以，在英语中，你必须说"he talks"而不是"talks"，在意大利语中，典型的说法是不加主语，直接说"parla"，而不说"il parla"。但种区分这不单单适用于英语和意大利语，所有语言都如此，要么类似英语，要么类似意大利语，虽然大多数语言与意大利语相似。语言这种微妙差异成为 SLA 研究的切入口，也是各种理论学家，从 White（1986）到 Tsimpli、Sorace、Heycock 和 Filiaci（2004）最喜欢的研究主题。

UG 理论还有一个优点，通过架构提供相应的学习理论。UG 理论认为，很多语言只是脑中固有的，输入（input）只是通过为特定语言设定参数和提供词汇来刺激脑中语言知识的通用方式。UG 理论是一种内部语言理论，将个人思维作为自身的模型。但与 CA 不同，UG 理论是从单语的第一语言习得研究中发展而来。SLA 研究以第一语言为基础，对 UG 在 SLA 研究中作用的讨论主要集中在：在 SLA 研究过程中是否也可使用 UG（Cook，1985a；White，2003）？它的性质（properties）是否符合当代句法描述研究的趋势呢（Hawkins & Chan，1997）？

6.1.4 独特的第二语言观点

前面讨论 CA 理论和 UG 理论，这些理论将语言学引入 SLA 研究。除了这些理论，还有更详细具体的 SLA 模型，这些模型也借鉴了吸收了语言学的研究成果。

1. Krashen 的输入假说模型

19 世纪 80 年代，出现许多输入假设模型，Krashen 的 SLA 理论是最完善的一种，其主要贡献是对语言习得进行分类（division），将语言习得分成两个过程——自然而又隐性的过程和正式明确的语言学习，年龄稍大的学习者一般采用后者。SLA 理论借鉴了 Chomsky 的研究成果，因其理论依赖于人类思维获取语言的固有能力，将重点放在研究促进或阻碍学习的环境上，缺陷是未说明运行的具体过程。Krashen 主张，语言习得发生在特定的环境中，这是对 Chomsky 理论的批评。实际上，即使父母不称职，孩子们也能习得语言，唯一能阻断语言习得的是没有任何语言输入。Krashen 的观点部分来自于 20 世纪 60 年代的第一语言习得研究，其远源是古老的语言学。SLA 理论还借用了 Brown（1973）第一语言作品中的语法词素（grammatical morpheme）概念，其语法词素包含屈折形态学（inflectional morphology）的各个方面：动词（进行式-ing）、名词（名词所有格-s）、冠词（the 和 a）等。

为检验输入假设模型，人们进行了大量的第二语言实验。比如，Dulay 和 Burt（1973）发现，对本族语为西班牙语的英语学习者来说，语法词素的确存在难度顺序。最简单的是"books"中的复数"s"，接下来是 going 进行式中的"ing"，最难的是第三人称"likes"中的"s"和所有格 John's 中的"s"。对于第二语言为英语的学习者，不论他们来自日本或意大利，正式或非正式地学习英语，都存在相同的难度顺序。对语法词素习得顺序的研究直到最近还在进行，Hannan（2004）的相关研究发现，伦敦东部说孟加拉语的儿童在学习英语时语法词素出现类似顺序，Wei（2000）也用它来对比日本和中国的英语学习者。这是 SLA 研究中形态学研究领域的重要内容。

输入假说模型承认自然顺序假说（Natural Order Hypothesis）（Krashen，1985），其前提假设是：学习者必然通过一个特殊的顺序学习语言。在 SLA 研究中，自然顺序假说理论至今都未受到质疑。Krashen 以有限的句法为基础展开研究得出结论，他无法解释这种顺序的必然性。比如，英语语法词素的自然顺序不可能是人脑中固有的，"ing"、"s"和其他词素如果是内嵌于人脑中的，学习者就无法习得其他语言。或许是由于这些语法词素顺序的形成被更抽象的语言习得原则所覆盖了。

2. 欧式模型

由于长期受欧洲传统语言学影响，欧洲的 SLA 研究与美国的显著不同，其代表为 de Saussure（1959）和 Halliday（1985）的实用主义（functionalism）。欧洲的研究者认为，句子的意思和功能、句子在社会交际和交流中所起的作用比句子结构更重要，人们在真实的生活中如何使用语言至关重要。

欧洲人进行了一项名为 ESF（European Science Foundation）的 SLA 研究，这个研究项目规模巨大，涵盖 6 种语言和 5 种第二语言。该项研究发现，中介语以一套组织原则为基础：phrasal（单词怎样进行结构组合）、语义（semantic）（句中某个参考对象如何控制另一个）和语用性（每个句子如何回答隐性问题（Klein & Perdue，1997）。欧洲的研究者在研究欧洲移民工人的语言习得时发现 SLA 者共有的基本语法，该语法包含三条简单的原则，即，一个句子可能包含三种可能：第一种可能是名词短语和紧随其后的动词，或者是跟着另一个名词短语"girl take bread"；第二种可能是名词短语加上系动词，再加上另一个名词短语或形容词"it's bread"；第三种可能是动词加上一个名词短语"pinching its"。学习者不但掌握中介语语法，而且他们掌握的中介语语法都是相同的。

欧洲人还建立了多维立体模型（Multidimensional Model，Meisel Clahsen & Pienemann，1981），该模型的核心内容是：句子位移会改变句子成分顺序，改变主语、动词和宾语的位置，将句子成分从原位位移至另一位置，就会改变句子成分顺序。我们熟知的有：被动态的形式——Poland was invaded by Germany（Germany invaded Poland）和疑问句——Which country did they invade?（They invaded which country）。首先，学习者循序渐进地学说一个单词或词组，如"ticket"，再使用最典型的单词顺序，如主谓宾顺序——"you buy ticket"。接下来，他们通过移动句子成分来修改句子基本结构，如"Yesterday I buy ticket"。之后，学习问句移位"Which ticket do you want?"

最终，他们学会句子的正确顺序"He asked which ticket I wanted"。语言处理过程中的局限性导致这些发展阶段的出现，从易掌握的最小单字句子扩展至越来越多复杂移位。多维立体模型以句子移位能力为基础，后转化为操作性模式（Processability Model），并以Joan的词汇功能语法（Lexical Functional Grammar）为理论，使得句子的结构更严谨。

6.2 不同领域的语言学的使用

第二语言研究不但借鉴语言学的理论，还借用传统语言学家使用过的描述性技术，但使用这些方法可能将第二语言研究变成特别的语言和语言习得研究。例如，CA中使用的音位描述法（phonological descriptions）以19世纪50年代音位理论中使用的音位和音位变体描述为基础，很少借用当代的观点，但就目前而言，第二语言研究还将继续使用这一方法。第二语言研究者不会接受结构主义者对语言习得的重要假说——语言学的研究工具只适用于研究单语本族语者，无法正确应用于第二语言习得。第二语言研究借鉴的主要语言学辅助工具有两种——音位学（phonology）和社会语言学。

6.2.1 SLA研究中的语音学和音位学

语音学和SLA研究的特殊关联之处在于发声起始时间（Voice Onset Time，VOT）的测定，这种测定方法很容易运用到实验中。VOT指某一爆破辅音，如/p-b/,/t-d/和/k-g/，从发音的一刻到声带开始震动所经过的时间。口腔或嘴唇部分闭合，阻止气体流出，气体得以释放，产生爆破音。爆破音读起来可能像"got"中的/g/或"cot"中不发音的/k/。发不发音视情况而定，不但要看声带的变化，还要看发声的起始时间。

以声音除阻的那一刻作为标准，发音时间可在破裂除阻之前，除阻不久后，或者除阻一段时间后。决定爆破音是否发音取决于从除阻到声带开始震动，中间所经过的无声时间的长度——VOT。"gut"中发音的/g/除阻前到发音起始时间是88毫秒，除阻后是21毫秒；"cut"中发音的/k/除阻前到发音起始时间为80毫秒。由于存在个体差异，发音的发生起始时间可以相差60毫秒。很多语言中都有几对发音和不发音爆破音，不同语言中发音与不发音字母的VOT也不同。例如，西班牙语中发音的/g/除阻前发音起始时间为88毫秒，跟英语差不多，但是西班牙语不发音的/k/除阻后是29毫秒。然而两种语言都有几组发音和不发音的辅音，在计时上却明显不同。西班牙语/k/发音要早于英语中的/k/，因此学习第二语言的发音不但要从整体上对比掌握爆破辅音，还要理解不同的语言之间的VOT的发生时间差异。

在SLA的研究中，对多语二元对立音（pairs）进行实验研究表明，第二语言学习者的VOTs既不完全同于目标语，也不完全同于第一语言。因此，第二语言学习者最终在第一语言和第二语言上区别于说单语者。从西班牙语/英语（Zampini & Green，2001），希伯来语/英语（Obler，1982），到德语/西班牙语（Kehoe et al.，2004），对这些语言的研究都证实了这个结论。的确，部分早期语音学研究会让人对单语者产生完全错误的印象。Kato（2004）指出，单语者的VOTs很可能是他们在第一语言学习中得出的测试结果，因此有可能已经受到第二语言的影响。VOT反映出语言方法和SLA研究之间关系密切，两者或多或少独立于以前所附属的语言学理论。其他借鉴而来语音学工具也有类似情况。例如，Nenonen、Shestakova，Huotilainen和Ndkiinan（2005）对音调高低的研究表明，第二语言希腊语会影响第一语言荷兰语问句中的音调（Mennen，2004），土耳其语会影响土耳其语/德语双语儿童的语调。实验语音学家如Flege（1990）和Major（2001）证实了许多第二语言音位学发展理论的真实性。尤其是在 SLA 语音学研究中，他们发现 VOT 有很强的可测性。但 VOT 这样的方法是否在音位学的其他方面也同样起作用？许多研究表明，SLA 研究的发展已经超出音位学领域。

6.2.2 SLA 研究中的社会语言学

SLA 借鉴社会语言学的内容，特别是在变异（variationism）方面，语言变异主要涉及不同社会群体的不同发音，如 Labov 对纽约百货商店职工 /r/ 发音进行的研究和 Trudgil 的研究——女性在发 ing/in/ 时倾向用升调，男性则用降调。在英语国家，这无疑是一个普遍现象。社会语言学中调查不同本族语群体的发音的结论也适用于 SLA 者。以动词词尾 ing 的不同发音为例，男性更喜欢发 /in/ 的音，工人阶级（男性较之女性）比中层阶级更常发 /in/ 的音，特别是在非正式场合，比如，Whisky 的广告 "a sippin' whiskey" 和快餐广告中的 "I'm lovin' it"。Adamson 和 Regan（1991）的实验也证实 SLA 中的性别偏差：第二语言男性习得者发 /in/ 的次数是女性习得者的 4 倍。Rehner、Mougeon 和 Nadasdi（2003）则抽取加拿大说英语的学生作为被试，将语言变异应用于法语代名词的习得（研究对象是说英语的），结果显示，相对于法语本族语者和老师，比起非正式的第一人称代名词 "on"，被试更喜欢使用正式的第一人称代名词 "nous"。Cook（1985）也有类似的发现，比起非正式的道谢方式，如 "thanks"，SLA 者更喜欢用正式的表达 "thank you very much indeed"。至今，由 SLA 研究者得出的语言变异能力同本族语者自身标准建立的变异能力相一致。

SLA 研究将社会语言学扩展至不同领域，其一为 Liwei 在研究纽卡斯尔洲华人社区中使用的社会网络理论，此项研究的对象是少数民族与社区的大多数人之间的各种接触。另一领域是控制力量理念（控制力理念）：一个群体是怎样在语言上控制另一个群体。在一个多语社会中，这是语言不同群体间力量的较量。如在新加坡，使用英语和乌尔斯特语，美国还出现 English Only 运动。整体上看，这个问题已转变成本族语者的能力问题：他们是否有控制另一种语言的权利（Rampton，1996；Cook，1999）。

6.2.3 方法论和 SLA 研究

内部语言和外部语言的区分贯穿于整个 SLA 研究方法论。一些研究者对自然产生的语言形式很感兴趣，如 SLA 者的演讲、录音带、电子邮件、所写文章或其他 SLA 者提供的口头或书面资料这些典型的外部语言数据。从这些五花八门的文本中，我们可以找出 SLA 者语言使用的规律性和频率，如 ESF 对语料库（corpora）的分析（Klein & Perdue，1997）。其他研究者利用内部语言方法和反应时间实验，语法判别能力等方法来发现第二语言使用者知道些什么而不是做什么（Yuan，1997）。在实际应用中，这种区别可能会让人们忽略，学习者写出的东西可能即体现了外部语言频率又展现了内部语言知识。然而，内、外部语言的不同之处在于：外部语言的任务在于真实汇报所发生的外部世界，内部语言则解释习得者可能说些什么。

内部语言和外部语言的区别有时候会和语言能力和语言行为的区别混淆起来。比如，语法判别能力涉及语言知识，是否也可认为是一种语言能力？或是因为个体形成了一种语言的过程而被认为语言行为的形成也是一种能力呢？从某个意义上讲，语法判别能力论的使用是从语言学中的语感论（linguistic intuition）得来的。Chomsky（1957）提出后，语感论得以普及。语言学家经常问自己一个单一的句子如"Is Sam is the cat that black？"是否符合语法？回答是否用"yes/no/ don't know"。他们的直觉取决于对一两个句子的自我评判。SLA 研究者用很多主题（subjects）来判定同一结构的例子。建立了一套频率分数来取代一个绝对性答案。语言学家的语感学习法更倾向于是一种单句能力模式。语言学家很少用数据来表明直觉的重要性。SLA 研究者总是为他们的语法判别能力努力着设计各种测量方法。SLA 研究有时会发现一个困惑的现象：本族语者的语感与 SLA 者的语法判别能力相比较，不管本族语的语感多好，说本族语者在语法判别能力测试中不会比 SLA 者的语法判断能力更好，尤其是在一些能展现出很强的语法结构能力的领域，如"John is easy/eager to please"。通常，这样的研究方式是：把第二语言语法判别能力和第一语言语法判定能力比较研究；或是把第二语言语感同第一语言语感比较研究。有趣的是，研究者从来没有进行后者的比较，因为他们无法接受第二语言使用者具有有效的语感直觉，原因在于说本族语者是 SLA 者的标准。

6.3 SLA 研究中受质疑的语言学观点

本节将论述，当 SLA 研究取代语言学中的其他核心假设时，采用语法判断能力的标准来研究第二语言的能力是否存在着一种错误的理解？

6.3.1 话语的主导地位

语言学家认为话语是语言的主要形式，写作是派生出来的次要的形式，前 4 世纪，亚里士多德就曾断言："书面语是声带发音的象征"。Lyon（1968, p.38）也宣称："实际上，写作是以另一种媒介来呈现语言的途径。"美国语言学的鼻祖 Bloomfield（1933）坚称："写作只是一种将语言记录下来的可视符号。"但书面语影响生活的诸多方面，这是口语所不及的，书面语优点甚多，如永久性、词汇内容的紧密性、读者与作者社会地位的中立性。一旦学会阅读,很少有人会大声朗读,除非是播音员或父母(为孩子讲故事)。我们未必将阅读的内容转变为语言,而会使用默读。英国人通读陀思妥耶夫斯基或托尔金的小说,却无法读出小说人物的名字。写作不依赖于口语,在语法、词汇和独特的标点符号及拼写系统方面也不同于口语。Haas(1970)从语言互译的角度阐述了口语和写作的关系。对于受过教育的人来说,口语和写作是并行的,写作并不是附属。而某些学者认为的口语的重要性实际上并不是指人们日常生活中的语言和重要,而是认为一些书面语言的规则在悄无声息地渗透到口语语言学中。比如,当 Chomsky 引用句子 "John said he was looking for a cat, and Bill did too" 时,他同所有的语言学家一样,都潜意识地依赖于自己掌握的知识:从左到右的书写格式、单词间距、字母大小写和标点符号:如果 "Bill" 用开头字母小写 " bill",这个句子就不符合语法规则。

自从 20 世纪 80 年代以来,语言教学就确定了口语至上的原则。这从他们使用直接法可以明确感受到,直接法始于 19 世纪,强调口语,到 20 世纪中叶,由于教学法过于强调口语,导致第二语言学习的初始阶段禁用书面语(Lado,1964)。交际语言教学法或当代任务型学习法盛行后,书面语才受到重视,这些方法强调课堂的自然交流,但认为交流主要是通过言语而非书面语。课堂教学中,书面语作为口语的辅助方法,而非重要组成部分。文学作品的学习,不论是以研究为目的还是以教学为目的,都被认为是为了学习口语技能而设置的学习任务(Ellis,2003)。Stockwell 等人也认为,对比分析法以第一语言和第二语言的音系学而非写作系统的对比为基础,还有的学者认为,人们用口语而非书面语来分析学习者的语言错误,习得顺序以口语数据为基础,等等。

可见,SLA 研究偏好口头语言,造成口语对书面语的统治。SLA 研究从头到尾使用口语的词汇句子(lexical sentence)概念,句子拥有完整的语法结构，而不采用句子成分不完整的文本句子（textual sentence）（Cook，2004）。这样的研究必然得出有瑕疵的结论。Bigelow 和 Tarone（2004）指出，实际上，所有 SLA 研究都涉及受教育的语言学习者和使用者，或者已经被知识改变了思想和生活的学习者和使用者。因此，人们在调查 SLA 的成功与年龄是否相关时，通常选择未受过教育或受过知识教育的年轻学习者；或者选择受过教育年龄稍大的学习者。这样，就很难对未受过教育的成年人进行更细致的分类，他们可能因为学习障碍或者远离语言环境而成为研究中的非典型人群，这样的话，研究就很难说明年龄和语言能力的关系。

对于受过教育的第二语言使用者，为什么说口语在第二语言系的研究中比写作更重要？儿童在学习第一语言写作系统前便获取第一语言（形成写作系统前），人类语言的形成早于写作，这些是"口语至上"者普遍认可的观点。但这都与 SLA 无关。受教育的第二语言使用者已经了解书面语言的作用，他们接触语言的方式不同于未受教育的成年人和儿童（Goody，2000）。他们对语言的看法取决于他们在学习第一语言时熟知的主要写作系统类型，不论是意义驱动型的中文或语音驱动型的意大利语。从一个语言系统转向另一个语言系统的学习可能产生长期的不利因素，比如，学习英语的中国人（Haynes & Carr 1990）。

总体上，SLA 研究曾过分强调口语的重要性，忽略写作系统的特定属性。

6.3.2 单语本族语者的优势

研究者认为，非言语假说，即语言学，的主要议题是单语本族语者。这一观点至少可以追溯到 Bloomfield（1933）："人类学会的第一门语言便是本族语，他是该语言的本族语者。"对这一观点最清楚的阐释是 Chomsky 在与 Francois Grosjean 的讨论中曾举过一个例子来说明这一观点——查尔斯河（查尔斯河流经波士顿）暗喻："化学家为什么研究 H_2O，而不研究从查尔斯河中取出的物质。只要能以决定一切事物本质的基本原则为基础，或人们能够研究其纯正案例，任何与查尔斯河中的物质同样复杂的东西，都是可以被理解。"这就是所谓的语言学中使用单语的纯正论（purity）。在某种意义上，双语思维是非纯洁的，受另一门语言的污染，语言能力真正纯洁的状态是单门语言单个思维。这对于群体和个人都是一样的：混合社区社会语言："从相关意义上是不可能'纯净的'，因为它代表了 UG 提供选择中的某一套选择，但是其中某些选择也会自相矛盾。"Chonsky 的理论涉及 UG 模式，这的确验证了语言学中基本的单语假设。

  SLA 研究暗示性地提出以下假设：语言是本族语者的所知所为，任何与本族语者语言不相符的都是错误的。根据这个标准，很少有真正成功的第二语言学习者，甚至没有。Towell 和 Hawkins（1994）特别指出，"第二语言学习者很少能像本族语者那样完全成功地掌握语言"；唯一成功的人便是本族语者本人。正如 Sridhar 和 Sridhar（1980）所言："这看似自相矛盾，SLA 研究似乎忽略了一个事实，即 SLA 研究的目标是使用双语。"比起 SLA 研究者，双语研究者更不愿意将双语课题纳入单语体系。Romaine（1994）坚决主张："显而易见，对双语现象的合理描述不能以一个将单语能力视为参照标准的理论基础。"研究者在意的是使用合适的标准来衡量第二语言使用者，第二语言使用者应该使用双语，而非使用单语的时候使用第二语言：双语现象不是双个单语现象的重复，两者处于不同的状态（Grosjean，1989）。SLA 的目标不是单语能力。

  一些研究者反驳查尔斯河暗喻：H_2O 并不纯净，而是由两个氢原子和一个氧原子构成的分子。将它分解成纯净的状态，研究的对象就不再是水，而是氢和氧的属性。可以这么说，人类语言的自然分子是一种混合能力的状态。查尔斯暗喻观点被 Cook 和 Newson（2007）称为语言的"统一要求"（uniformity requirement），这种统一要求低估了语言学家对单语本族语者的学习能力的信心，而且认为语言习得理论应该能在任何情况下适用于所有的儿童；假设有可获取的语言输入，语言习得也并不依赖于所输入语言的确切本质。反对者认为，语言习得理论应该与孩子的能力相适应。比如，接触两门语言的儿童能够习得两门语言，即使习得方式不同于单语者。接触一门语言的儿童成为单语者。区别在于特定输入，这是环境问题，不适用于习得一般统一理论，不论任何情况下，它都能解释所有人的潜能。单语者未习得第二语言，因为他们缺少必要的输入，就像缺少第一语言输入的儿童无法习得第一语言（Curtiss, 1977）。单语现象是一种输入缺乏现象，任何人都有潜力习得多种语言。的确，单纯从数字上讲，世界上使用多门语言的人多于只使用一门语言的人。

6.4 小 结

语言学既是 SLA 研究灵感的来源，又可能对其产生不良影响。语言学家对语言的看法是 SLA 研究的主要动力来源，但如果他们不重新验证 SLA 的假设，便会削弱 SLA 研究的作用。忽略语言学，SLA 研究将成为常识性的民间语言学，或成为来源于学校传统语法的研究。SLA 研究者和语言学家之间的关系暴露出两者缺乏相互理解。语言学家认为，SLA 研究已经过时，SLA 研究者则后悔没从语言学中获取可用的工具和概念，也后悔曾经不断批评语言学只重视单语本族语者。人们希望打破这个僵局，SLA 研究能更好地维护其独立性，通过研究双语来解决人类用两种语言表达一种思维的困扰这一重大问题。

参考文献

Adamson, H., & Regan, V. (1991). Theacquisition of community norms by Asian immigrants learning English as a second language: A preliminary study. *Studies in Second Language Acquisition, 13(1), 1-22.*

Anderson, J. R. (1983). *The architecture of cognition.* Massachusetts: Harvard University Press.

Bigelow, M., & Tarone, E. (2004). The role of literacy level in second language acquisition: Doesn't who we study determine what we know? *TESOL Quarterly, 38(4),* 689-700.

Bloomfield, L. (1933). *Language.* New York: Holt.

Brown, R. (1973). *A first language. 7be early stages.* London: Allen and Unwin.

Chomsky, N. (1957). *Syntactic structures.* The Hague: Mouton.

Chomsky, N. (1965). *Aspects ofthe theory ofsyntax.* Cambridge, MA: MIT Press.

Chomsky, N. (1986). *Knowledge oflanguage: Its nature, origin and use.* New York: Praeger.

Chomsky, N. (1995). *The Minimalist Program.* Cambridge, MA: MIT Press.

Cook, V. J. (1985a). Chomsky's Universal Grammar and second language learning. Applied Linguistics, 6, 1-18.

Cook, V. J. (1993). *Linguistics and second language acquisition.* Basingstoke: Macmillan. Multilingual Matters.

Cook, V. J. (2004). *The English writing system.* London: Edward Arnold.

Cook, V. J., & Newson, M. (2007). *Chomsky's Universal Grammar: An introduction* (3rd ed.), Oxford: Blackwell.

Curtiss, S. (1977). *Genie. A psycholinguistic study of a modern-day "Wild Child."* New York: Academic Press.

de Saussure, F. (1959). *Cours de linguistiqueginhale.* In C. Bally, A., Sechehaye, & A.

Reidlinger (P. Paris,

 Trans.). *Course in general linguistics.* London: Peter Owen. (Original work published 1916).

Dechert, H. (1984). Second language production: Six hypotheses. In Dechert, H., Mbhle, D., & M. Rau-pach. (Eds.), *Second language productions (pp.* 211-230). G. Narr.

Dulay, H., & Burt, M. (1973). Should we teach children syntax? *Language Learning, 3,* 245-57.

Ellis, R. (2003). *Task-based language learningand teaching.* Oxford: OUP.

Flege, J. E. (1990). English vowel production by Dutch talkers: More evidence for the "similar" vs. "new"distinction. In J. Leather & A. James (Eds.), *New Sounds 90: Proceedings of the Amsterdam symposiumon the acquisition ofsecond-language speech (pp.* 255-293). Amsterdam: University of Amsterdam.

Goody, J. (2000). The power of the written tradition. Washington: Smithsonian Institute.

Grosjean, F. (1989). Neurolinguists, beware! The bilingual is not two monolinguals in one person. *Brain and Language, 36,* 3-15.

Haas, W. (1970). *Phonographic translation.* Manchester: Manchester University Press.

Halliday, M. A. K. (1985). *An introduction to functionalgrammar.* London: Edward Arnold.

Homers, J., & Blanc, M. (2000). *Bilinguality and bilingualism* (2nd ed.). Cambridge: Cambridge Press.

Hannan, M. (2004). A study of the development of the English verbal morphemes in the grammar of 4-9 year old Bengali-speaking children in the London Borough of Tower Hamlets. Ph.D. Essex University.

Harris, R. (2000). *Rethinking writing.* Indiana: Indiana University Press.

Hawkins, R. (2001). *Second language syntax.* Oxford: Blackwell.

Hawkins, R., & Chan, C. (1997). The partial availability of Universal Grammar in second language acqui-sition: The "failed functional features hypothesis." *Second Language Research, 13(3),* 187-226.

Haynes, M., & Carr, T. H. (1990). Writing system background and second language reading: A component

    skills analysis of English reading by native-speaking readers of Chinese. In T. H. Carr & B. A. Levy(Eds.), *Reading and its development: Component skills approaches (pp.* 375-421). San Diego, Academic Press.

Illitch, I., & Sanders, B. (1988). *ABC.: Alphabetisation of the popular mind.* Berkeley: North Point Press.

Jakobson, R. (1953). Results of the conference of anthropologists and linguists. *IJAL Supplement, Memoir 8,* 19-22.

Kato, K. (2004). *Second language (L2) segmental speech learning: Perception and production of L2 English by Japanese native speakers.* Unpublished doctoral dissertation, University of Essex.

Kehoe, M., Lleo, C., & Rakow, M. (2004). Voice onset time in German/Spanish bilinguals. *Bilingualism: Language and Cognition, 7(1),* 71-88.

Klein, W., & Perdue, C. (1997). The basic variety (or: couldn't natural languages be much simpler?). *Second Language Research 13(4),* 301-347.

Krashen, S. (1985). *The Input Hypothesis: Issues and implications.* New York: Longman.

Labov, W. (1966). *The social stratification of English in New York City.* Washington: Centre for Applied Linguistics.

Lado, R. (1964). *Language teaching: A scientific approach.* McGraw-Hill.

Lyons, J. (1968). *Introduction to theoretical linguistics.* Cambridge: CUP.

Major, R. C. (2001). *Foreign accent: The ontogeny and phylogeny of second language phonology.* Mahwah, NJ: Lawrence Erlbaum Associates.

McNeill, D. (1966). Developmental psycholinguistics. In F. Smith & G. A. Miller (Eds.), *The genesis of language: A psycholinguistic approach.* Cambridge, MA: MIT Press.

Meisel, J., Clahsen, H., & Pienemann, M. (1981). On determining developmental stages in natural second language acquisition. *Studies in Second Language Acquisition, 3(2),*

109-135.

Mennen, I. (2004). Bi-directional interference in the intonation of Dutch speakers of Greek. *Journal of Phonetics, 32,* 543-563.

Nenonen, S., Shestakova, A., Huotilainen, M., & Ndkiinan, R. (2005). Speech-sound duration processing in a second language is specific to phonetic categories. *Brain and Language, 92,* 26-32

Obler, L. (1982). The parsimonious bilingual. In L. Obler & L. Menn (Eds.), *Exceptional language and linguistics (pp.* 339-346). New York: Academic Press.

Rampton, B. (1996). Displacing the native speaker: Expertise, inheritance and affliation. In T. Hedge N. Whitney (Eds.), *Power, pedagogy and practice* (pp. 17-22). Oxford: OUP.

Rehner, K., Mougeon, R., & Nadasdi, T. (2003). The learning of sociolinguistic variation by advanced FSL I learners: The case of *Nous* versus *On* in Immersion French. *SSLA, 25,* 127-156.

Rizzi, L. (2004). On the study of the language faculty: Results, developments, and perspectives. *The Linguistics Review, 21,* 323-344.

Romaine, S. (1994). *Bilingualism.* Oxford: Blackwell.

Sajavaara, K. (1981). Contrastive linguistics past and present and a communicative approach. In J. Fisiak(Ed.), *Contrastive linguistics and the language teacher* (pp. 33-56). Oxford: Pergamon. Selinker, L. (1972). Interlanguage. *International review of applied linguistics, X(3),* 209-231.

Sridhar, S. N., & Sridhar, K. K. (1980). The syntax and psycholinguistics of bilingual code mixing. *Cana-dian Journal of Psychology,* 34(4), 407-416.

Stockwell, R., Bowen, J., & Martin, J. (1965). *The grammatical structures of English and Spanish.* Chicago: University of Chicago Press.

Trudgill, P. (1974). *The social differentiation of English in Norwich.* Harmondworth: Penguin.

Tsimpli, T., Sorace, A., Heycock, C., & Filiaci, F. (2004). First language attrition and syntactic subjects: A study of Greek and Italian near native speakers of English. *International Journal of Bilingualism, 3,* 257-278.

Wei, Longxing. (2000). Unequal election of morphemes in adult second language acquisition. *Applied Linguistics, 21,* 106-140.

White, L. (1986). Implications of parametric variation for adult second language acquisition: An investigation of the pro-drop parameter. In Cook, V. J. (Ed.), *Experimental approaches to second language acquisition.* Oxford: Pergamon.

White, L. (2003). *Second language acquisition and Universal Grammar.* Cambridge: CUP.

Yuan, B. P. (1997). Asymmetry of null subjects and null objects in Chinese speakers' L2 English. *Studies in Second Language Acquisition, 19,* 467-497.

Zampini, M. L., & Green, K. P. (2001). *The voicing contrast in English and Spanish: The relationship between perception and production.* In J. Nicol (Ed.). One mind, two languages (pp. 23-48) Oxford: Blackwell.

相关网站

American Association for Applied Linguistics: http://www.aaal.org/.

British Association for Applied Linguistics: http://wwwbaal. org.uk/publs _journals.htm.

Center for Applied Linguistics: http://www.cal.org/.

National Clearinghouse for English Language Acquisition and Language Instruction Educational Programs: http://www.ncela.gwu.edu/.

http://www.tc.columbia.edu/academic/tesol/SLRF2005/.

Stephen's Krashen's theory: http://www.sk.com.br/sk-krash.html.

第七章 第二语言习得和双语现象

SLA（second language acquisition），中文译名为第二语言习得，包括对除第一语言外其他任何语言的习得。这个术语有点含糊，标的语言到底是指第二语言，还是第三语言，第四语言……严格意义上说，它是指在目标语环境中进行的其他语言学习。外语学习指处在本族语环境中，而不是目标语环境中。然而，SLA 这个术语覆盖的范围较广，目标语环境和本族语环境中进行的语言学习都包含在内。虽然 SLA 这一术语未区分环境和学习时间顺序等对学习效果的影响，但这些因素还是 SLA 研究中的重点。

7.1 语言标准

7.1.1 本族语者

本族语者（native speaker，NS）这个术语看起来似乎很容易理解，它表达清楚，很少歧义。出生伊始便学习一门语言，充分掌握该语言，有良好的语几言能力，出生后只学习一门语言的单语者是不折不扣的本族语者。然而 Davies（1991，2003a-b）指出，即使这个概念似乎很清晰，但是不会没有歧义。比如，当说话者年龄很小的时候便开始学习某门特定语言，本族语者和接近本族语者的区别也变得含糊不清。Davies（2003b, p.435）用6种特征来判定本族语者。

（1）儿童时期获取第一语言。

（2）对他人的个人语法有一种直觉。

（3）对不同于其个人语法的标准语言语法的特征有一种直觉。

（4）有独特的能力进行流利的即兴演讲……在生成语言和理解方面，本族语者拥有极强的交流能力。

（5）有独特能力进行创造性写作。

（6）有能力独自口译和翻译第一语言。

很多SLA文献借鉴了这些特征来定义本族语者，但这里有些特征相互排斥。例如，一生下来就是某一语言的本族语者，接着处于其他语言环境中，本族语的使用受到很大限制，这种情况下，什么才是这个人的本族语？也许应该着重考虑个人的"最舒适语言"。

7.1.2 接近本族语者

与本族语者概念最密切的概念是接近本族语者。有的人第二语言说得跟本族语者一样好（也许除了语音），美国外交官亨利·基辛格（德裔）就是其中的一位。他15岁到美国，但是美语说得很好，对他的语言能力进行多方面测试，他都能达到英语本族语者的标准。考察是否接近本族语，难点在于，成年学习者能在多大程度上像本族语者那样构造和组织第二语言，即，"非主要语言习得能否完整"（Sorace, 1993）？White和Genesee（1996）认为接近本族语者"几乎无法区别于本族语者"，他们通过判定该语言使用者在语音、形态学、句法、词汇选择、流利程度和语言自然性方面给人的总体印象来认定接近本族语者。Sorace（1993）通过个人谈话，以"在流利和准确方面能接近本族语者的表现"为标准来认定接近本族语者（不考虑音韵准确）。

　　一般说来，可从实用性和技术性这两个方面来区分本族语者和接近本族语者。从实用性看，日常对话中，本族语者无法与其他本族语者区分。接近本族语者也精通该语言，与本族语者间的区别很小。从技术上看，接近本族语者与本族语者无法用科学方法来测量（通过对比他们在测试中的表现，这些测试专门为测量熟练程度的外围性而设计）。接近本族语者在平时的闲聊中可能与本族语者没有区别，只在其他方面有微妙的区别。实际上看，本族语者和接近本族语者的区别并不重要，因为我们无法将大多数接近本族语者与本族语者区别开来，这种区别只在语言学上有重要意义（Thomas，2006，for a review of L2 proficiency）。

7.1.3 高级语言学习者

　　文献喜欢使用高级语言学习者（Advanced Language Learner）这一术语，但这个表达特别含糊，可指代多方面的能力。实际上，在第二语言文献和双语现象的心理语言学文献中，这种表达（类似的还有初学者和中级学习者）并不精确，因为比较各实验的结果非常困难，某个实验中认定的中级学习者在另外一项实验中可能是高级学习者。很多情况下，高级语言学习者被别人理解成接近本族语者，区别在于语境。Bardovi Harlig（2004）查阅了有关高级语言学习者的文献，特别是与第二/外语语言语用习得相关的文献，他注意到多数研究者用以下方法来认定高级语言学习者。

　　（1）其他认定因素——研究者使用其他（如朋友、同事、参与的老师）因素来分类。

（2）其他认定因素——与语言熟练测试相关。

（3）由训练有素的评判员来评估。

（4）居住时间（到达的年龄有限制）。

（5）居住时间（到达的年龄不限）。

（6）对语言项目进行多年研究。

（7）在职业环境中使用语言。

（8）语言项目中的测试成绩。

（9）与本族语者进行比较。

（10）标准测试的成绩。

回顾围绕高级语言学习者进行的 46 项研究（实用性方面），Bardovi Harlig（2004）发现其定义包罗万象：

（1）定居大约两年。

（2）拥有用英语交流的国际能力。

（3）托福成绩达到 593。

（4）托福成绩高于 525。

（5）国家精英，学习成为英语教师。

（6）美国大学的本科毕业生。

（7）在美国呆 5～7 年。

（8）定居美国大约两年。

（9）大学入学课程为高阶文学和语言学课程。

（10）参加 6 学期以上的课堂辅导，生活在目标语环境中。

（11）项目安排测试。

（12）有足够的能力完成美国大学的常规课程。

其中涉及高级学习者的条件较少，规定也模糊，相互矛盾或不相容（如"在美国呆 5～7 年"和"定居美国两年"）。

7.1.4 说传承语言者

从广义上讲，说传承语言者（Heritage Language Speaker）指因为人际关系而接触语言的人们（Fishman，2001），这里的语言一般指移民语言或本土语言，某种情况下指殖民地语言。Valdés（2001）认为："重要的是历史和人际关系跟语言的联系，而不是讲话者的语言流利程度。"例如，即使学生是英语单语者，美语也可算是美籍学生的传承语言。说传承语言者这一术语只是最近才得到广泛使用，它起源于教育文献。根据 Valdés（2001）所述，直到 1996 年，人们才将传承语为西班牙语者和本族语为西班牙语者等同起来。之后，第二语言研究者对这两种群体产生兴趣。然而，教育家和第二语言研究者感兴趣的内容不同，前者关注语言传承和语言复兴等问题，后者关注早期接触语言的方法。对于第二语言/外语研究而言，焦点是习得者儿童时期对语言的接触和使用。不难想像，其中有很多问题，因为接触和使用语言的情况因人而异。很多关于传承语言的著作都认为学习者未接触和使用家族传承语言，跟这些著作不同，Polinsky 将传承语言定义为："在语言习得时间顺序方面，它是个体的第一语言，但因转学另一门主导语言而未能完全掌握它。一个人可以在特定情况下理解和使用传承语言，但他或她有另一门主导语言。"

7.1.5 第二语言学习者

在第二语言的著作中，第二语言学习者（Second Language Learner）是研究的对象。这个概念包罗了各种能力的人（初学者、中等水平者、高级水平者）和获得语言知识的各种途径（如，接触和学习）。许多研究报告都记录了学习者的细节，这些报告提供了大量信息，如学习语言花的时间，接触语言的时间和测试的成绩。重点在于，这些个体是学习者，重点强调学的过程和所掌握的第二语言知识。

7.1.6 双语

双语现象这一概念在 SLA 研究领域和心理学教育学领域的内涵不一样。SLA 研究用它来指代能说两门语言且掌握第二语言的程度与说本族语者同等的人，这种程度可用语言学的方式来衡量。因此，按照 SLA 研究者的观点，双语是一个非常难的术语，严格说，它关注语言能力的稳定，指通过学习掌握两门语言的人，双语指的是最终结果——某人是双语者。SLA 研究者第二语言的学习过程很感兴趣，所以研究重点放在习得的所有阶段，关注接近本族语者或高级语言学习者。即使是双语概念，在关注双语现象的心理学和教育学中也有不同的内容。例如，Edwards（2004）的文章一开始便论述双语现象的基础，他说："每个人都是双语者。即世界上每一个人（指成年人）至少会知道语言中的几个单词 other than maternal variety。如果你的本族语是英语，你也会说 ' c'est la vie'、'gracias' 或 'guten tag' 或 'tovarisch'——即使你只能理解他们，你也掌握了一点外语……当然这关系程度问题。"（p.7）。他认为："很容易给双语下定义，它可以反映出不同的程度问题。"（p.8）

Bhatia（2004）认为 SLA 是拥有双语能力的过程，换句话说，SLA 的结果是成为双语者。假如把获得双语能力作为结果，假如知道极难如同掌握本族语那样掌握第二语言，则讨论双语就意义不大。因此，Bhatia 和 Edwards 进行了讨论。Edwards 指出，人们在 SLA 过程的任何时段都是双语者，Bhatia 则只看最终结果，并不讨论语言讲得是否地道。换而言之，这似乎是程度的问题（一个人是否拥有双语能力，即使他不是地道的第二语言者）和结果问题（处于习得过程中，算不算拥有双语能力）。

Valdés 认为,"双语不单指在日常生活中能够使用两种语言的能力,同时也指能熟练使用两门语言的高级用法,达到与受过教育的本族语者等同的水平"(p.40)。他承认这只是狭义上的定义,因为这只要求双语者"能够用双语完美地处理某事,能够与两门语言中的任何一门单语者交流而不被觉察"(p.40),她指的是虚构双语(mythical bilingual)。她认为,生活中有很多种类型的双语者,因此,将双语现象视为第二语言在第一语言中各种语言知识条件下的延续,依照这种观点,对双语现象的研究可以从学习过程、学习结果和学习成果三个方面入手。

7.2 创造一个语言系统

或许,研究人们如何学习第二语言时,最基本的概念是语言系统。语言是系统的,儿童在学习第一语言的过程中创造了一套语言系统,SLA 者也无意中创造了一个系统。学习者形成中的语言系统一般称为中介语(interlanguage)。研究者认为,中介语有五个特征:

1. 动态性

中介语不同于本族语,起码在成人阶段,本族语是相对稳定的(除了词汇)。学习者不断掌握新的语言形式并将其整合并入当前的语言系统,中介语也不断变动。新信息进入原有的语言系统,旧的语言信息得到修正。

2. 系统性

尽管中介语的复杂程度远不如充分成型的语言,但同样有系统性。来看看例子 1。被试是一个本族语为阿拉伯语的学员,叫 Hanania,研究者从他身上收集了学习英语的早期阶段的一些材料。e-g 括号里的内容是句子要表达的真正含义。

来自 Hanania 的数据资料

（1）He's sleeping.
（2）She's sleeping.
（3）It's raining.
（4）He's eating.
（5）Hani watch TV （is watching）.
（6）Read the paper （He is reading the paper）.
（7）Drink the coffee （He is drinking the coffee）.

乍一看，Hanania 似乎会使用动词"to be"，他有时使用第三人称单数"is"，有时不用。深入研究，我们会发现一个潜在的语言系统。(1) 到 (4) 中，句子没有直接主语，Hanania 在动词的进行式后采用缩略形式。如果句中有直接主语，如（5）至（6），使用动词一般式（不论是否有主语），而不用系动词"is"。研究者推测这可能跟语言处理（过程）的局限性有关。重要的是，这种现象看似随意，若深入研究便可发现其规律性。

3 发展阶段

在习得的诸多领域中，有许多可预测的习得发展阶段。Mackey 提供的表 7.1 向我们展示了英语问句形成的发展。有趣的是，这种习得顺序对说不同本族语的学习者都适用，且不受教育程度的影响（Mackey1999）

4. 预制模式

学习第二语言的过程中经常出现这种情况：学习者听到的看似一个单词的表达，实际上是多个单词的混合，这称为预制模式（Prefabricated Patterns）或词块。Hakuta（1974） 收集了日本小孩 Uguisu 学习英语的过程中的一些有意思的材料，比如，Uguisu 呆在美国第一周说的话：

来自 Uguisu 的数据（1974）

（1）Do you know?

（2）How do you do it?

（3）Do you have coffee?

（4）Do you want this one?

这些看起来是结构完整的英语问句，一个月后，我们注意到以下变化（括号内是原意）：

（5）. What do you doing, this boy? （What is this boy doing?）

（6）. What do you do it, this, froggie? （What is this froggie doing?）

（7）. What do you doing? （What are you doing?）

（8）. What do you drinking, her? （What is she drink）

研究者解释，Uguisu 曾经可以用 "do" 造复杂的问句，一个月后却无法做到。最合情合理的解释应该是，她没有将 "do you" 作为复杂的问句形式来分析，只是别人问她问题时她听过这个用法。因此，她将 "do you" 作为一个词块来学习，即一个单词或一个单位。Uguisu 似乎只在第一个月掌握英语问句，一旦词汇里出现 "what"，问句变得复杂时，我们知道，do you 根本不是由两个单词组成，而只是用来指代一个问句。这是一个预制模式，只有通过长期的学习磁能理解两个部分 do 和 you 之间的关系。观察她怎样正确使用 does 时，这一点表现得非常明显（表 7.1）。

5. U 型学习效应

表面上，Uguisu 的学习出现倒退，她的学习是 U 型学习（U-Shaped Learning），过后几乎淡忘学过的知识。深入研究发现，学习者刚开始总是偶然掌握学过的知识，因为并未使用任何目标型系统，如 Uguisu 掌握 "do you" 的用法一样，她使用的是区块学习法（chunked learning），将语言看成单一的整体，然后将两三个单词结合在一起，这是学习者在完全有能力将语言单位分解成适当的组成部分之前的方法，这是造成学习倒退假象的原因。

表 7.1 英语问句形成的发展过程

发展阶段	例子
第一阶段：single units	
单个词	What? What is your name? （未经整理未的语块，学习者则将其认定为 single unit/word "whatisyourname?"）
第二阶段：主谓宾（SVO）	
带有语调的 基本单词顺序	It's a monster? Your cat is black? You question have a cat? I draw a house here?
第三阶段：前置（wh 疑问词或 do）	
以前置形式出现的 直接问句	Where the cats are? What the cat doing verbs and some in your picture? Do you have an animal? Does in this picture there is a cat?
第四阶段：pseudo 倒装：yes/no 问题，动词 to be	
在 yes/no 问句中，助动词或情态动词（如 can/could）放句首，在 wh-问句中动词 to be 和主语改变位置。	Have you got a dog? Have you drawn the cat? Where is the cat in your picture?
第五阶段：do 助动词放第二位	
疑问词→助动词或情态动词→主语（主要动词等。）	Why（Q-word）have（auxiliary） you （subject） left home?
助动词和情态动词被置于 wh-疑问词之后，主语之前（只适用于主句和直接问句）	What do you have? Where does your cat sit? What have you got in your picture?
第六阶段：can 前置，否定疑问句，附加疑问句	
Can 前置： 在插入性从句中，wh-疑问句不倒装	Can you see what the time is? Can you tell me where the cat is?
否定疑问句：否定式助动词 do 放在主语前。	Doesn't your cat look black? Haven't you seen a dog?
附加疑问句：助动词和代词放在主句后面。	It's on the wall, isn't it?

选自/摘自 Mackey，1995。

7.2.1 语言学习的本能

将学习语言作为任务时，习得者就会重点考虑这会带来哪些知识或信息。在起始阶段，习得者有何期望或设想？主流观点认为，儿童有获取语言的天赋能力（乔姆斯基，1981）。乔姆斯基和其他本土语言学者认为，儿童出生时就有学习本族语的天赋。所有儿童，除了存在语言障碍或其他情况，都能精通本族语。此外，所有儿童，不论获取何种语言，都要遵从大致的时间顺序，经历相同的阶段。肯尼亚学习斯瓦希里语的儿童咿呀学语，说出第一个字并懂得造两个单词的句子时，学习中文的中国小孩也大致处于相同的阶段。语言学认为，幼儿接触到的语言样本有限，但他们也能掌握规则复杂的本族语，唯一合乎逻辑的解释是，儿童具有语言习得的生物能力及天生的对所学语言的设想和期望。这种生物能力指的是儿童内在语言系统包含对语言如何工作的期望和设想。这些普遍的语言原则，加上实现这些原则的固有知识，两者构成普遍语法（UG）的一部分。遵循 UG，就能发展出复杂的语言系统。UG 中的另一个组成部分是参数（parameters），语言不同，参数也随之变化（例如，英语中有强制性的代词——I speak English，西班牙语中有可选的以语段为基础的制约代词——bablo espanol。孩子必须接触一种具体语言，以便确定特定的语言中参数。除了有语言障碍的儿童，遵循 UG 的儿童都能充分掌握本族语。然而，成年的第二语言习得者充分掌握语言的能力却大有不同，许多研究者认为，成年的第二语言习得者习得第二语言时罕能拥有如本族语般的学习能力，这就促使人探究 UG 在 SLA 过程中发挥的作用。

SLA 研究者有诸多假设，其中之一是，UG 适用于儿童第一语言学习者，也适用于第二语言学习者，第二语言学习者带着对新语言的设想和期望开始学习语言（Epstein、Flynn & Martohardjono, 1996）。人们认为成人能借助 UG 习得语言，然而，第二语言学习者的行为表明，第二语言学习者语言习得过程有所不同，但对于学习本族语的儿童来说，语言习得过程是相同。第二语言学习者已经掌握了第一语言，第一语言的规则和惯例会在语言习得过程的不同阶段发挥潜在的重要作用，习得者会习惯性地在新语境中使用第一语言的规则和惯例。

也有人认为，第二语言学习者宁可将新（第二语言）语法等同于第一语言的语法，也不愿简单依靠 UG 来学习第二语言，然后依靠 UG 的原则和参数来指导以后的学习。主张的人认为，第二语言学习者将大部分或全部的第一语言语法运用到第二语言语境中，认为第二语言语法和第一语言的语法是相同的，直到学习者注意到第二语言的内在属性与第一语言不符合。这个时候，学习者可以依靠 UG 提供的限制性条件，调整正在形成的语法，使之符合第二语言（Eubank，1994，1996；Schwartz & Sprouse，1996；Vainikka & Young Scholten，1996）。通过这种方式，学习者可以使用 UG 提供的原则和参数。在初始阶段，第一语言语法起作用。虽然这承认了第一语言语法对第二语言学习的重要性，但在这个问题及学习的起点问题上仍然有许多争议。

有人认为，第二语言学习者能够充分利用 UG 的原则和参数，还有人认为，成人第二语言学习者必须完全依靠一般的学习机制获取语言，而不需要利用 UG 提供的限制性条件。例如，Pienemann（1989，1998）的可操作性方法中，最基本概念是有一个可预见的习得顺序。根据习得过程中遇到的困难和局限性，这种可操作性方法试图遵循这种习得顺序，而不是对它进行简单地重复操作。总结来说，文献中研究 SLA 存在很多的理论方法。学习者的学习始于语言系统，SLA 也强调语言系统，并强调当学习者试着学习第二语言时，应以怎样的方式获取语言系统。

7.2.2 第一语言的作用

20世纪50年代和60年代,人们认为,对于SLA来说,习得第一语言的经验意义重大。受行为主义的影响,普遍认为人们依靠习惯来学习语言,学习者会移植第一语言的规则并将其应用于第二语言语境中。语言学习的过程,就是一边消除不适当的本族语形式,另一边同时保持着适当的第一语言形式。那些与学习者互动过的精通第二语言的人,如语言教师,通过为学习者提供积极的模型和强化良好的语言习惯,包括消极强化,如纠错,来促进习得过程。在这个意义上,第一语言会起促进作用与阻碍的作用。第一语言的特征如果与第二语言类似,第一语言的特征可能发生积极转移,学习者将毫不费力地掌握第二语言的特征。如果第二语言的特征不同于第一语言的特征,第一语言规则将成为阻碍,学习者需要消除第一语言规则的坏习惯。

语言学习理论不断发展变化,研究人员把注意力集中在第一语言在SLA过程中的作用,如 same = easy, different= hard 方程式中,这种对第一语言影响力的直接解释受到质疑。本族语的影响力,本族语和第二语言的距离感知,以复杂的方式影响语言习得过程(Gass, 1996; Odlin, 2003)。鉴于第一语言仅仅是影响语言学习过程的因素之一,我们必须考虑学习者的第一语言中哪些具体特征最有可能在第二语言语境发挥作用。研究结果是,语言的所有领域——语法、发音、语言规则的使用、构词,甚至写作,都可能被学习者应用于第二语言学习上 (Gass, 1996; Gass & Selinker, 1992; Odlin, 1989, 2003)。可以说,语言学习中迁移的部分来自语言的各个领域。Kellerman (1977, 1978, 1979)第一个质疑行为主义者的语言迁移观点,他认为迁移不会自动发生。个别学习者对第二语言和第一语言异同的判断,是决定第一语言的哪些特征可向第二语言转移,哪些不能转移的关键所在。当学习者感知到第一语言和第二语言的共性时,迁移更可能发生。除了感知到的共性外,研究人员认为，学习者也会根据语言简单原则来判断不同语言特征的可转移性。因此，比起含义更为特殊的词组，学习者更有可能认为含义简单或透明的词组可以转移。例如，短语"make a difference"比"kick the bucket"更有可能迁移到第二语言中，因为前者的意义比后者更加透明。用哪种方式来进行转移，这取决于SLA发展阶段中的转移互动能力和学习进展程度。例如，Henkes（1974年）对三个孩子被试学习英语的情况进行了纵向调查，被试的本族语分别为法语、西班牙语和阿拉伯语。研究者关注的是系动词（动词"to be"），法语和西班牙语有系动词，阿拉伯语则没有。个体发展的共同的模式是：英语中，省略谓语动词的句子"is"被省略了。下例是被问的三个孩子用本族语说的例句。

法语、西班牙语和阿拉伯语中省略谓语动词的例句

法语	sa maison est vieille
	his house is old
西班牙语	su casa es vieja
	his house is old
阿拉伯语	baytuhu qadimun
	house his old

三个孩子没有一个能自始至终使用英语系动词。也许，这是一个儿童语言发展的问题而不是语言转移问题。Zobl（1982）指出，对本族语的学习产生明确影响的是学习速率（learning rates）。法国和西班牙的儿童在早期学习阶段经常使用系动词，阿拉伯儿童却在较长时间内使用各种用法。

解释第一语言在SLA过程中的角色的理论观点，主要是由早期行为主义者认为第一语言的迁移观点来解释。第一语言的影响力被看作一个复杂的过程，受到第一和第二语言的感知相似性、第一和第二语言的差异、及某一特定特征透明度等因素的影响（Ringbom，2007）。

成人学习者不太可能如同地道的本族语者那样掌握新的语言,研究人员认为,在学习语言方面,人的一生中有关键时期或敏感时期,错过这个时期,很难完成语言学习。这被称为"关键期假说"(Lenneberg,1967)。Genie 两岁半的时候被困在一个房间里,基本上无法愚人进行口语互动,直到 13 岁又 7 个月时被救出。Genie 的语言能力受到严重损害,尽管尝试各种办法教她学习语言,但收效甚微。

Akmajian、Demers、Farmer 和 Harnish (1995,p.478) 对 Genie 进行了研究,语言学家 Susan Curtiss 记录下了 Genie 的情况。Genie 无法记住结构完整的 WH-疑问句。对"What do you say?"问句,她虽然可以用 WH-疑问句里面出现过的词语来回答,但她无法使用以前练习过的词组。例如,邀请时她会说:"I where is graham cracker."或"I where is graham cracker on top shelf."而不是"Where are the graham crackers?"另外,使用疑问词时候她就会说出这样的句子:

Where is tomorrow Mrs. L.?

Where is stop spitting?

Where is May I have ten pennies?

When is stop spitting? Curtiss (1977,p.31)

这个例子清楚表明,由于在关键时期无法解除语言,Genie 的语言发展受到严重损害。Chelsea(Curtiss,1988)也在关键时期遭受严重和长期的语言损害,没有机会在关键时期获取语言。第二语言学习者的情况更复杂,第二语言学习者在关键时期已经掌握本族语。在对语言正误的直觉判断的比较研究中(例如,以下是一个好的英文句子吗:*There's two people at the door*),早期第二语言学习者与后期学习者的语言学习模式存在差异。早期学习者的语言学习普遍获得成功,后期学习者学习结果程度各异,其中许多人的表现不及说本族语者,未能通过语言测试(Coppieters,1987;DeKeyser,2000;Johnson & Newport,1989;Moyer,1999;Patkowski,1980)。

早期语言学习者比后期学习者更容易成功，这一结论已经没有分歧，但年龄等方面的结论分歧很大，即学习者在何时失去了语言学习优势，后期学习者能否如同掌握本族语一样掌握第二语言，心智成熟度可否用于衡量进入关键期或敏感时，第二语言习得的结果是否还决定于其他社会的，神经生物学的，或心理的因素（Marinova-Todd, Marshall & Snow, 2000）。Hyltenstam 和 Abrahamsson（2003 年）证明，生物程序（biological scheduling）、语言习得系统的应用、以及社会心理因素等，都以复杂的方式作用于第二语言学习过程。只有早期的语言学习者普遍获得成功。学习者年龄增大，早期学习的优势下降，环境因素则对学习的影响增大。Hyltenstam 和 Abrahamsson 认为："社会/心理因素的作用随着年龄增加变得越来越重要。至少到了开始学习的年龄：6 或 7 岁，所有学习者将自动达到与说本族者相媲美的水平，只要有足够的语言输入和好的学习环境。只要心智成熟过程相对较早，通过单纯的第二语言接触，就能够达到本族语般的熟练程度。过了这个年龄段，随着语言学习者年龄的加大，某些社会/心理因素必定越来越有利，以补偿成熟相继产生的负面影响"。

因此，虽然早期语言学习者有明显的优势，有人可以在早期熟练掌握第二语言，但是人们发现各种因素的复杂作用即使没有对第一语言的习得产生影响，也会对 SLA 的习得过程产生一定的影响。

7.2.3 语言学习过程

在第二语言学习中，学习者能够创造出这种语言系统。接下来讨论的是影响语言学习的个体特点和学生如何获得语言信息，这些信息是学习者语言综合的基础。

1. 输入

对第二语言学习，特别是发生在课堂上的学习：如果教师（通过教科书和材料）提出新的语言信息，或提供解释，学习会进展得最顺利。之后再进行大量练习，学习者用新的语言信息巩固已学知识。学习包含了信息、语言使用和反馈意见之间复杂的相互作用。学习者不是被动地接受新的语言信息，而是积极尝试整理已学过的语言信息。换句话说，学习者正通过输入相关资料积极创造中介语。输入是指学习者在学习过程中接触到的语言数据。这些数据可以通过阅读或听（或用手势语唱歌）等方式获取。另一个输入的表达法是：正面数据信息，来自于 UG 框架。简单地说，它指的是用于建立某一语法的语言信息。输入是学习进程中最重要的部分，语言学习无法在真空环境下进行，没有语言输入就没有学习。由于输入的重要性，有必要考虑输入的属性（nature）。表 7.2 说明其不断变化的属性取决于学习者的熟练程度。Kleifgen（1985）发现一位老师（一位幼儿园老师）与班里不同学生的对话都存在差异。从表 7.2 可以看出，随着熟练程度下降，教师话语的综合复杂性和词汇水平也随之下降，其他修改后的输入特点包括：速度缓慢和表述清楚，使用不同词汇（如使用高频率词汇，少用俚语和谚语），句法简单（例如短小简练的句子，新信息置于句末）。

语言输入的另外一个影响因素是发生频率（frequency of occurrence）。某些语言学习的框架内（即前面所讨论的先天决定论）未提及频率，即是否一次性接触某种特定语言功能就足以引发学习者语言表征（representation of language）的改变，或者需要更多的语言发生的次数。Ellis（2002）认为以使用次数的办法来获得语言，他主张输入范例的频率是学习发生的基础。也就是说，学习者从输入中提取抽象规则时，对范例的出现频率非常敏感。正如 Ellis 所说："频率是语言习得和语言处理理论中的必要组成部分。有时候，它似乎是一个非常基本的因果变量。学习者分析所接触到的语言输入，熟能生巧。有时候,它又看似极其复杂。任何语言系统中多种因素相互作用,可以对最终的语言模式进行预测。预测的难度犹如预报天气、对生态系统的演变或其他复杂系统的预测"(P178)。值得注意的是,Ellis 称,频率是一个必要因素,并非说这是一个充分条件。换句话说,单靠频率并不能解释习得过程,它与突显性(salience)和复杂性等因素相互作用。

表 7.2 幼儿园课堂上使用的语言

To a NS group of kindergarten students: (对一组本族语为英语的幼儿园学生)   These are babysisters taking care of babies.   Draw a line from Q to q. From S to s and then trace.
To a single NS: (单个英语为本族语的学生)   Now, Johnny, you have to make a great big pointed hat.
To an intermediate level NS of Urdu: (中等水平的乌尔都学生)   Now her hat is big. Pointed.
To a low intermediate level NS of Arabic: (中下水平的阿拉伯学生)   See hat? Hat is big. Big and tall.
To a beginning level NS of Japanese: (初学英语的日本学生)   Big, big, big, hat.
To a beginning level NS of Korean: (初学英语的韩国学生)   Baby sitter. Baby.

2. 互动

典型的语言课一般先提出一个语法形式出,接着以对话形式练习该语法结构。研究表明,对话过程不仅是练习过程,它还有助于学习(Gass & Varonis, 1994; Mackey, 1999)。这就是所谓的互动假说(Interaction Hypothesis)。Long (1996)解释说:互动过程通过意义协商(negotiation for meaning)来完成,尤其是由本族语者或语言能力较强的对话者在交际过程中激起对方进行语言修正,这能促进语言习得,因为这个过程将输入、学习者内在能力,尤其是选择性注意和输出有效地联系起来。意义协商指如在交谈过程中交谈者中断谈话，以便双方了解谈话的内容。学习者与说本族语者或精通第二语言者的交谈中，协商频频出现。下例是 Pica（1987，p.6）提供的协商交流例子。在这个例子中，出现发音问题后进行意义协商。本族语者通过暗示其不理解，让学习者意识到自己的言语表达出了问题。

协商交流

（1）NNS: And they have the chwach there.

（2）NS: The what?

（3）NNS: The chwach I know someone that——

（4）NS: What does it mean?

（5）NNS: Like um like American people they always go there every Sunday.

（6）NS: Yes?

（7）NNS: You kn——Every morning that there pr- that – the American peo-ple get dressed up to got to um chwach.

（8）NS: Oh to church——I see.

协商帮助学习者理解对话内容，理解输入。重要的是，正如我们注意到的，理解是学习的重要内容。除此之外，协商本身会促使学习者把注意力集中在问题区域——发音出现问题。Long（1980）指出，在有非本族语者参与的对话中，本族语者呈现的语言表达形式难度不高。例如，确认核实（conformation checks）（Is this what you mean？）、理解核实（comprehension checks）（Do you understand? Do you follow me?）和澄清请求（clarification requests）（What? Huh?）贯穿于与不熟练的非本族语者的谈话中，并以不同的提问方式来帮助学习者。下例由 Long（1983，p.180）提供。为回应不理解暗示（huh?），本族语者缩小话题（California→ Los Angeles），以方便学习者回答。

缩小话题

NS: Do you like California?

NNS: Huh?

NS: Do you like Los Angeles?

NNS: Uhm…

NS: Do you like California?

NNS: Yeah, I like it.

这些会话策略为非本族语者理解本族语者会话中的含义提供尽可能多的信息。有时，熟练的会话者会给出选择性问题（or-choice question），如下例。长假过后，老师问学生假期做了些什么，学生回答说他刚刚休息回来。

选择性问题

NS: Where did you relax?

（Silence）

NS: Did you relax out of town or in the East Lansing?

NNS: East Lansing.

本族语者和非本族语者进行语言修正（不论有意或无意），以帮助非本族语者理解句子。因此，学习者在理解和给出正确的回答过程中得到他人的帮助（Aston，1986；Hawkins，1985）。然而，理解不同于习得。Long 认为："有人认为，语言习得的环境因素是以选择性注意和学习者的第二语言处理能力为媒介。在意义协商过程中，这些资源一起被综合利用，当然也包括其他资源。在协商或其他过程中得到的负反馈（negative feedback），可能会促进第二语言的发展，尤其对词汇、形态学和语言具体句法、对学习特定的第一语言和第二语言对比实例起了促进作用。"Long 指出两个重要概念：负反馈和注意。负反馈指让学习者意识到自身提供了错误语言信息。负反馈没有提供与错误属性相关的信息，也不涉及怎样修改这些信息。下例（Mackey，

Gass & Madonough, 2000)中,意大利语学习者知道自己给出的语言信息有问题(Tazzi 错用词尾形式),却不知道正确形式是什么。

意大利语学习者的负反馈

NSN: C'è due tazzi.

  There is two cups （用了阳性复数词尾,正确形式为阴性复数)

INT: Due tazz-come?

  Two cup- what?

NNS: Tazzi, dove si puó mettere té, come se dice questo?

  Cups （阳性复数),where one can put tea, how do you say this?

重要的是,学习者的注意力被转移到该问题上,这为以后的学习打下了基础(Gass,1997)。作为学习的第一步,学习者必须意识到学的重要性。此类协商和反馈会使学习者的注意力集中在这些与所学语言不符合的地方。

  互动假说的核心是选择性注意(selective attention)。协商和其他的纠错方式将学习者的注意力集中在那些与所学语言迥然不同的方面,注意是学习的重要过程。Schmidt(2001)认为,注意是必要的,可以帮助我们理解 SLA 的每一方面。他认为:"学习者在目标语输入中所观察和注意到的一切推动了 SLA……"(p.2)。注意极为重要,学习者通过注意理顺接触到的大量不一致、令人费解的数据。毫无疑问,学习者所接触到的输入(原始数据)超过处理能力。因此,当学习者提出和检验假设时,必定存在某种机能帮助分解输入的各个部分。使输入更易处理的一个方法是:在某个特定时间,及时将注意集中在有限的、可控制的一定量的数据中。这又让我们回到了协商的观点问题:在协商过程中发生的事件让学习者可以通过协商来帮助他们的理解。Long(1996)很早就提出了注意的重要作用。Gass(1997,p.132)也说道:注意力是这个学习过程中的一个重要机能。正是通过互动,使学生的注意力转移至语言的特定的环节,特别是目标语(TL)与学习语的错配。 如上所述,协商,哪怕是间接协商,都能产生互动,如句子重铸。见由 Philp

（2003）提供的例子：

句子重铸

a. NNS: Why they want to sell to the house?
   NS:　Why do they want to sell the house?
   NNS: Why do they want to sell the house?

b. NNS: Does does he uh the hand uh on the hand ah what what.
   NS:　What is he carrying?
   NNS: Yeah what is he carry?

第一个例子中，学习者纠正其错误，在第二个例子中，纠正后的句子只有部分正确。但是，人们认为，如果学习不是当场发生（很可能没有当场发生），起码学习者也会认识到问题的存在，这为以后的学习奠定了基础。以刚才描述的方法来看待注意在互动语境中的作用，有一个先决条件：学习者能注意到语言中的错配。Schmidt 和 Frota（1986）研究了第二语言学习者学习葡萄牙语的过程，记录了学习者新形式的错配意识和其后的学习过程。研究中，学习者坚持写学习日记，为他们的注意提供证据。作者可以将错配的例子与日后的使用联系起来。人们普遍认识到注意的重要性，但在以下几个方面有争议：注意是否取决于能力极限，注意性资源是有限还是无限，干扰模型是一种无能力限度的模型。 如 Robinson（2003）所说，客观刺激因素和多种选择性答案数量的增加，会导致学生迷惑不解，降低学习效率。这个现象的原因可能是信息流在学习加工中提取同类代码或相似代码引起的认知竞争，从而产生混乱（pp.644-645）。根据此观点，注意能力是有限度的，相反，干扰是一种无意识注意转移（involuntary attention shift）。也有人认为，人脑只能储存一套单一而有限的注意处理系统，能一次性处理一定量被注意到的输入信息（Anderson，1983；Kahneman，1973；Kihlstrom，1987）。学习者不断地接触输入信息,但这些信息并非都能为其所用,这种现象即为认知超载(cognitive overload)。带着这种观点,学习者本身就能过滤输入中的语言刺激因素,最终保留那些可处理和易消化的输入信息,为以后的处理过程做好准备。分离何种信息明显取决于学习者所在的阶段和是否随时做好学习的准备(Gass,Svetics & Lemelin,2003;Mackey,1999)。此外,与注意相关联的记忆也起重要作用。Williams(1999)的实验发现,个人记忆能力差异和学习结果有密切联系,他也观察到长期记忆与词汇学习关系的重要性。Mackey、Philp、Egi、Fujii 和 Tatsumi(2002)研究互动过程中工作记忆能力和学习者对错误的意识之间的关系,发现,工作记忆测试中的复合分数与学习者对错误的意识有联系,熟练程度和学习者的个体差异也会影响这一关系。

3. 输出

简单地说,输出即语言生成或语言使用。输入的局限性在于一个人可以通过单词理解来获取句子含义,而不用考虑单词的顺序。例如,当一个人听到"girl"、"jumped"、"on"、"table"这些单词的时候,很可能理解为"The girl jumped on the table",很少人会理解为"The table jumped on the girl"。生成语言时,必须决定词的顺序位置和赋予必要的句法特征。语言生成过程"可能迫使学习者从语义处理过程向句法过程转移"(Swain,1985,p.249)。Swan(1995,p.128)进一步推理:"输出可能刺激学习者从语义上广泛而非定性的战略过程向完整的生成正确语言所需的语法过程转变。"因此,输出过程对句法和形态学的语言原则的获得起了潜在重要作用。

研究者列出四种语言学习生成的可能途径:(1)测试目标语的结构和意义假说;(2)接收重要反馈来证明这些假说;(3)促进中介语生成的自动性;(4)迫使第二语言中意义驱动过程向句法模式转变。语言是否生成可作为测试假说的方法,联系语言生成与通过协商和反馈而产生的互动,学习者可意识到错误的假说,即观察学习者如何创造性的使用语言,可以作为分析语言的方法。下例来自 Mackey 等人的研究，他们用刺激回忆的形式（Gass & Mackey，2000）促使学习者思考语言如何互动。在这个例子中，学习者和采访者（能说一口流利的意大利语）试着在两个相似的场景中找出差异。

通过反思语言而产生的语言生成

INT=Interviewer

NNS: poi un bicchiere

  then a glass

INT: un che, come?

  a what, what?

NNS: bicchiere

  glass

互动结束后，让学习者观看该互动视频，学习者反思道：我正在画一个木板，然后联想到一个花瓶。我想既然没有花，这只能算是一个大玻璃瓶。因此，我决定试着把它说出来。当他说"come"的时候（对话中"what"紧跟其后），我就知道自己完全说错了。一句"I'll say it and see"意味着他将谈话作为检测其假说正确与否的手段。

  语言生成的第二个重要过程是反馈，反馈为学习者提供错误或正确的信息。反馈的结果一般是通过提供相关错误形式的信息，达到对问题的协商。请看由 Nobuyoshi 和 Ellis（1993，p.204）提供的例 10。

反 馈

NNS: He pass his house.

NS: Sorry?

NNS: He passed, he passed, ah his sign.

需要注意的是，还有一个不为人知的因素：长期记忆（long-term retention）。如果认为反馈和协商至关重要，就必须确定反馈和协商顺序过程中学习者对所接收信息的意识达到什么程度，他们感知到什么。McDonough（2000）收集了一组数据，以 10 个第二语言为英语的学习者和 7 个外语为意大利语的学习者为被试。这项研究探讨了互动过程中学习者对反馈的感知。互动过程中，学习者接收到一系列侧重于词素、句法、词汇和音位学的反馈信息。任务完成后，学习者观看之前的互动视频，回顾互动时的想法，结果显示，学习者对词汇、词义和音位反馈感知相对准确，但对词素句法的反馈就不如上述因素。所以，还无法判断学习者是否有计划，有意识地感知反馈（Hawkins，1985）。Gass 和 Lewis（2007）的研究发现了另一个问题，真正的第二语言学习者和传承语言学习者的反馈感知重点不一样：前者感知重点为语法，后者为语义。

　　语言生成的第三个功能是传统的输出概念，即输出是使语言达到流利的途径，是自动的处理过程。输出的某些过程是谨密的，需要大量的时间和工作记忆能力；有些输出过程则是例行常规，是自发性的，所需时间较少。Mclaughlin（1987，p.134）称："自动化过程指通过多次不断尝试实验，将相同的输入不断映射到相同的激活模式而得出的高明回答。"这里，我们将这个观点延伸至输出，连续成功地将语法映射（练习）至输出，自动处理的输出过程便产生了（Loschky & Bley Vroman，1993）。

　　最后，我们还应该注意到，语言使用中语法驱动和意义驱动有差异。Swain 的最初假说称，输出可能促使学习者从语义处理过程向句法过程转变，即学习者从意义驱动过程向词序驱动过程转变。正如 Gass 和 Selinker（2001）所说的："输出为学习者提供语言生成和接收反馈的机会。"（p290）通过将学习者的注意力集中在语言的特定部分，让他们意识到：（1）与他人对话时出现语言错配；（2）输出的不足；（3）注意可引发再评价。注意，这可能是一种当场评价，也可能经过长期复杂的思考。后一个过程有可能依赖于在大量资源中收集额外的信息（如输入、直接提问、查看语法书籍和字典）。这实际上就是学习的过程（Swain & Lapkin，1995）。

7.3 小 结

这一简要章节介绍了一些概念，帮助我们理解 SLA 的过程。文章展示了学习者如何积极参与语法生成，这涉及很多潜在因素，即 UG 可能产生的作用、习得年龄、第一语言、输入和互动的数量和质量，还包括其他个体因素，如动机、能力、态度。此外，还讨论学习者努力创造第二语言语法过程中起重要作用的因素，如，学习者接触的特定语言（输入），学习者参与的交谈互动和自身的语言生成（输出）。态度、能力和动机等因素也会影响学习。第二语言学习的过程长期而艰辛，几乎无法如同本族语者使用本族语那样使用了解并掌握第二语言。但这并不意味着学习者无法完全掌握第二语言，而是指存在学习成果的区别，如发音区别和形态学、句法、语用学等方面的区别。

参考文献

Akmajian, A., Demers, R. A., Farmer, A. K., & Harnish, R. M. (1995). *Linguistics: An introduction to language and communication.* Cambridge, MA: MIT Press.

Anderson, J. R. (1983). *The architecture of cognition.* Cambridge, MA: Harvard University Press.

Aston, G. (1986). Trouble—shooting in interaction with learners: The more the merrier? *Applied Linguistics,* 7, 128-143.

Bardovi-Harlig, K. (2004). *Pragmatic competence of the advance learner.* Paper prepared for the High-level language ability research hub. Department of Education.

Bhatia, T. (2004). Introduction. In T. Bhatia & W. Ritchie (Eds.), *The handbook of bilingualism (pp. 5-6).* Oxford, UK: Blackwell Publishers.

Birdsong, D. (Ed.). (1999). *Second language acquisition and the critical period hypothesis.* Mahwah, NJ: Lawrence Erlbaum Associates.

Chomsky, N. (1981). Principles and parameters in syntactic theory. In N. Hornstein & D. Lightfoot (Eds.),*Explanation in linguistics: The logical problem of language acquisition (pp.* 32-75). London: Longman. Coppieters, R. (1987). Competence differences between natives and near-native speakers. *Language, 63,*544-573.

Curtiss, S. (1977). *Genie: A psycholinguistic study of a modern-day "Wild Child." New* York: AcademicPress.

Curtiss, S. (1988). Abnormal language acquisition and the modularity of language. In F. J. Newmeyer (Ed.),*Linguistics: Vol. H. The Cambridge Survey (pp.* 99-116). Cambridge: Cambridge University Press.

Davies, A. (1991). *The native speaker in applied linguistics.* Edinburgh: Edinburgh University Press.Davies, A. (2003b). The native speaker in applied linguistics. In A. Davies & C. Elder (Eds.). *Handbook ofapplied linguistics (pp.* 431-450). New York. Blackwell.

DeKeyser, R. M. (2000). The robustness of critical period effects in second language acquisition. *Studies in Second Language Acquisition, 22(4),* 493-533.

Edwards, J. (2004). Foundations of bilingualism. In T. Bhatia & W. Ritchie (Eds.), *The handbook of bilingualism (pp.* 7-31). Oxford, UK: Blackwell Publishers.

Ellis, N. (2002). Frequency effects in language processing. *Studies in Second Language Acquisition, 24(2),* 143-188,

Epstein, S., Flynn, S., & Martohardjono, G. (1996). Second language acquisition: Theoretical and experi-mental issues in contemporary research. *Brain and Behavioral Sciences, 19,* 677-758.

Eubank, L. (1994). Optionality and the initial state in L2 development. In T. Hoekstra & B. D. Schwartz(Eds.), *Language acquisition studies in generative grammar (pp.* 369-388). Amsterdam: John Benjamins.

Eubank, L. (1996). Negation in early German-English interlanguage: More valueless features in the L2 initial state. *Second Language Research, 12,* 73-106.

Fishman, J. (2001). 300-plus years of heritage language education in the United States. In J. Peyton, D. Ranard, & S. McGinnis (Eds.), *Heritage lanpoges in America preserving a national resource (pp.* 8197). Washington, DC: Center for Applied Linguistics.

Gass, S. (1996). Second language acquisition and linguistic theory: The role of language transfer. In W. Ritchie & T. K. Bhatia (Eds.), *Handbook of second language acquisition (pp.* 317-345). San Diego: Academic Press.

Gass, S. (1997). *Input, interaction, and the second language learner.* Mahwah, NJ: Lawrence Erlbaum Associates.

Gass, S., & Lewis, K. (2007). Perceptions of interactional feedback: Differences **between** heritage and non-heritage language learners. In A. Mackey (Ed.), *Conversational interaction in secondknguage acquisition: A series of empirical studies* (pp. 173-196). Oxford: Oxford University Press.

Gass, S., & Mackey, A. (2000). *Stimulated recall methodology* **in** *second language research.* Mahwah, NJ: Lawrence Erlbaum Associates.

Gass, S., & Selinker, L. (Eds.). (1992). *Language transfer in language learning.* Amsterdam: John Benjamins.

Gass, S., Svetics, I., & Lemelin, S. (2003). Differential effects of attention. *Language Learning, 53,* 495-543.

Gass, S., & Varonis, E. (1994). Input, interaction and second language production. *Studies in Second Language Acquisition, 16,* 283-302.

Hakuta, K. (1974). Prefabricated patterns and the emergence of structure in second language learning. *Language Learning, 24,* 287-297.

Hawkins, B. (1985). Is an "appropriate response" always so appropriate? In S. Gass & C. Madden (Eds.),*Input in second language acquisition* (pp. 162-178). Rowley, MA: Newbury House.

Henkel, T. (1974). *Early stages in the non-native acquisition of English syntax. A **study** of three children from Zaire, Venezuela, and Saudi Arabia.* Unpublished doctoral dissertation, Indiana University, Bloomington.

Hyltenstam, K., & Abrahamsson, N. (2003). Maturational constraints in SLA. In C. Doughty & M. H. Long (Eds.), *The Handbook of second language acquisition* (pp. 539-588). Oxford, UK: Blackwell Publishers.

Johnson, J. S., & Newport, E. (1989). Critical period effects in second language learning: The influence of maturational state on the acquisition of English as a second language. *Cognitive Psychology, 21,* 60-99.

Kahneman, D. (1973). *Attention and effort.* Englewood Cliffs, NJ: Prentice Hall.

Kasper, G., & Rose, K. R. (2002). *Pragmatic development in a second language.* Oxford, UK: Blackwell Publishers.

Kellerman, E. (1977). Towards a characterization of the strategy of transfer in second language learning. *Interlanguage Studies Bulletin, 21,* 58-145.

Kellerman, E. (1978). The empirical evidence for the influence of Ll on interlanguage. In A. Davies, C.Criper, & A. P. R. Howatt (Eds.), *Interlanguage* (pp. 98-122). Edinburgh: Edinburgh University.

Kellerman, E. (1979). Transfer and non-transfer: Where we are now. *Studies in Second Language Acquisition,2,* 37-57.

Kihlstrom, J. (1987). Tae cognitive unconscious. *Science, 237,* 1445-1452.

Kleifgen, J. (1985). Skilled variation in a kindergarten teacher's use of foreigner talk. **In** S. Gass & C. Mad-den (Eds.), *Input in second language acquisition* (fp. 59-85). Cambridge, MA: Newbury House.

Long, M. H. (1980). *Input, interaction and second language acquisition.* Unpublished doctoral dissertation, University of California, Los Angeles.

Long, M. H. (1983). Linguistic and conversational adjustments to non-native speakers. *Studies in Second Language Acquisition, 5,* 177-193.

Long, M. H. (1996). The role of the linguistic environment in second language acquisition. In W. Ritchie & T. Bhatia (Eds.), *Handbook ofsecond language acquisition (pp.* 413-468). San Diego, CA: Academic Press.

Loschky, L., & Bley-Vroman, R. (1993). Grammar and task-based methodology. In G. Crookes,& S. Gass (Eds.), *Tasks and language learning: Integrating theory and practice (pp.* 122-167). Clevedon, Avon: Multilingual Matters.

Mackey, A. (1995). *Stepping up the pace-input, interaction and interlanguage development- An empirical study of questions in ESL.* Unpublished doctoral Dissertation, University of Sydney, Australia.

Mackey, A. (1999). Input, interaction and second language development. *Studies in Second LanguageAcqui-sition, 21,* 557-587.

Mackey, A., Gass, S., & McDonough, K. (2000). How do learners perceive implicit negative feedback? *Studies in Second Language Acquisition, 22,* 471-497.

Mackey, A., Philp, J., Egi, T., Fujii, A., & Tatsumi, T. (2002). The outcomes of implicit feedback in conversational interaction: An exploration of the role of aptitude in phonological short-term memory. In P. Robinson (Ed.), *Individual differences and instructed language learning (pp.* 181-210). Amsterdam: John Benjamins.

Marinova-Todd, S., Marshall, D. B., & Snow, C. E. (2000). Three misconceptions about age and second-language learning. *TESOL Quarterly, 34,* 9-34.

McLaughlin, B. (1987). *Theories of second language learning.* London: Edward Arnold.

Moyer, A. (1999). Ultimate attainment in L2 phonology: the critical factors of age, motivation, and instruction. *Studies in Second Language Acquisition, 21,* 81-108.

Moyer, A. (2004). *Age, accent and experience in second language acquisition.* Clevedon, Avon: Multilingual Matters.

Nobuyoshi, J., & Ellis, R. (1993). Focused communication tasks and second language acquisition. *English Language Teaching, 47,* 203-210.

Odlin, T. (1989). *Language Transfer.* Cambridge: Cambridge University Press.

Odlin, T. (2003). Cross-linguistic influence. In C. Doughty & M. Long (Eds.), *The handbook of second language acquisition (pp.* 436-486). Oxford, UK: Blackwell Publishers.

Patkowski, M. S. (1980). The sensitive period for the acquisition of syntax in a second language. *Language Learning, 30,* 449-472.

Philp, J. (2003). Constraints on "Noticing the Gap": Nonnative Speakers' Noticing of Recasts in NS-NNS Interaction. *Studies in Second Language Acquisition, 25,* 99-126.

Pienemann, M. (1989). Is language teachable? Psycholinguistic experiments and hypotheses. *Applied Linguistics, 10,* 52-79.

Pienemann, M. (1998). *Language processing and second language development: Processability theory.* Amsterdam: John Benjamins.

Pica, T. (1987). Second-language acquisition, social interaction, and the classroom. *Applied Linguistics, 8,* 3-21.

Ringbom, H. (2007). *Cross-linguistic similarity in foreign language learning.* Clevedon: Multilingual Matters.

Robinson, P. (2003). Attention and memory during SLA. In C. Doughty & M. H. **Long (Eds.),** ***Handbook*** *of second language acquisition (pp.* 631-678). Oxford, UK: Blackwell Publishers.

Schmidt, R., & Frota, S. (1986). Developing basic conversational ability in a second language: A case study of an adult learner of Portuguese. In R. Day (Ed.), *Talking to learn: Conversation* ***in*** *second language acquisition (pp.* 237-326). Rowley, MA: Newbury House.

Schmidt, R. (2001). Attention. In P. Robinson (Ed.), *Cognition and second language instruction (pp.* 3-32). Cambridge, UK: Cambridge University Press.

Schwartz, B., & Sprouse, R. (1996). L2 cognitive states and the full transfer/full access model. *Second Language Research 12,* 40-72.

Singleton, D., & Lengyel, Z. (Eds.) (1995). *The age factor in second language acquisition.* Clevedon, Avon: Multilingual Matters.

Singleton, D., & Ryan, L. (2004). *Language acquisition: The age factor* (2nd ed.). Clevedon, Avon: Multilingual Matters.

Sorace, A. (1993). Incomplete vs. divergent representations of unaccusativity in nonnative grammars of Italian. *Second Language Research, 9,* 21-47.

Swain, M. (1985). Communicative competence: Some roles of comprehensible input and comprehensible output in its development. In S. Gass & C. Madden (Eds.), *Input in second language acquisition (pp.* 235-253). Rowley, MA: Newbury House.

Swain, M. (1995). Three functions of output in second language learning. In G. Cook & B. Seidlhofer (Eds.), *Principle and practice in applied linguistics (pp.* 125-144). Oxford, UK: Oxford University Press.

Swain, M., & Lapkin, S. (1995). Problems in output and the cognitive processes they generate: A step towards second language learning. *Applied Linguistics, 16,* 371-391.

Thomas, M. (2006). Research synthesis and historiography: The case of assessment of second language proficiency. In J. Norris & L. Ortega (Eds.), *Synthesizing research on language learning and teaching (pp.* 279-298). Amsterdam: John Benjamins.

Vainikka A., & Young-Scholten, M. (1996). Gradual development of L2 phrase structure. *Second Language Research 12,* 7-39.

Valdes, G. (2001). Heritage language students: Profiles and possibilities. In J. Peyton, D. Ranard, & S. McGinnis (Eds.), *Heritage languages in America preserving a national resource (pp.* 37-57). Washington, DC: Center for Applied Linguistics.

White, L., & Genesee, F. (1996). How native is near-native? The issue of ultimate attainment in adult second language acquisition. *Second Language Research, 12,* 233-265.

Williams, J. (1999). Memory, attention, and inductive learning. *Studies in Second Language Acquisition, 21,* 1-48.

Zobl, H. (1982). A direction for contrastive analysis: The comparative study of developmental sequences. *TESOL Quarterly, 16,* 169-83.

有关网址

http://homepage.ntlworld.com/Vivian.c/SLA.
http://www.hw.ac.uk/lang-WWW/icsla/icsla.htm.
http://www.swan.ac.uk.cals/eurosla/.

第八章 美国的双语教育

美国人认为，双语教育的目的是运用专门的教育技能来帮助本族语不是主体教学语言的学生提高学习能力。这些学生被称为语言少数民族学生、英语水平有限的学生或英语语言学习者。美国的学校里有许多母语非英语的移民和本族语不是英语的美国土著居民，所以社会普遍重视双语教育。在过去的40年里，美国国会先后六次（1968，1974，1984，1987，1994，2001）讨论双语教育的问题，专门制定了保护语言和少数民族学生权利的法律，各州的学校也确定了自己的双语教育模式。本章综述美国的双语教育体系，重点描述双语教育的对象、研究和教育实践，美国联邦和各州的双语政策。

8.1 美国双语学生的身份

美国社会通常把上述学生称为英语水平有限的学生，这些学生身处两种语言的互动（家庭语言和学校语言）的环境中，本章称他们为双语者（bilingual），这些学生通晓多种语言。在美国，大约有180种不同的语言群体。即使是在最大的语言少数民族群体——拉美裔美国人中，也要细分出不同的语言群体，大部分是西班牙语单语者，不少人是西班牙语-英语双语者。在美国，语言少数民族群体使用的语言多种多样，这导致文化多样化。据估算，语言少数民族学生的数量在25万~46万，占学生人口的约7%~10%。

8.2 美国双语教育形态和形式的多样化

学区为学生提供了多种计划：过渡型双语教育（transitional bilingual education）、保持型双语教育（maintenance bilingual education）、英语第二语言式（English as a second language）、沉浸式双语教育（immersion）、保护式英语双语教育（sheltered English）和淹没式双语教育（submersion）。教师会以提问的方式来帮助学生选择计划，主要问题如下（Garcia, 2001a）：（1）学生、家庭、社会团体的母语和英语的特点是什么？（2）期望用什么样的教学模式？以哪种语言为教学媒介——母语还是英语，如何选择？如何协调本族语和英语？（3）教学需要什么哪些工作人员和资源？

根据这些问题，通过观察教师在教学中采用的是母语还是英语的教学语言，来区分双语教学的执行程度（Ovando & Collier, 1998）。美国国家教育发展协会就此在全国开展一项调查，调查了19个州的333个学区，这些学区为全美80%的语言少数民族学生提供语言教学服务。该调查发现，涉及语言少数民族学生的教学过程中语言使用的情况如下：93%的学校报道英语在教学中占主导地位；7%的学校表明母语的使用占优势；60%的学校报道在教学中同时使用母语和英语；30%的学校报道在教学中少用或不用母语。

针对这些情况，为这些学生提供过渡型双语教育计划（Ovando & Collier, 1998）。遵从这些计划，学生可以从重视母语教学的低年级过渡到重视英语教学的高年级，最后只接受英语教学，强调保持母语的熟练程度，同时提高英语的熟练水平，此即双向双语计划（Dual Language Programs）。因为1/3的学生接受少量的或不接受母语教学，所以适用英语语言发展模式（英语沉浸模式）和保护型英语沉浸法这两种交替类型的教学方法，这取决于教学过程中英语的使用情况，同时兼顾学生英语水平有限的事实。这些计划不要求教师使用学生的本族语，且适合那些母语非英语的学生，班级中的学生不能太多。

8.3 学校教育实践

长期以来，美国人会根据双语学生（尤其是有西班牙语背景的学生）具体情况提供相应的教学计划，这是美国教育的一大特色。琳达·查维斯是一名记者、电视评论员，《走出巴里奥：迈向西班牙裔同化的新政治》的作者，她认为，德国人、爱尔兰人、意大利人、希腊人、犹太人、波兰人竭力融入社会、政治和经济主流，学习语言，获得教育和技能，调整自身的习俗以适应美国的背景环境，这是这些群体取得成功的经验。美国应尽可能地减小公众和政府对学生母语的认可，推动他们融入讲英语的主流社会。她认为政府不应该提高双语者的地位，为双语教育提供助学金，更不应该从 60 年代到 90 年代持续推行联邦双语教育计划。这样双语教育计划鼓励学生保持原有的语言、文化和特定的身份，他们凭借这些政策而拒绝主流语言社会的同化。

Richard Rodriguez（1985）却不这么认为，他以自己在墨西哥家庭中的成长过程和在私立天主教学校学习经历来说明学校对学生的影响。他在《记忆的饥渴》一书描述了这种令人痛苦的强迫式同化，但他也认为这样的教育让他获得良好的教育。Richard 说，讲英语的修女成功地影响了讲西班牙语的他。

Hakuta（1986）、Cummins（1997）、Garcia（2001b）等人认为双语教育具有正面的、语言的、社会的和教育的作用，应在母语非英语的学生中发展双语教育。Crawford（1998，1999，2000）在多个场合反驳那些针对双语教育的谬论。

谬论 1. 在美国，英语的优势地位渐渐被其他语言所取代

在当代美国，讲世界语言的人比以往任何时候都多。这只是现象，语言变化早就发生了。19世纪，不以英语为母语的人很多，当时美国授权在十几州和地区实施母语教学。如今，不论在大城市还是农村地区，儿童都就学于双语和非英语教学的学校，学习多种语言，如法语、挪威语、捷克语和切诺基语。还有一种语言生存的方式是没有通过国家政策的强制执行，就一直保持到今天，比如，通过法律官方语言方式保存下来的饿美国英语。

谬论2. 新移民学习英语的热情不高

新移民习得英语的速度比以往快，但操少数语言的人数也快速增长，英语和另一门语言都流利的双语者越来越多。1980—1990年，在家不讲英语的移民人数增加了59%，这些人口中英语讲得很好的增加了93%（Waggoner, 1995）。1990年，只有3%的美国人英语讲得不错或很好，只有0.08%的人根本不讲英语。大约3/4西班牙和葡萄牙移民在日常生活中讲英语，而他们的孩子70%只讲英语或主要讲英语。

谬论3. 学习语言的最好方式是通过"完全沉浸法"

英语学习的任务时间理论（time on task）认为儿童接触英语的时间越多，将学到更多的英语，实际上这个结论并未获得任何教学研究的验证。在教育和学习的环境中，学习英语是一个复杂的过程（August & Hakuta, 1997）。

谬论4. 学区按照学生母语的入学成绩提供双语教育

学生使用种类繁多的语言，但使用同一种语言的人数偏少，不足以成立班级，以使每个人都能接受双语教育。缺少合格的双语教师是推行双语教育最大的障碍，1994年加州的学校招收了来自136个国家的移民，但有资质的的双语教师只能提供17种语言的教育，96%的教师都讲西班牙语。

谬论 5. 双语教育主要用学生的母语教学，很少用英语教学

1994 年以前，美国绝大多数学校的双语教育计划鼓励学生早日融入主流英语教学，只有一小部分学校鼓励学生保持母语。今天，大多数学校的双语教学还是以英语教学为方向，Garcia（1999）发现，随机抽选加州学区的报道发现，28%英语水平有限的小学生无法接受母语教学；接受母语教学的学生中，1/3 的人要把 75%的时间用在接受英语教学，1/3 的人要把 40%～75%的时间用在接受英语教学，1/3 的人接受英语教学的时间少于 40%。相较于小学生，中学生更不可能接受母语教学。

谬论 6. 双语教育的费用比英语教学高

所有为英语水平有限的学生的制定实施的双语计划，不管使用何种教学语言，都需要额外的工作人员、培训、教材和管理。与针对母语是英语的学生的常规双语教学相比，费用要高。加州曾调查过那些效果良好的双语教学模式，发现，只用英语进行教学的方法在预算开支方面并无优势。与英语为第二语言的脱离式教学计划的费用（1198 英镑）相比，双语教学计划和英语沉浸式计划的费用是一样的（175～214 英镑）。理由很简单，脱离式教学法需要补充师资，而课堂教学不需要（Chambers & Parrish, 1992）。尽管如此，以英语为第二语言的脱离式教学计划仍然是许多学区的首选，特别是学生所讲的语言类型多样、双语教师短缺或双语教学法推广不力的学区。

谬论 7. 西班牙裔学生不成比例的辍学率表明双语教育的失败

西班牙裔学生的辍学率仍然很高，原因很多，包括初到美国、家庭贫困、英语水平有限、学习成绩差且停留在小学阶段（Lockwood, 1996）。无法证明是双语教育的因素造成缀学，因为只有少数西班牙裔儿童参与双语计划。

谬论 8. 少数民族家长不支持双语教育，他们觉得让孩子学英语更重要

移民家长倾向于让孩子学英语，他们比谁都清楚学英语的必要性。但这种调查的前提有误，双语计划旨在培养学生运用两种语言的能力，在不影响学习英语的基础上保持和发展学生的母语。但双语教育潜在的优势，如第一语言读写能力的发展能促进英语读写能力的发展或双语教育提供了认知和与职业相关的优势，得到大多数家长的支持（Lindholm，1999）。

8.4 最佳教与学的特点

为帮助语言文化不同的群体取得良好的学业成绩，August and Hakuta（1997）整合了33项研究，总结出最佳的学习条件：全校性支持的气氛、学校领导体制和固定的学习环境、校内和校际之间的衔接和协调、在教学中使用本族语和本土文化、包含基本技能和高阶技能的均衡课程、明确的技能教学、提供以学生为导向的教学方式。教学策略特点有：增进理解、增加实践的机会、提高系统性的学生评估、促进工作人员的发展、促进家庭和家长参与（August & Hakuta，1997）。

California Tomorrow（1995）对加利福尼亚州的幼儿托儿所的研究表明，在高级托儿所，双语学习必须遵守下列原则：支持民族特性的发展和儿童间的反种族主义态度；以家庭文化为基础，促进儿童间的跨文化了解；鼓励保留儿童的家庭语言和支持所有儿童的双语教育；不断反思和交换意见。

Berman（1996）研究那些学生来自不同语言文化环境但是成功进行双语教学的学校，发现，成功的双语学习有下列关键特征：灵活性——适应语言的多样性、流动性和这些学生和家庭的特殊的、学校教育无法包容的需求；协调——有时利用稀缺的和各种资源，如利用联邦和州的拨款以及当地社区组织，以高度协调的方式完成教学；文化确认——学校通过分析讨论社区的语言文化来确认学生的文化；（4）共同的见解——确定学生的身份及学习目标，明确教育各方，比如学校校长、工作人员、教学助理、家长和社区对学生的学习目标的期望，使学生学习期望和教育各方的教学期望达成一致。

Thomas 和 Collier（2000）研究了五个城市和郊区学区，记录了 4.2 万名学生每年的学习记录和每个学区 8～12 年的数据信息，重点考察双语学生用英语取得学业成功所需的时间，兼顾学生、项目和教学变量等影响学业成绩的其他因素，发现三个关键的学习条件：学生在家使用语言应该尽可能长时间采用学校教学语言，同时，在学校安排一定的时间允许学生使用第二语言；通过积极探索和认知综合的学习，使用现有的教学方法和使用学生的家庭语言和英语进行教学；改变学校教育的文化背景，如使母语非英语学生同母语英语学生交互渗透、实施添加性双语教学目标、把少数民族与多数民族的关系转换到积极互动的层面上等。

8.4.1 促进英语习得和成熟的读写能力的发展

利用学生的母语能力发展读写能力，这会促进英语读写能力的发展。应利用这样的方式促使学生迅速对英语语言教学产生兴趣，这种做法使英语的进展在各层面上都取得成功。

8.4.2 提出适用年级水平的内容

教学人员已认识到学科教学中最具有挑战性的工作，就是通过学科教学来完成英语学习的目标。因此，教师们采用各种不同教学方法，比如本族语教学、保护式英语双语教育和英语为第二语言双语教育等活动，来组织课堂教学活动，并传授适用各年级水平的教学内容。

8.4.3 用创新的方式组织教学

创新的例子包括：（1）校际合作，灵活应对学生的各种语言需要；（2）在校主要时间里，把学生集中在一起互动；（3）营造连续性课堂，教师与学生一起学习两至三年，以熟悉学生，了解学生的多样性；（4）灵活分组，以应对学生母语和第二语言的差异发展。

8.4.4 保护和延长教学时间

利用课外计划、以计算机辅助为基础的教学、自愿的星期六补习和夏季学院，制造学习的机会；使用固定的教师或培训过的家庭教师来延长教学时间。大多数学生会利用这些时间，尽量不要削减日常教学时间。

8.4.5 扩大教师的作用和责任

教师要承担很大的责任，以安排课程，进行教学决策。这种决策应该由集体来进行，以确保跨年级的连贯和协调。教师参与评价教学情况，以了解解教学的真实情况，制定评定工具，确定阅读与数学的分数比例。

8.4.6 解决学生的社会和情感需求

学校位于低收入社区，为贫困家庭服务，学校应积极了解与社区有关的问题。学校会发起并参与社区活动，帮助那些遭遇酗酒和吸毒、家庭暴力问题或者需要卫生保健及相关的社会服务的家庭，这些活动以家庭为单位，学校的工作人员与社会服务机构共同合作。还可以通过另外安排有需求的学生参加家庭咨询或是直接引导他们到医疗保健中心就诊。

8.4.7 让家长参与孩子的教育

有些学校有吸引力，家长会主动送子女到这些学校。学校会邀请家长参与学校事务，比如参与学校委员会、学校节日和庆祝活动等。无论学校如何，定期组织家长交流是很重要的，而且交流的语言应该是基于一定的交流语言原则。尽管各类家长在参与学校的活动中，积极程度不一样，但是通过家长和学校来共同管理学生，是所有教育的共同点（McLeod，1996）。

8.5 双向双语教学计划

很多美国人不熟悉双向双语教学计划，这些计划旨在以不影响学生的学业的前提下，造就双语的、双文的学生。双向双语教学计划的目标是为语言少数民族学生提供高质量的教学服务和为母语是英语的学生提供第二语言教学服务。学校通过内容教授来教授语言，教授词汇和语言结构，教师调整教学方式以确保学生能理解。在双向双语教学计划中，同一个班级内，一半是语言少数民族学生，另一半是母语是英语的学生，培养学生的跨文化意识。因每种语言教学时间的分配、所服务的年级水平、为语言和课程的划分所强加的组织结构的数目和所服务的学生群体类型的不同，教学计划也有所不同。

在50:50的模式中，整个年级半天用英语教学，半天用西班牙语教学。在90:10模式中，学生90%的在校时间都使用少数民族语言，到四年级或五年级，这一比例降至50%。目前，全美的学校中有超过225个双向双语教学计划，且还在快速增长（Christian，1999）。绝大多数双向双语教学计划使用西班牙语和英语教学，也有用韩语、广东话、阿拉伯语、法语、日语、纳瓦霍语、葡萄牙语和俄语进行教学的（Christian，1997）。

  双向沉浸式计划的主要目标有三个：帮助语言少数民族学生掌握英语并在美国学校中取得成功；帮助语言多数民族儿童在学业上成功的同时掌握一门外语；促进学生之间的语言平等和种族平等，鼓励学生努力缩小语言与文化之间的差距。帮助讲英语的学生认识到另一种语言和文化的重要，使他们对另一种文化和语言产生兴趣。

  Lambert（1990）认为，双向双语教学计划是对学校外语教育和双语教育的正确选择。他认为第二语言教学法的目的在于使"语言少数民族家庭融入美国社会，向他们传授我国的语言，帮助他们尽快改变旧的语言模式"（p.323）。他认为：双向沉浸式教学会提高每个学生的语言能力，包括第二语言学习者和外语学习者。Valdes（1998）提醒专业人员和研究人员谨慎对待双语教学计划，在一个教学过程中满足两个不同群体的需求，对于教学人员来说，有些困难。在教学实践中，当教师使用目标语以帮助讲主体语言的学生理解内容时，可能削弱少数民族的语言。Valdes（1998）还认为，语言少数民族学生习得英语和语言多数民族儿童习得外语的目的不同，对于前者来说，习得英语是必然的，而对于后者来说，习得英语之外的语言是意外收获。

  Christian（1997）进行了一项实验，在弗吉尼亚州阿灵顿县的一个重点学校中实行两种语言的教学时间比为 50：50 的双向双语教学计划，100%的西班牙语占主导地位的儿童到三年级时，可以说一口流利的英语口语，都顺利通过 LAS-O 英语口语水平测评和课堂评估。从五六年级的西班牙语学生身上采集来的英语写作样本与英语学生的样本显著不同。Lindholm（1999）则在四个加利弗尼亚的学校中实行两种语言的教学时间比为 90:10 的双向双语教学计划，到五年级时，大部分学生都说讲一口清楚流利的英语，在大多数学校的班级中，学生的英语阅读能力都迅速提高。

　　双向双语教学计划似乎可以提高英语为母语的学生和少数民族语言学生的学科成绩。Christian（1994）在一项比较双向双语教学计划学生和控制组学生的研究中发现，与参加较传统的双语教育计划中的西班牙语同辈相比，参加马萨诸塞州剑桥大学 Amigos 双向沉浸式计划的三年级学生在西班牙语和英语的阅读和数学上的表现更好。事实上，这些学生的表现等同于或略逊于所在年级的同龄人。这些学生包括英语为母语的学生。参与双向双语教学的学生在学校英语评定中都取得好成绩，尽管他们的大多数在校时间都花在西班牙语教学上。数年后在 Amigos 进行的另一项研究也得到同样的结论：在英语和西班牙语的标准化测试中，四至八年级儿童的表现往往明显优于控制组的表现。Lindholm（1999）关于加利弗尼亚四所学校的研究也表明，在西班牙语的数学考试中，西班牙语双语学生得分达所在年级的水平，在英语的数学考试中，达到或低于所在年级的水平。在科学和社会研究上的表现在中等至高水平之间。Lindholm 指出，这些得分应与加利弗尼亚学生的整体得分相比较；因此，报道说双向双语教学计划的学生"在阅读和数学方面的得分同等于或高于所在年级的相应水平意味着这些学生的得分优于加利弗尼亚的大部分学生"（p.16）。此外，双向双语教学计划中，西班牙语儿童似乎也能保持或提高西班牙口语的水平。然而在重点中学的测试中，只有 88%的小学一年级西班牙语学生能流利地说母语，二年级及以上的西班牙语学生都能说一口流利的母语。Christian（1997）声称，这一发现与往年的调查结果相似；甚至在这些计划中，西班牙语占主导地位的学生的西班牙语得到了提高。Lindholm（1999）对加州一所学校西班牙语双语学生在 90:10 双语教学模式中的表现的观察也证明，"其第一语言保持着高水准的熟练程度"。这些都说明 Valdez 认为双向双语教学计划可能会削弱语言少数民族学生的西班牙语能力的担心是多余的。

　　母语是英语的学生在学习了第二外语后发现，自己的英语技能并未削弱。

在剑桥大学的 Amigos 计划中，在所有年级，母语是英语的学生在英语阅读和基于英语的数学上的表现与英语控制组学生的不相上下（Christian，1994）。加州的双向双语教学计划中，母语是英语的双语学生在所有计划时间内"其第一语言保持着高水平的熟练程度"（p.31），在国家规范和标准化的测试中，其英语阅读、数学、社会研究和科学的表现等同于或高于所在年级的水平（Lindholm，1999）。尽管母语是英语的学生经由学校教育熟练掌握了第二语言，他们的第二语言知识仍有欠缺，这可能是因为英语，而非目标语，是社会的主流语言。通常，参加双向双语教学计划的母语是英语者最终很难说一口流利的西班牙语。Christian（1994）通过测评和课堂观察调查重点学校后认为：100%的西班牙语占主导地位的三年级学生可以说流利的英语，但只有50%的英语占主导地位的四年级和五年级学生能说流利的西班牙语。Lindholm（1999）在加州的调查中发现，大多数西班牙语双语学生最后能说流利清晰的英语，但很多英语双语学生就无法完全使用流利的西班牙语来讨论话题，显然缺少词汇和语法知识。Freeman（1998）详细介绍了华盛顿的 Olyster 学校的双向沉浸式教学法，人们都认为该校的在双语和多元化教育方面处于领先地位。Olyster 为本地学生和双语者提供双语教育，期望所有学生都能顺利完成学业并在"文化多元化的气氛中"接受他人的文化。Freeman 认为，Olyster 虽然更重视英语的学业成绩，但其教学计划基本成功。学生给学校带来的所有知识——语言的、社会的、文化的，都受到重视。所有的学生也感受到来自教师的尊重与关心。Hornberger（1989）强调重视来自不同社会语言的、教育的和社会阶级背景的学生给学校带来的多元化。

8.6 非语言的影响因素

Duff 和 Early（1990）关注不考虑儿童的社会文化背景时的现象，他们发现，那些融入主流班级的学生在学业和社交上可能会有困难，因为他们不与同校的主流学生共享文化知识。双向沉浸模式可以解决这个问题，因为这个模式以其包容性的做法对待不同文化。Duff 和 Early 指出："Oyster 的个案研究表明，学校可集体组织和构建可替代的课程，这比美国的主流课程更让语言少数民族学生处于有利的地位"（p.238）。尽管 Oyster 的双向沉浸式双语教育取得显而易见的成绩，有些学生到了初中就难以保持他们在 Oyster 习得的语言和价值观，这说明教育计划必须着眼于不仅保持两种语言的水平，而且在整个教育过程保持多元的环境。在学校学习第二语言时，大多数学生在英语或其学科方面的进展不会被阻碍，似乎这些学生在双向语言计划中习得第二语言技能，但到毕业时，他们的第二语言并不一定能像母语一样流利，而且他们在第二语言方面的收获并不一定如母语是西班牙语的同辈在英语上的所得一样多。为什么存在这种差异，怎样消除这种差异，目前尚不清楚，这有待深入研究。

8.6.1 双语计划中英语语言的发展

关于第二语言英语，大部分人认为，所有英语学习者的最终目标都是在保持或丰富其母语的同时习得第二语言英语（Eisenstein，Bodman & Carpenter, 1995；Gass & Neu, 1995；Kasper & Blum-Kulka, 1993）。因此，一个包括学习英语的双语计划将包括第二语言习得（SLA）这一部分——通常被称为 ESL。像双语教育，SLA/ESL 是一个"雨伞式（umbrella）"的术语，可以涉及大量可能的教育模式，包括并不传统的脱离式教学模式，这种教学模式要求教师在常规课堂之外进行教学，还包括引入式教学模式，这种教学模式要求教师与常规课堂的教师合作，与学生一起进行固定的课堂教学，以促进所有课堂成员的语言发展、增进其内容理解和提高其社会文化见解。第二语言习得还可以使用独立的课堂教学，通过一种被称作"保护式英语教学"（sheltered English）的方法为第二语言教学法提供教学指导（Stern，1992）。

当无法提供正式的双语教育时，第二语言习得学习是沉浸法的第二种最佳方法，这是一种对双语学生不提供特别辅助教学的方法。主要是通过各种相关人群比如说多种语言人群、一些语言学习者、一些双语工作人员对这种双语学习策略的出谋划策，从而提高第二语言能力。第二语言习得的专家都经过培训，以便适时为学习者提供可理解的输入。尊重语言和文化的多样性，与所有学习者沟通，保护其传统语言和文化，是第二语言教师的工作重点。

就学校教育而言，在学习对自己有意义的内容中习得第二语言是最好的途径（Chamot & O'Mally，1994）。此外，基于任务学习的教学大纲也能促进第二语言学习的效果。（Long & Crookes，1992）。有一种被称为 CALLA 的教学方法就是实现第二语言教学的一个好例子（Chamot & O'Mally, 1994）。

Rivera（1999）认为双语教育和第二语言习得可以合二为一，特别在训练读写技能和构建基础教育的内容上，两种教育可以互为利用。他通过西班牙语和英语的双语教学研究发现，掌握不同语言（英语和西班牙语）对个体的发展和独立自主有重大意义。Ovando、Collier 和 Combs（2003）在讨论读写技能和二语习得的问题时注意到，"关注思想意识和权力的社会分配对语言和读写能力教育有相当大的影响"。他们指出，这种影响是通过展示理论化的语言和发展读写能力的新颖方式来实现，特别是那些把英语作为第二语言来提高读写技能的学生。第一语言对支持第二语言习得或把英语作为第二语言来掌握所起的作用也得到广泛的承认。

许多第二语言习得计划的确允许借助第一语言的使用，而不是把二语习得和英语为第二语言和双语教育一分为二。对学术英语教学感兴趣的学者逐渐意识到英语形式和结构的重要性。Ellis（1993） 对有意识语法的吸收促进（intake facilitation）教学方法和作用进行研究，发现"学习者关注输入中的特定形式特点，并且注意这些特点与在输入过程中一般使用的特点之间存在差距"（p.91）。White（1998）研究了与注意第二语言习得形式和学习效能相关的一些变量，这些变量包括明显性（salience）（注意一种形式的容易程度）、清晰（通过陈述规则、纠正性反馈等方法明显地提及一种形式），习得一种特殊形式的阶段，第一语言至第二语言的联系（结构的相似性和差异性）。Pienemann 的可教性假设（teachability hypotheis）也认为教学要与学习者的发展性阶段进行有意识的匹配。Lightbown（1998），Lightbown 和 Spada（1990）也认为有意识地关注语言特征有利于语言习得。

8.6.2 在美国双语者中发展"学术性"英语

取得学业成功所需的听、说、读和写方面的高等语言技能或读写技能被称为"学术英语"（Garcia, 2001a；Wong-Fillmore & Snow, 1999；Scarcella, 1999）。掌握学术英语要比日常英语更难。越来越多的儿童来自母语非英语的家庭，这些母语非英语的学生都是双语者，对他们来说，最重要而又最困难的是掌握学术英语（Garcia, 2002）。尽管重要，美国学生的英语学术水平普遍较低。1998 年，美国对国民的学术英语水平进行调查，其中，在阅读方面，全国范围内只有 31% 的八年级学生能达到熟练水平或者高于熟练水平，在写作方面，24% 的学生达到熟练水平或高于熟练水平。黑人和西班牙裔美国人的学术英语水平更低，分别只有 11% 和 14% 的人在阅读方面达到熟练水平，分别只有 8% 和 11% 的人在写作方面达到熟练水平。虽然有关阅读和写作的研究相当多，第二语言教学方面的研究则很少。美国两次国家研究理事会

(NRC)报告(August & Hakuta,1997;Snow,Burns & Griffin,1998)指出:缺乏最好地教授双语者英语的相关研究:"就如何为这种儿童(英语水平有限者)在他们的主导语言或英语方面设计最佳的读写技能教学,研究人员和教育工作者缺乏这方面的经验指导,更不用说设计两种语言的最佳读写技能教学。"第三次国家研究理事会(NRC)报告(Meyer & Fienberg,1992)回顾了先前为评价双语学生教学策略的效度而设计的调查研究方法的不足,发现学校英语语言发展的新问题:

(1)未考虑"复杂问题"的理论和研究(Garcia 2001a)。

(2)现有的教育计划缺乏明确理论和目标,无法构建和激励合理的教学方案的设计(Meyer & Fienberg,1992)。

(3)很难通过学校和课堂的有效学习与否来鉴定教学计划和学习效果(August & Hakuta,1997)。

(4)由于受不同因素的影响,人们很难比较不同的教育计划研究(Meyer & Fienberg,1992)。

人们用各种模型来解释学术语言水平所起的作用,Cummins(1981,1997)重点观察认知负荷和当学生响应学业任务时所能熟练控制的文化知识程度。有些人分析特定学科使用的语言,把学术英语看作许多亚语域(subregisters)的汇集(如数学语言)(Crandall,Dale,Rhodes & Spanos,1989)。Canale和Swain(1980)在一个普遍被认可的教学模式中,建议考虑四个关键领域:语法能力(包括整体范围内的词法、句法和语音知识)、社会语言知识(考虑话题、社会背景和对话者,知道选择词汇和语法形式)、语篇能力(知道按顺序排列句子级别的命题以构成连贯的文章)和策略能力(当缺乏阻碍交流的技能时,知道如何协商澄清)。这种模式意味着各种不同的知识类别将影响语言熟练能力的发展,这是从学术英语教学的视角提供了更广泛的研究空间。

虽然理论和实证研究表明英语学习者要花很多年才能达到熟练水平

（Thomas & Collier，2000），但少有研究长期跟踪这一发展。大多数研究往往简短描述学生写作的横切面或研究英语学习短时期的进展(Colombi,2000；Gomez, Parker & Lara Alecio，1996)。为数不多的纵向研究通常是很小的个案研究，例如，Sahakian（1997）研究四个香港男孩从进入高中到毕业的写作进展，通过分析其在校写作样品而探究其在这段时间内的进展。在关于四个西班牙语双语学生的个案研究中，Valdes（1996）发现，集中的第二语言英语教学和保护式学术内容课堂也有弊端，因为它们往往把这些学生与母语是英语的同龄者相隔离，严格班级里的学生必定在学业上有所成就。综合分析双语学生的有效阅读计划，Slavin 和 Chueng（2003）得出结论：利用双语教育原则的阅读计划是最有效的。

8.6.3 双语教育相关政策

美国国会对就读于公共教育机构的少数民族学生通过了 1964 年的民权法案第六章和随后的 1974 年的教育机会平等法案（EEOA），为双语教育设置了最低标准。民权法案的第六章禁止教育机构不得因种族、肤色、性别或国籍而歧视任何人。以下是教育机会平等法案的部分内容：

任何州都不应因个体的种族、肤色、性别或国籍，或因教育机构无法采取适当的行动以克服阻碍学生平等参加教学计划的语言障碍，或拒绝个体受教育的机会。美国国会分别 7 次（1968，1974，1978，1984，1987，1994，2001）通过颁布和修订双语教育法,通过了与少数民族学生的教育相关的具体法律。联邦政府已通过这项法律拨款超过 10 亿美元用于双语教育的教育活动(计划开发、计划实施、职业培训和研究)。双语教育计划被定义为"让步性教学,英语学习和在某种程度上让儿童通过教育系统和母语有效地取得进步"（Schneider，1976）。2004 年，这些已实施的政策重新授权法案修正。在新的立法下，现有的计划被新的计划和资源所取代，这些资源被直接发送到各州以便为实施计划提供资金来协助英语语言的发展。

通过国家立法，有12个州授权为少数民族的学生提供双语教育服务，有12个州允许这些服务，1个州禁止这些服务。26个州没有直接对少数民族学生的立法。就像Garcia（2002）所指出的，像加利福尼亚（2000），亚利桑那（2001），和马萨诸塞（2003）已通过选民发起限制使用双语教育的提案。科罗拉多州（2003）拒绝类似的努力。可见，围绕着双语教育的争议在各州间一直持续着。

8.6.4 少数民族学生的权力

1974年美国最高法院关于"拉沃诉尼科斯案（Lau v.Nichols）（414 US. 563）"的裁定是对少数民族学生的权力具有里程碑的声明，它指出必须对英语水平有限的学生提供语言支持：仅仅给学生提供英语教学并不意味着所有的学生都获得平等的教育权利，事实上，那些不懂英语的学生已被远远地排除在任何有意义的教育之外了。基本的英语技能是这些公共学校教学的核心。它们规定了一个强迫性的要求：儿童在能够有效地参与教育计划之前，他必须已掌握那些基本技能。

美国第五联邦巡回法院在Castaneda诉Pickard案件（1981）中规定了三个要求，构成双语教育的计划：（1）理论必须基于健全的教育理论；（2）该计划必须"被合理地计划以有效地执行"所选择的理论；（3）该计划必须在合理的时间内有成果。

8.7 小 结

本章先综述重要理论和相关教育实践，以便在共识基础上讨论学校中的双语教育问题。

（1）双语教育的主要目标应该是英语语言技能的全面发展，为融入主流社会做好准备。今后的研究应提供更多可供选择的研究方法，来实现学术英语的研究目标。

（2）学习母语所花的时间并不用从学习英语节省下来，可以在不丢掉第一语言的同时习得流利的第二语言，可以保持第一语言而不阻碍第二语言的发展。目前，尚不清楚什么能最有效地促进正迁移（positive transfer），识别这种过程是未来研究的重点。

（3）在学校教育中，儿童发展一种以上的语言能力并不增大个体的认知成本。因此，未来的研究有必要探索双语学习过程中具体的认知功能特性和学术功能性。

（4）灵活确定双语计划，以适应儿童个体和文化的差异。应认识到，有些学生需要更多的时间来适应两种语言的教学。我们还不知道在第一语言上花多少时间会影响第二语言的学学习。

（5）教师应该对学生学习第二语言，达到和本族语者相媲美的水平所需要的时间心里有数。教师还应鼓励年纪较大的学习者，他们通常可以很快地学习语言但最后往往和年轻的学习者的水平相当。应进一步研究年轻学习者和年老学习者之间的显著区别。

（6）阅读教学应该使用母语，对于那些可能受其他因素干扰而导致阅读失败的儿童，尤其要注意使用母语来进行阅读教学。在母语中习得的阅读技能将很容易地迅速转移给英语，促使他们在英语阅读上取得好成绩。

（7）此外，联邦和各州将继续为学生提供各种形式的双语教育，这促使研究者重视这些服务。

参考文献

August, D., & Hakuta, K. (1997). *Improving schooling for language-minority children: research agenda.* Washington, DC: National Council Research.

Berman, P. (1996). *High performance learning communities: Proposal to the US Department of Education.* Emeryville, CA: Research, Policy, and Practice Associates.

Canale, M., & Swain, M. (1980). Theoretical bases of communicative approaches to second language teaching and testing. *Applied Linguistics, 1(1),* 8-24.

Chambers, J., & Parrish, T. (1992). Meeting the challenge of diversity: An evaluation of programs for pupils with limited proficiency in English. Vol. IV, Cost of programs and services for LEP students. Berkeley, CA: BW Associates.

Christian, D. (1994). *Two-way bilingual education: Students learning through two languages.* In The National Center for Research on Cultural Diversity and Second Language Learning: Educational Practice Report 12. Washington D.C.: Center for Applied Linguisitcs.

Christian, D. (1997). *Directory of two-way bilingual.* Washington DC: Center for Applied Linguistics. Christian, D. (1999). *Two-way bilingual education: Progress on many fronts.* Washington, DC: Center for Applied Linguistics.

Crandall, J. A., Dale, T. C., Rhodes, N., & Spanos, G. (1989). *English skills for algebra.* Englewood Cliffs, NJ: Prentice Hall Regents/Center for Applied Linguistics.

Crawford, J. (1998). *Ten common fallacies about bilingual education.* Digest for the ERIC Clearinghouse on Languages and Linguistics (Report No. EDO-FL-98-10).

Crawford, J. (1999). *Bilingual education: History, politics, theory and practice (4th ed.).* Los Angeles: Bilingual Education Services.

Crawford, J. (2000). Language politics in the U.S.A.: The paradox of bilingual education. In C. J. Ovando & P. Mclaren (Eds.), *The politics of multiculturalism and bilingual education: Students and teachers caught in the cross fire (pp.* 106-125). Boston: McGraw-Hill.

Cummins, J. (1981). Age on arrival and immigrant second language learning in Canada: A reassessment. *Applied Linguistics.* 2, 132-149.

Cummins, J. (1997). Cultural and linguistic diversity in education: A mainstream issue? *Educational Review, 49(2),* 99-107.

Duff, P., & Early, M. (1996). Problematics of classroom research across sociopolitical contexts. In S. Gass & J. Schachter (Eds.), *Second language classroom research: Issues and opportunities* (pp. 1-30). Hillsdale, NJ: Lawrence Erlbaum.

Eisenstein, M., Bodman, J., & Carpenter, M. (1995). Crosscultural realizations of greetings in American English. In S. Gass & J. Neu (Eds.), In *Speech acts across cultures* (pp. 89 -108). Berlin: Mouton de r,ruyter.

Ellis, R. (1993). The structural syllabus and SLA. *TESOL Quarterly, 27(1),* 91-113.

Freeman, D. C. (1998). *Dual language analyses at Oyster School.* Unpublished dissertation, Georgetown University, Washington DC.

Garcia, E. (1999) *Student cultural diversity: understanding and meeting the challenge* (2nd ed.). Boston: Houghton Mifflin.

Garcia, E. (2001a). *Hispanic education in the United States: Ralcesy alas.* Lanham, MD: Rowman and Littlefield Publishers, Inc.

Garcia, E. (2001b). *Understanding and meeting the challenge of student diversity (3rd ed.).* Boston, MA: Houghton Mifflin Company.

Garcia, E. E. (2002). Bilingualism in schooling in the United States. *International Journal of the Sociology of Language, 155(156),* 1-92.

Gass, S., and Neu, J. (Eds.). (1995). *Speech acts across cultures.* Berlin: Mouton de Gruyter.

Gomez, R. Jr., Parker, R., & Lara-Alecio, R. (1996). Process versus product writing with limited English proficient students. *The Bilingual Research Journal, 20(2),* 209-233.

Hakuta, K. (1986). *Mirror of language: The debate on bilingualism.* New York: Basic

Books.

Kasper, G. & Blum-Kulka, S. (1993). *Intercultural pragmatics. New* York: Oxford University Press.

Lambert, W. (1990). Culture and language as factors in learning and education. In A. Wolfgang (Ed.).*Education of immigrant students.* Toronto: Ontario Institute for Studies in Education.Lightbown, P. (1998). The importance of timing in focus on form in grammar.

In C. Doughty& J. Williams (eds.), *In focus on form in classroom second language acquisition* (pp. 177-196) Cambridge: Cambridge University Press.

Lightbown, P., & Spada, N. (1990). Focus on form and corrective feedback on communicative language teaching: effects on second language learning. *Studies in Second Language Acquisition, 12(4),* 429-448.

Lindholm, K. (1999). *Two-way bilingual education: Past and future.* Toronto: Presentation at the American Education Research Association.

Lockwood, A.T. (1996). Caring, community and personalization: strategies to combat the Hispanic dropout problem. In *Advances in Hispanic Education,* vol. 1. Washington, D.C.: US Department of Education.

Long, M. & Crookes, G. (1992). Three approaches to task-based syllabus design. *TESOL Quarterly,26,*27-56.

McLeod, B. (1996). *School reform and student diversity: Exemplary schooling for language minority students.*Washington, George Washington University: Institute for the Study of Language and Education.Meyer, M., & Feinberg, S. (1992). Assessing evaluation studies: The case of Bilingual Education strate-gies. Panel to Review Evaluation Studies of Bilingual Education, Committee on National Statistics, National Research Council. Washington, DC: National Academy Press.

Ovando, C. J., & Collier, V. P. (1998). *Bilingual and ESL Classrooms: Teaching in Multicultural Contexts (2nd ed.).* Boston: McGraw-Hill Companies, Inc.

Ovando, C. J., Collier, V. P., & Combs, M. C. (2003). *Bilingual and ESL Classrooms. Teaching in Multicultural Contexts (3rd ed.).* Boston: McGraw Hill.

Rivera, K. (1999). Popular research and social transformation: a community-based approach to critical pedagogy. *TESOL Quarterly,* 33(3), 485-500.

Scarcella, R. (1999). *Academic English. A conceptual framework.* Santa Barbara, CA: University of California Language Minority Institute.

Schneider, S. G. (1976). *Revolution, reaction or reform: The 1974 bilingual education act.* New York: Las Americas.

Slavin, R., & Chueng, A. (2003, December). Effective reading programs for English language learners: A best-evidence synthesis. Report No. 66, the Center for Research on the Education of Students Placed At Risk (CRESPAR), John Hopkins University.Retrievedfromhttp://www.csos.jhu.edu/crespar/ techReports/Report66.pdf

Snow, C. E., Burns, M. S., & Griffin, P. (1998). Preventing reading difficulties in young children. Washington, D.C.: National Academy of Sciences-National Research Council, Commission on Behavioral and Social Sciences and Education.

Stern, H. H. (1992). *Issues and options in language teaching.* Oxford: Oxford University Press.

Thomas, W., & Collier, V. (2000). *A National Study of School Effectiveness for Language Minority Students' Long-Term Academic Achievement.* Center for Research on Education, Diversity & Excellence. Final Reports. Paper 1.1_final. Retrieved from http://repositories.cdlib.org/crede/finalrpts/1-1-final.

Valdes, G. (1998). The world outside and inside schools: language and immigrant children. *Educational Researcher, 27(6),* 4-18.

Waggoner, D. (1995). Language information from the 1990 Census. *National Association for Bilingual Education News, 19(6),* 7-8.

White, J. (1998). Getting the learners' attention. In C. Doughty & J. Williams (Eds.), *Focus on form in classroom second language acquisition (pp.* 85-113). Cambridge:University Press.

Wong-Fillmore, L., & Snow, C. (1999). *What educators-especially teachers-need to know about language: The bare minimum.* Santa Barbara, CA: Language Minority Research Institute.

相关网站

http:www.urbanminority.gwu.edu/.
http://www.cal.org/.
http://www.lmri.ucsb.edu/.
http://www.ncela.gwu.edu/.

第九章 CLIL 和欧洲的双语教学模式

语言与内容融合学习这一术语是由 Nikula（1997）提出的，定义是"the teaching of non-language subjects through a foreign language, with both subject matter and language learning as goals"，指教师在授课时用母语之外的第二语言来讲授非语言方面的知识，丰富学科知识和增进语言学习，欧洲的语言研究学会大力倡导和推广这种双语教学模式目，且形成较为完整的语言学习和教学体系。

从语言研究历史看，语言与内容融合学习包含新旧不同的理论。在本国正规的教育体系中使用母语以外的其他语言作为媒介被认为是一种理论模式，从 19 世纪以来，欧洲许多国家都针对这一模式制定了许多双语学习政策。欧洲国家已经认识到，随着人口的增长，接收移民，而非驱逐移民，才是大势所趋，这正好迎合了欧洲一体化战略的政治目的，所以欧盟与欧洲委员会都出台相应的规定，鼓励这样的努力，当然，更引人关注的是我们自身也正在见证这一趋势以及此趋势带来的国际化教育系统给学生带来的压力，即为了给他们提供良好技能或使他们在国际竞争中站稳脚尖，就要努力学习好第二语言。在众多影响因素中，政治因素的推动作用最大，因此欧洲许多国家都将英语或其他优势语言作为语言与内容融合学习中的中介语言。

语言与内容融合学习的传统理论更倾向于直接向学生输入知识内容，然而那些主动学习语言的学生使用这样的方法在学校学习外语却得不到满意的结果，主要原因可能是"困难的不是教授第二语言，而是在课堂中让他们学习第二语言"（Oller，1971）。事实上，过去几年的相关研究表明，教室不是一个有利于学习外语和第二语言的好地方。这告诉人们，当第二语言是外语时，在教室中生硬地教学还不如在社会真实情景中去学习这一门非母语语言。人们越来越意识到，语言与内容融合学习不是典型的语言教学，语言与内容融合学习的对象并不是语言或特定内容，而是通过互动或者其他形式来进行交流。因此，当代的语言与内容融合学习应该围绕着有真正意义的主题概念（例如历史、地理、商业、学习）。从这个意义上来说，语言与内容融合学习应该结合交际语言教学和学习任务：我们不以培养语言能力为目的，因为语言与内容融合学习任务本身就很繁重，还要确保能用外语来进行真实的沟通。在欧洲，语言与内容融合学习的目的至少是营造语言环境，鼓励人们自然学习语言并提高语言交际能力。换言之，人们期望语言与内容融合学习能营造良好的学习环境，而不是通过显性教学来迫使学生学习第二语言。这个概念反映了以心理语言学为导向的关于语言与内容融合学习第二语言基本输出理论（Brinton，Snow，Wesche，1989）。

语言与内容融合学习目前有两种截然不同的状态，一方面，此教学方法应用于特定的学校、教师、课程时，当地教育部门的支持力度很薄弱且观望，因此进展缓慢；另一方面，由欧盟资助的欧洲议会和理事会不断促使有规模的组织推广和实践语言与内容融合学习项目，使这样的教学研究职业化。举例来说，在奥地利，由于国家教育部门的扶植，涉及语言与内容融合学习的国家级项目的情况远良好于其他热点问题。另外，欧洲语言教育和实践研究者也开展了诸多相关研究，推广其研究成果，以争取认可。因此，欧洲国家通过一系列目标和可行性分析来预测语言与内容融合学习的发展，他们认为，应努力在 21 世纪推行语言与内容融合学习。

国际语言协会的专家也支持这种做法，作为高校教师，他们经常使用第二语言进来行教学。在上世纪 90 年代末举行的语言与内容融合学习从业者大会就关注应用语言学方面于此有关的问题，核心问题是该如何开展相关教学活动。人们很快发现，几乎找不到反映北美以外环境中的语言与内容融合学习的研究文献，这促使人们围绕语言与内容融合学习进行实质性的研究。开展此类研究，先要观察语言与内容融合学习的自然课堂互动情况。

9.1 语言和内容之间的关系

语言与内容融合学习的核心关系是否语言和内容之间的关系，这是问题的重心。这种关系，尽管被人们视为语言与内容融合学习应有的内容，但两者之间也相互冲突，就像人们争论歌剧中的语言和音乐的关系一样。更有趣的是，在用更频繁的一种语言表达内容后，老师会担心学生是否真正了解这种语言或只是鹦鹉学舌（Felberbauer，1996；Hallet，2004；Schmid，2000；Wildhage & Otten，2003，Ziegelwagner，2004）。人们担心两种情况都会出现，首先，外语教学可能推迟学习进程并遗漏掉许多信息，其次，较低的语文能力可能阻碍学生深刻了解事物。因此，双语教学需要来自不同群体的教师的参与。事实上，在任何情况下，合格的老师都能控制局面。一些老师也承认，他们的个人感情，如喜欢或厌恶，会严重影响那一阶段的授课内容。

因此，应用语言与内容融合的教学方法的前提假设是，学生有目的地学习具体学科知识的学习效率高于单纯地学习语言，这能提高语言的实用能力。具体的说，CLIL 教学包括文化部分、环境部分、语言部分、内容部分和学习部分五个部分，每个部分都有详细的项目标准。文化部分有四个项目：建立跨文化知识；发展跨文化交流能力；对外国专项文化（如宗教，少数民族）的了解；建立更广泛的文化认同。环境部分包括三个项目：为成为国际人才做准备；具备跨国际的证书；提高专业领域技术。语言部分有四个项目：全面提高目标语言能力；发展口语能力；发展双语兴趣和态度；推广目标语言。内容部分有三个项目：通过各种方法提供学习内容的条件；能够开展目标语言的专科课程；具备将来工作和学习的能力。学习部分有三个项目：完善个人学习策略；教学实践的各种方法和形式；提高学习者的学习动机。此外，欧洲人总结出八种 CLIL 教学方法：情感学习法、真实法、自主法、合作学习法、经验学习法、学习风格法、学习策略法、情景或案例教学法。

9.2 学习的架构和参与性理解理论

这个学习构架涉及社会学、心理学、精神病学、医学、生理学、历史、语言学、神经科学、哲学、物理学和政治学等众多领域，遵从 Bruner 的学习理论这一重要理论：学习者基于已有的知识，在了解新想法或掌握新概念的过程中建立一个有效的学习过程。其前提假设是：大多数人的行为是为了控制整个过程，结合新经验与已有的经验并在大脑中建立一个独立的模型。学习过程中学习者对信息的选择和编码与他们已有的认知结构相关。因此，教师基于学生的理解能力来进行教学，鼓励学生自己去发现规律。自我并不是一个孤立的个体，人的生存和发展在一个关系网络中进行，这就塑造了一个经验自我的世界。Bruner 的理论对英语世界国家的教育研究产生深远的影响，启发人们研究第一语言的课程知识结构。学习理论模型的焦点在于精神上的组织，将学习看作个人的行为，看作个人对环境的反应。

学习理论还认为，学习和社会性互动相关，这体现在通过训练获得知识或技能的过程中。入门者进入社区，通过参与成为社区成员，逐渐获得知识和技能。一般的学习理论将重点放在架构上而忽视语言方面的因素。Brown、Collins 和 Duguid（1989）强调：认知的过程支持学习，使学生在可信的活动领域中获得发展和运用知识工具的技能。通过社会互助和社会的知识架构，校内校外都可以进行学习。关键在于，社会互动在认知中扮演重要角色，所以高级认知的功能不会在没有人的时候起作用，而在和他人或者环境的相互作用的情况下起作用。Vygotsky（1978）认为：儿童获取知识的过程分为两个阶段，首先是社会水平上的，随后是个人水平上的。他认为，人与人的关系是通过语言的相互作用来表现。学习理论不解释语言的作用，而在于告诉人们人类的知觉是社会的最后产物。不在语言学习的情境中应用这一理论，第二语言的学习也不会得到关注。学习理论认为，学习者首次和别人交流沟通，会使用社会互动性语言，这是日后交流互动的先决条件，也就是所谓的知识和能力是否匹配。Vygotsky 还认为，"认知的发展是在一定的时间内发展，而且发展范围是在个体内在潜力的范围内发展"，即"最近发展区"（ZPD）。这就意味着学习并不是在任何时间都能进行，它取决于个体是否获得完整的社会性互动，以及是否在最近发展区的潜力范围内。

9.3 三个欧洲国家的 CLIL 研究

英格兰人认为，CLIL 是描述"旨在采用第二语言作为媒介语言向学生介绍一些传统课程的观点和概念"（CLLT，国家语言中心）。

威尔士人认为，在威尔士应"使用威尔士语进行教学"，这是对使用威尔士语的强制规定。需注意的是，在不同的国家，这些规定的内容和本质不同。那些正在用沉浸学习法学习、来自非威尔士语家庭的孩子都这些规定。在威尔士，沉浸教育发展迅猛，因为它关注同一教室中的孩子的语言背景差异。

北爱尔兰人认为,"使用北爱尔兰语的教育"规定了哪些教育要使用爱尔兰语。沉浸教育指那些用使用爱尔兰语学习的学校学生,这些学生其实都来自说英语的家庭。

立法还未关注到 CLIL 教学,也没有任何组织来决定学校是否提供 CLIL 教育,中小学校可以自行决定决定是否提供 CLIL 教育。目前,CLIL 没有通用的教学方法,CLIL 教育的精确范围无人知晓。尽管如此,国家语言中心发现,英格兰有 47 个学校带头尝试 CLIL 教育,其中的部分中学已经开设双语班。CLIL 已经是焦点,是教育新闻的主题。CLIL 教学大部分限制在一个主修课程,一定范围的学生和一定的时期。CILT 的研究表明,CLIL 教学不仅适用于独立的课程和双语课程,也适用于更高阶段的课程学习模式,这取决于学校是否让学生参与 CLIL,因为不同学校为学生参与 CLIL 提供的选择不同,可以全班级参与,也可以部分班级成员参与。

虽然部分小学参与该项目,但参与 CLIL 项目的学校主要是那些被称为"语言学院"的中学,这些中学都与私立主办方有关系且从政府那里得到资金,它们特别关注现代外语,但也教授国家规定的全部课程。例如,语言学院可以招收 10%在特定学科有天赋的学生。语言学院希望与小学合作,使孩子们能尽早学习一门语言。英格兰目前有 212 个特定的语言学院和 7 所提供专业语言教学服务的学校。教育当局鼓励语言学院进行课程创新,它们用外语来教授课程。目前,已经有 8 所语言学校进行了为期三年的 CLIL 教学效果研究。

2000 年的国家语言教学调查发现,通过一门外语进行课程学习的教学可以取得不错的效果。在这次调查中,国家语言中心(CILT)承担了一项小规模的针对 CLIL 的研究——内容和语言的融合性工程(CLIP),由教育技能部门资助,为期三年,目的在于研究 CLIL 项目的潜在效力:

提高各课程的学识。

增进学生外语能力。

发展课程传授的一个更加合理的方法。

将其提升到一个市民素质的议程上来。

该研究的主要作用是：

检验合作学校 CLIL 的不同方法的相对效力；通过 CLIP 网页来普及较好的 CLIL 模式。

为所有参与或希望参与 CLIL 的学校提供建议和支持。

收集完善 CLIL 资料（书和其他有用资源的参考文献）、课程计划和工作安排，帮助学校开发创新体系。

所有语言学院可通过公开的渠道参与这项研究，作为 CLIP 的一部分，CLIL 教育开始于 2002—2003 学年，参与的学校之前可能已经在课程中提供 CLIL 教育，与这些语言学院有合作许多小学也参与进来。

在 CLIL 教育，地理、历史、人文、社会、健康教育、科学等大量课程的教学使用第二语言，所使用的语言包括初级或中级的法语、德语或西班牙语。例如，全部用法语或西班牙语来教八年级的学生学习地理；用法语、西班牙语或德语教九年级的学生学习历史。这项工程并不能保证将所有的时间都耗在 CLIL 上，有的学校整个学期用外语授课，或者用两个星期的时间来上完一门课。

1993 年的《威尔士语言法》规定，在公共场合，英语和威尔士语同样重要。在威尔士，威尔士语是小学生的必修科目。威尔士所有的小学生都要学习 11 年的威尔士语，从 5 岁到 16 岁，要么作为第一语言，要么作为第二语言。在中小学中使用威尔士语是可行的，特别是在说威尔士语的地区，学生家长希望如此。用威尔士语来进行学前教育和更高层次的教育也是可行的，因为 1944 年的教育法规定地方政府自行进行规定。1947 年，在许多学生家长的要求下，首个使用威尔士语进行教学的社会资助的州立小学落成并招生。至于主要讲英语的地区，该地学校中的孩子大部分来自不说威尔士语的家庭，要求他们参加一个专门的网络语言学习中心。学生们可以一整个学期都呆在中心里，也可以每周花几天的时间呆在中心学习，其余的时间而可以呆在学校里。用威尔士语进行教学的小学里，七岁之前，学生只用威尔士语上课。七岁开始上英语课，此后，一些课程用英语进行教学。大体而言，小学高年级之前的大部分课程都用威尔士语。可以自由选择教学语言的学校，只要指定用威尔士语教学，则要用威尔士语来上所有的课，有些学校 14 岁以上的年级可能用威尔士语和英语教授数学和科学。

最近几年，有些原先使用英语教学的课程也尝试使用威尔士语，例如，很多使用英语的中学开设使用威尔士语进行教学的课程，但开设这样的双语学科要受教师语言能力等实际因素的限制。采用威尔士语教学的教学资料必须通过威尔士课程评估权威部门（ACCAC）的资格审查，威尔士教育委员会的国家语言小组每年都会发布需要使用威尔士语进行教学的学科的名录，比如，GCSE 和 A-LEVEL 等国家资格课程要使用威尔士语，新设的威尔士语的学士学位资格课程可以使用威尔士语，也可以使用英语来授课。

2003 年，威尔士地区有 448 个小学只用或者主要使用威尔士语来授课。有 72 个学校将威尔士语用作部分课程的教学语言。在威尔士的 227 个中学里，有 53 个是 1996 年教育法指定的使用威尔士语的学校。

在北爱尔兰，不管是因为习惯还是实际需要，英语都是官方语言。说爱尔兰语的人口只有 10%。在一些社区中，虽然很少人使用爱尔兰语，但大部分人都懂得爱尔兰语。1971 年，首个使用爱尔兰语进行教学的小学建成并招生，但直到 1980 年，它才得到政府的资助。而爱尔兰首个使用英语教学的小学建成于 1983 年，该校一开始就得到教育局的资助。1998 年，UK 政府宣称欧洲关于宗教与少数民族语言的宪章同样适用于爱尔兰。按照同年的贝尔法斯特会议的精神，教育部门组建了使用爱尔兰语的教育协会。在北爱尔兰，大部分使用爱尔兰语进行教学的学校的学生来自讲英语的家庭。

贝尔法斯特的 ST 玛丽大学下属的爱尔兰研究机构编写了一套使用爱尔兰语的教材，该教材由与北爱尔兰和爱尔兰共和国地区学校合作的出版商改编、翻译，供使用爱尔兰语进行教学的学校使用。在使用爱尔兰语进行教学的小学和部门中，英语外的所有科目都使用爱尔兰语进行教学的。有三所中学使用爱尔兰语进行教学，其中最大的中学全部课程都使用爱尔兰语，第二大中学则大部分课程使用爱尔兰，课程多少视会说爱尔兰语的师资而定。第三个中学使用英语进行教学，只有部分课程使用爱尔兰语。

那些在进入中学前使用爱尔兰语，在中学时使用英语的学生进入英语教学的学校时要经历一个适应的过程。这些使用爱尔兰语进行学习的学生在进入中学的第二年就必须拿下英语语言资格（GSCE），然后在中学的第五年拿下爱尔兰语资格。课程考试资格协会会提供各种 GCSE 和 AS/A 水平考试来测定这些学生的语言能力。

一些数据显示出爱尔兰的双语教学的覆盖程度。截至 2004 年 5 月，912 个小学的 174070 个学生，有 2259 个学生分布在 27 个受资助的学校中。在 232 个中学的 153455 个学生中，有 530 个学生分布在使用爱尔兰语进行教学的学校中。

9.4 CLIL 教师的资格和详细培训

英格兰对 CLIL 教育的相关规定较少，教师资格、培训计划，工作、报酬等都没有具体规定。国家语言中心（CILT）认为，学生是否接受双语教学，视具体情况而定。开展 CLIL 的学校应该具备相应的师资，包括那些没有专业学科背景的讲非本国语的老师，有专业学科教学背景的讲本国语言的老师，外语助手。

从事 CLIL 教育的教师也要有相应的资格，Nottingham 大学和 Durham 大学就为从事双语教育的教师提供有 CLIL 内容的培训,例如,Nhottingham 大学的双语教育学院为教师提供了用法语或德语进行教学的中学地理,历史和科学的相关课程,通过相应测试的教师可以据此取得硕士学位。双语教师培训会使用"教学观察室"(TLO),学习远程教学的课程。例外,Nottingham 大学还开设了相关的研究生课程,帮助这些教师获得"外语教学能力"的硕士学历或者博士学历,提高老师的教学内容的授课能力,但国家语言中心并没有要求 CLIL 项目中的所有教师都要持有资格证书。

威尔士的地方政府聘请了一批威尔士语专家作为顾问来帮助教威尔士语的教师和使用威尔士语进行教学的教师,这些专家受威尔士语语言协会的董事会资助。根据 1993 年的《威尔士语言法》设立的法定组织促进了威尔士语的使用。相关法规并未规定使用威尔士语进行教学的教师一定要有相应的资格,但是在教师培训的初期,在 Bangor 和 Aberystwyth 的大学会提供一些课程帮助教师熟悉双语教学,Trinity 大学提供小学双语教育的使用威尔士语的研究生教育,威尔士学院将小学教育专业纳入双语教学。这些课程中,授课教师熟悉所使用的两种语言。负责这一方面事务的是 WJEC,他们的职责是确保在课程中使用威尔士语,或是指导威尔士作为第二语言来教学。

为了支持威尔士语教学,威尔士联合政府采取了一系列措施,保证使用威尔士语的人不断增加,这些措施包括:制定规划,鼓励合格教师在休假期间参加沉浸学习,强化威尔士语;增加对威尔士语教学的资助,促使参训教师提高使用爱尔兰语进行教学的能力;提高语言专家的补助,鼓励他们参与威尔士语培训工作;使使用爱尔兰语进行教学的教师的福利与用英语进行教学的教师的一致。

大部分使用爱尔兰语进行教学的教师原本都说英语,为了帮助他们转型,圣玛丽亚大学特地开设了教育课程培训,这些教师可经由参加培训获得教育学的学士学位或硕士学位,这些课程和 Bed 或 PGCE 类似,但有使用英语和爱尔兰语进行教学的学校的课程要求，该课程承担了这些学校的师资培训工作，解决了有关沉浸教育的问题。修完这些课程，就可以获得双语和沉浸教育的大学文凭，但不强制学校只招收有这些文凭的教师。

目前，中学等学校教师培训没有具体规定，但北爱尔兰的教育部门和更高级的教育机构之间存在一种共识，应该为研究生或本科生期间接受培训的教师制定一套更详细的培训模式。可见，用在职培训来提高使用爱尔兰语进行教学的教师的能力是可行的，教育和图书董事会因此特地设立了一个使用爱尔兰语的委员会来负责这项工作。

9.5 持续的教学改革

英格兰当局提出未来三年的政府议题，主要针对双语语言的学习和在这些学校部门如何投资双语教育等问题。内容和语言的融合性工程（CLIP）的研究成果将应用到整体的双语教学策略中，但目前还未接到任何关于学校需引进双语学习的动议。小学越来越强强调语言学习，政府打算让所有 7～11 岁的儿童到 2010 年都能有机会学习一门语言。一个在伦敦西南部的小学打算和说法语的孩子所在的学校合作开设双语课程，从 2006 年 9 月起，加入该课程的学生将同时用英语和法语进行学习。在将刺激许多学校开设双语课程，掀起双语学习潮流。在中学，政府提出，到 2010 年，专业语言学院增加到 400 个，所有中学都能在一个或者更多的课程上成为专业学校。

2003 年，威尔士联合政府发布了使用威尔士语的国民行动计划，这个计划为促进威尔士语的使用提出一系列措施。计划的整体目标是到 2011 年使威尔士的双语者增加 5%。众所周知：教育在增进双语者的数量上扮演重要角色。这个计划包括要求早期教育（学前教育）中使用威尔士语，保证在所有的水平的教育中配置足够的能使用威尔士语进行教学的教师。在中小学教育中，威尔士联合政府也积极采取措施：进一步研究语言学习的规律，特别是从小学到中学转变的这个时期，因为威尔士语地位（是第一语言还是第二语言）就在这个过程中确立；开设小规模的培训，让小学教育末期的学生集中学习威尔士语，以适应从使用英语教学的学校转到用威尔士语教学学校，或者让他们能用威尔士语学习更多的科目。

近几年，用爱尔兰语进行教学的部门明显增多，爱尔兰语教育理事会优先关注这些部门，主要关心提高学前教育水平和小学教育水平，以保证中学的教学质量。爱尔兰语理事会根据最近几年对中学以上水平教育的研究起草了一项计划，指导北爱尔兰地区中学教育的变革。2005—2008年，教育合作计划将面临两个挑战：发展支持使用爱尔兰语进行教学的中学以上的教育部门；保证使用爱尔兰语进行教学的教育有助于爱尔兰语的保护和推广。

参考文献

http://www.dfes.gov.uk/languages
http://www.dfes.gov.uk/languages/uploads/Languages%20Booklet.pdf
http://www.dfes.gov.uk/languages/uploads/6page_leaflet.pdf
http://www.cilt.org.uk/clip/index.htm
http://www.specialistschools.org.uk
http://www.nottingham.ac.uk/education/courses/ma-diploma/teachingconten
http://www.wales.gov.uk/keypubstatisticsforwales/content/publication/schoolsteach/2004/sb16-2004/sb16-2004r.pdf
http://www.wales.gov.uk/subiculture/content/iaith-pawb-e.pdf
http://www.comhairle.org
http://www.comhairle.org/downloads/strategic_report.pdf

http://www.comhairle.org/downloads/strategic_report.pdf

Department of education (2002). Developing Linguistic Accuracy in Irishmedium Primary Schools. Research Briefing 7/2002. Bangor: DE.

第十章 CLIL 在中国高校的实践研究报告

10.1 双语教学的定义

双语教学即在学校里使用第二语言或外语进行各门学科的教学,换言之,通过教学,经过若干阶段的训练,使学生的外语或第二语言能代替母语或接近母语水平。比如,某个西藏同胞既可以在家里用藏语和家人交谈,也可以用汉语在单位与同事交流。

由此可见,双语教学指用两种语言作为教学媒介语,通过学习学科知识(如化学、数学、计算机)来掌握第二语言。在我国,双语教学指,除汉语外,用一门外语作为课堂主要用语进行学科教学,目前绝大部分是用英语. 它要求教师用正确流利的英语讲解知识的,但又不绝对地排除汉语,避免由于语言滞后造成学生的思维障碍;教师还应利用非语言行为,直观、形象地提示和帮助学生理解教学内容,以降低学生在英语理解上的难度。

10.2 课堂内容评价的定义

国内学者对课堂教学评价的理解主要有两种：第一种认为课堂教学评价是对教师与学生在课堂教学中进行的教与学活动进行价值判断，第二种认为课堂教学评价是不断发现价值、判断价值和提高价值的过程（潘娟，2004）。课堂教学评价的主体是任课教师，而课堂内容评价的主体是学生。所以，课堂内容评价是从学生的角度对双语教育的教与学进行价值判断。

10.3 有关教学风格的研究

教学风格，指教师经过长期教学实践，在符合教学目的和教学规范的前提下，充分调动自己教学能力，创造条件，统筹协调教学诸因素和全过程，使教学呈现浓郁的个人特色和艺术特征。教学风格有四个方面：有美学倾向的独特性；有师表风范的规律性；有目标指向的多样化；有动态活力的稳定性。教学风格是教师为优化教学，在认知活动外化的过程中进行的个性化努力。因而，教师拥有某种学习认知风格，在教学中就习惯于用相应的方法、策略来传授知识和组织教学。不同学习认知风格的教师都可以在自己的学科领域做出成果，但其教学风格并不一定能使大多数学生接受或有效地培养他们的能力。

Henso 和 Borthwick（1984）将教师的教学方式分为六类：任务指向型（任务事先计划并配有适宜的材料）、合作计划型（教学行动由教师和学生共同计划）、儿童中心型（学生从教师提供的任务中选择符合兴趣的任务）、参与中心型（根据学生的参与程度组织教学内容）、学习中心型（教师同时考虑学生和学科内容）和情感兴奋型（在教学中尽量调动学生的情绪）。Enz、Freeman 和 Stamm（1995）将教师的教学风格分为三种：客观型（注重把知识传授给学生)、建构型(注重让学生自己建构知识)和折衷型(介乎两者之间)。

Sternberg对风格进行了多年的研究,提出富有创意的认知风格——心理自我控制理论(1988,1990,1994a,1994b,1997),根据这一理论,Grigorenko和Sternberg将教师的教学风格从认知风格这一维度加以划分,分为七种:立法型(具有这种风格的教师喜欢创造和提出规则,依照自己的方式教学,喜欢并鼓励学生创造性地解决问题)、执行型(具有这种风格的教师喜欢按照既定的规则、程序解决问题,喜欢按事先计划好的活动进行教学)、评判型(具有这种风格的教师喜欢判断和评价事实、程序和规则,喜欢在教学活动中进行分析或评价任务)、整体型(具有这种风格的教师喜欢面对全局性、抽象性的问题,偏好总体性、概念性、观念性的教学任务)、局部型(具有这种风格的教师喜欢细节性、具体性的教学任务,完成工作时能够深思熟虑)、激进型(具有这种风格的教师喜欢超越现有的规则和程序,不喜欢一成不变的教学任务)和保守型(具有这种风格的教师喜欢熟悉的教学任务、教学情境,喜欢遵从传统的教学方式)。他提供了一套在教学情境中测量教学风格的工具。

研究发现,在Grigorenko和Sternberg提出的七种教学风格中,执行型、局部型和保守型是相对简单、效率低和不受欢迎的教学风格,而立法型、评判型、激进型是相对复杂、有创造性、效率更高的教学风格(Zhang,2000c; Zhang & Sternberg,2001)。Sternberg和Grigorenko(1997)指出研究风格的一个重要动因是能从风格预测业绩。多项研究表明,教师的教学风格会影响学生的学习适应(包括学习成绩、学习态度、师生关系等方面),同时具有多种教学风格并能加以灵活运用的教师,教学效果比教学风格单一、缺乏灵活性的教师的教学效果明显要好(Joyce & Hodges,1966; Yeatts & Strag,1971)。

个性化教学对教师的教学风格提出挑战。教学风格来源于教师的学习认知风格,倘若教师具有较单一、极端的学习认知风格,而其教学又固着于这一个性，那么，学生要经过较长一段时间来改变自己的学习方式和习惯以适应教师的教学风格，即便如此转变，其学科能力的也不一定能得到发展，教学目标就很难实现。因而，教师应使教学风格多样化，甚至改变学习认知风格，追求具有个性魅力与和谐发展的教学风格，以利于培养学生全面的素质。教师不妨从以下两方面来考虑：（1）丰富学习认知风格，形成综合的学习认知风格，避免单一、极端的学习认知风格影响教学风格。（2）控制教学风格，行程多样化的教学风格，以满足个别化教学的需要。

近年来，随着素质教育的推进，教师的教学风格日益为人们所重视，更不用说在双语教学环境下的教学风格。然而，国内对于教师教学风格的研究还较少。当前我国教师的教学风格有何特点，不同教龄的教师在教学风格方面是否存在差异，文科和理科教师的教学风格是否存在不同？针对这些问题的研究具有很强的现实意义和实践价值。

10.4 有关教师效能感和职业道德的研究

教师效能感指教师对自己能够在多大程度上影响学生完成学业任务的信念，或指教师对自己影响学生学习能力的信念。显然，教师的教学效能感水平将直接影响他们在教学活动中的进取精神和对学生的影响。为了提高教学质量和水平，教师要有较高的教学效能感。

班杜拉的自我效能理论认为，人们的行为同时受到结果预期和效能预期的影响。其中结果预期是个体对自己某种行为可能导致的结果的推测；效能预期是个体对自己实施某种行为能力的判断，即自我效能感。班杜拉认为，自我效能感比控制源更能预测行为的发生，自我效能在控制和调节个体的行为方面有不可估量的价值，尤其能决定个体面对困难时的态度。

提勘恩·莫尔等提出教师效能感形成及作用模式（图10.1）。首先，影响

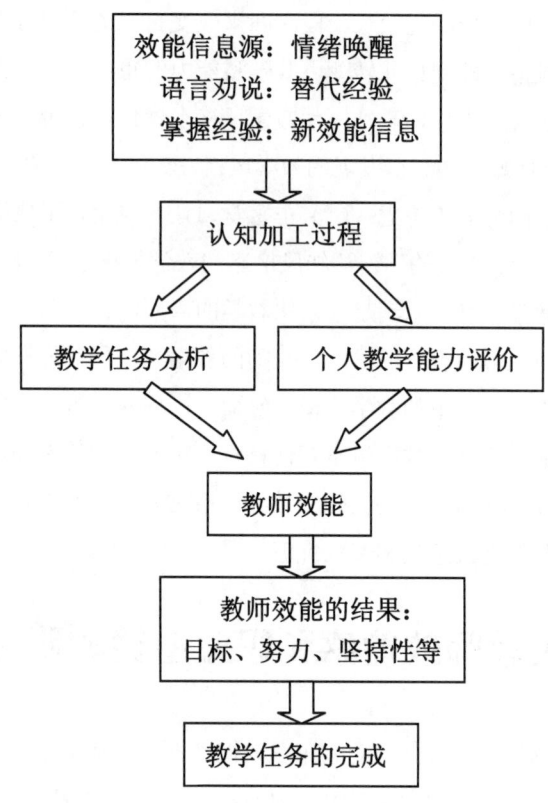

图10.1 教师效能形成及其作用模式

教师效能形成与发展的主要因素是教师对班杜拉效能感四个信息源的归因分析和解释。教师效能感以具体的教学背景为前提，为了进行效能感判断，要分析具体的教学任务和背景，针对教学任务的要求评价自己的教学能力，这两个成分的相互作用导致了对预期教学任务的效能感判断，进而影响教学目标的设置、教学的程序和坚持性，由此导致的教学行为又成为新的信息源。

所谓职业道德，就是同人们的职业活动紧密联系的符合职业要求的道德准则、道德情操与道德品质的总和，它既是对本职人员在职业活动中行为的要求，又是职业对社会所负的道德责任与义务。职业道德既能使一定的社会或阶级的道德原则和规范的"职业化"，又使个人道德品质"成熟化"。

10.5 问题提出

10.5.1 研究目的

本研究源自福州大学的双语教学，调查大学生对课堂教学内容的评价，探讨教师教学风格、教师自我效能感和职业道德与学生评价的关系，以促进高校改善双语教学。

10.5.2 研究内容

对福州大学部分开设双语教学专业的学生与任课教师发放一系列问卷，了解学生对课堂内容的评价、教师教学风格、教师教学效能感和职业道德等具体情况，分析并探讨学生对课堂内容的评价与教师教学风格、教师教学效能感和职业道德等的关系，将理工科学生、课堂内容评价和教师风格进行匹配，讨论如何缩小它们之间的差异，进一步讨论如何在高校中进行双语教学。

10.5.3 研究意义

本研究关注双语教学中学生对课堂内容的评价与教师教学风格的关系，探讨如何在高校中开展双语教学，以促进学生的学习，主要有以下几点意义：
（1）促进对双语教学内在规律的探讨，提高双语教学水平。
（2）促进教师树立正确的教学观念，形成正确的教学行为。

(3) 促进学生更好地发展。
(4) 开创了国内关于课堂教学内容与教师教学风格的相关理论研究。
(5) 为当前的双语教学提供支持。

10.6 研究方法

10.6.1 研究对象

研究选取福州大学开设的双语教学课程中的几个专业的学生和任课老师以及福州大学外国语学院教授英语的老师。其中，双语教学任课老师14名，其中有3位教师曾经到国外求学。大学英语老师44名，有4位曾经到国外求学，学生770位。

10.6.2 研究工具

1. 访谈法

在自愿的原则上，采用自制的访谈表，从每个课堂上抽取两名学生进行追踪访谈，了解他们对课堂、对老师、对自己的真实想法，收集与研究有关的信息。访谈分为三次，分别在学期初期、中期、末期进行。

2. 问卷调查法

本研究采用了课堂教学内容调查表、教师教学策略问卷表、教师效能感问卷、课堂表现表（教师版）：有包括老师对学生的评价以及学生自我评价、英语学习风格量表。

10.7 结果与分析

10.7.1 学生数据基本处理

双语教学中大学生对课堂内容的评价、学生学习风格以及课堂表现中大学生的自我评价、对教师的评价的性别差异：对男女大学生课堂内容评价、学习分格、学生课堂表现的得分差异分别进行独立样本T检验，结果见表10.1、表10.2和表10.3。

表10.1 双语教学中大学生对课堂内容评价的性别差异

维度	男（n=459）		女（n=302）		t	P
	M	SD	M	SD		
文化	12.92	3.45	12.95	2.80	-0.107	0.915
环境	9.79	2.58	9.63	2.25	0.901	0.368
语言	13.45	3.56	13.14	2.95	1.251	0.211
内容	10.92	2.09	11.01	1.88	-0.660	0.510
学习	10.01	2.46	9.83	2.22	1.037	0.300
总分	57.09	11.16	56.56	9.26	0.686	0.493

注　* $P<0.05$，** $P<0.01$，下同。

经t检验，参加双语教学的大学生对课堂内容评价的总分上方面，男女大学生不存在显著差异，且在文化、环境、语言、内容和学习等下属维度上均无显著差异（表10.1）。

表 10.2 双语教学中大学生学习风格的性别差异

维度	男（n=457）		女（n=302）		t	P
	M	SD	M	SD		
视觉型	35.11	5.34	34.32	3.94	2.185	0.029*
动手型	35.36	5.80	34.81	4.33	1.408	0.160
听觉型	35.21	6.01	34.90	4.81	0.734	0.463
小组型	33.72	6.55	31.79	6.15	4.065	0.000**
体验型	33.72	6.55	31.80	6.15	4.065	0.000**
个人型	67.44	13.11	63.59	12.29	4.065	0.000**
总　分	240.53	37.11	231.28	30.30	3.608	0.000**

经 t 检验，参加双语教学的大学生学习风格的总分上，P=0.000<0.01，男女大学生存在显著差异，且男大学生在学习风格上的得分高于女大学生。在视觉型、小组型、体验型和个人型这四个下属维度上，大学生学习风格存在显著的性别差异，且男大学生的学习风格得分均高于女大学生。另外，在动手型和听觉型这两个下属维度上，男女大学生学习风格不存在显著差异（表10.2）。

表 10.3 大学生自我评价、对教师评价的性别差异

维度	男（n=457）		女（n=302）		t	P
	M	SD	M	SD		
上课注意力	9.32	2.27	8.87	1.95	2.792	0.005**
上课互动性	11.35	3.08	10.49	3.31	3.647	0.000**
上课满足感	9.37	2.36	9.39	2.06	-0.131	0.896
学生自我评价	30.05	5.78	28.76	5.15	3.140	0.002**
课程设置	11.45	2.34	10.93	1.89	3.197	0.001**
上课互动	11.33	2.42	10.79	2.10	3.135	0.002**
教师的双语能力	15.53	3.03	14.95	2.80	2.680	0.008**
对教师的评价	38.33	7.25	36.68	5.90	3.291	0.001**

经 t 检验，在双语教学中课堂表现中大学生自我评价总分上方面，P=0.002<0.01，男女大学生存在显著差异，且男大学生在自我评价上的得分高于女大学生。同时在上课注意力这一下属维度上，男女大学生存在显著差异，且男大学生在自我评价上的得分高于女大学生；在上课互动性这一下属

维度上，男女大学生存在显著差异，且女大学生在自我评价上的得分高于男大学生。另外，在上课满足感这一下属维度上，大学生自我评价不存在显著差异（表10.3）。

在双语教学中课堂表现中大学生对教师评价总分上方面，P=0.001<0.01，男女大学生存在显著差异，且男大学生在自我评价上的得分高于女大学生。在课程设置、上课互动和教师的双语能力这三个下属维度上，男女大学生存在显著差异，且男大学生在对教师评价上的得分均高于女大学生（表10.3）。

教学中学生对课堂内容的评价、学生学习风格以及课堂表现中大学生自我评价、对教师的评价的理工科差异：

对理工科大学生课堂内容评价、学习分格、学生课堂表现的得分差异分别进行独立样本T检验，结果见表10.4和表10.5。

表10.4 双语教学中大学生对课堂内容评价的理工科差异

维度	理科(n=347)		工科(n=420)		t	P
	M	SD	M	SD		
文化	12.95	3.12	12.89	3.25	0.223	0.823
环境	9.58	2.40	9.81	2.51	-1.337	0.182
语言	13.14	2.98	13.45	3.61	-1.302	0.193
内容	10.85	1.91	11.03	2.08	-1.229	0.219
学习	9.63	2.41	10.21	2.31	-3.404	0.001**
总分	56.14	10.04	57.40	10.76	1.668	0.096

经t检验，在双语教学中大学生对课堂内容评价的总分上方面，理工科大学生不存在显著差异，且在文化、环境、语言、内容和学习等下属维度上均无显著差异（表10.4）。

表10.5 双语教学中大学生学习风格的理工科差异

维度	理科(n=347)		工科(n=420)		t	P
	M	SD	M	SD		
视觉型	34.10	4.57	35.32	4.99	-3.494	0.001**
动手型	34.27	5.13	35.80	5.26	-4.061	0.000**

听觉型	34.07	5.50	35.88	5.48	-4.528	0.000**
小组型	31.65	6.61	33.88	6.28	-4.781	0.000**
体验型	31.65	6.61	33.88	6.28	-4.781	0.000**
个人型	63.31	13.22	67.76	13.22	-4.781	0.000**
总分	229.06	33.52	242.56	35.17	-5.405	0.000**

经t检验，在双语教学中大学生学习风格的总分上方面，P=0.000<0.01，理工科大学生存在显著差异，且工科大学生在学习风格上的得分高于理科大学生。在视觉型、动手型、小组型、体验型和个人型这五个下属维度上，大学生学习风格存在显著的性别差异，且工科大学生的学习风格得分均高于理科大学生（表10.5）。

表10.6 课堂表现中大学生的自我评价及对教师评价的性别差异

维度	理科(n=347)		工科(n=420)		t	P
	M	SD	M	SD		
上课注意力	8.56	1.48	9.60	2.49	-6.817	0.000**
上课互动性	10.59	3.42	11.32	2.96	-3.166	0.002**
上课满足感	9.36	2.18	9.38	2.30	-0.092	0.926
学生自我评价	28.51	5.10	30.32	5.81	-4.518	0.000**
课程设置	10.70	2.16	11.67	2.12	-6.269	0.000**
上课互动	10.80	2.26	11.38	2.32	-3.493	0.001**
教师双语能力	14.63	3.01	15.82	2.81	-5.643	0.000*
对教师的评价	36.12	6.70	36.68	5.90	-5.697	0.000**

经t检验，在双语教学中课堂表现中大学生自我评价总分上方面，P=0.002<0.01，理工科大学生存在显著差异，且工科大学生在自我评价上的得分高于理科大学生。在上课注意力和上课互动性这两个下属维度上，理工科大学生存在显著差异，且工科大学生在自我评价上的得分均高于理科大学生；另外，在上课满足感这一下属维度上，理工科大学生自我评价不存在显著差异（表10.6）。

而在双语教学中课堂表现中大学生对教师评价总分上方面，P=0.001<0.01，理工科大学生存在显著差异，且工科大学生在自我评价上的

得分高于理科大学生。在课程设置、上课互动和教师的双语能力这三个下属维度上，理工科大学生对教师评价均存在显著差异，且工科大学生在对教师评价上的得分均高于理科大学生（表10.6）。

10.7.2 年级差异分析

对不同年级的大学生对课堂内容评价、学生学习风格以及课堂表现中学生的自我评价、教师评价的得分差异分别进行单因素方差分析，结果见表10.7、表10.8和表10.9。

在课程评价上，双语教学中不同年级的大学生存在显著差异，$p<0.01$。经多重比较发现，大二与大三存在极显著差异，$p<0.01$；大三与大四存在显著差异，$p<0.01$。从平均数差异可以看出，大四得分最高，而大三得分最低。

在文化这个下属维度上，大学生对课堂内容的评价存在极显著的差异。经多重比较发现，大二与大三存在极显著差异，$p<0.01$；大二与大四存在显著差异，$p<0.01$；大三与大四存在显著差异，$p<0.01$。从平均数差异可以看出，大二得分最高，而大三得分最低。

在环境这个下属维度上，大学生对课堂内容的评价有极显著的差异，$P<0.01$。多重比较发现，大二与大三有显著差异，$p<0.05$；大二与大四有显著差异，$p<0.01$。从平均数差异可以看出，大四得分最高，大二得分最低。

在语言这个下属维度上，大学生对课堂内容的评价有极显著的差异，$P<0.01$。多重比较发现，大二与大三有显著差异，$p<0.01$；大三与大四有显著差异，$p<0.01$。从平均数差异可以看出，大四得分最高，大三得分最低。

在内容这个下属维度上，大学生对课堂内容的评价有极显著的差异，$P<0.01$。多重比较发现，大二与大四有显著差异，$p<0.05$；大三与大四有显著差异，$p<0.01$。从平均数差异可以看出，大四得分最高，大三得分最低。

在学习这个下属维度上,大学生对课堂内容的评价有显著的差异,P<0.05。多重比较发现,大二与大三有显著差异,p=0.05;大三与大四有显著差异,p<0.05。从平均数差异可以看出,大二得分最高,大三得分最低。

表 10.7 双语教学中不同年级的大学生对课堂内容评价的差异

	大二	大三	大四	F	p
N	112	374	284		
文化	14.15±2.86	12.32±3.07	13.21±3.30	16.704	0.000**
环境	9.05±2.34	9.66±2.47	10.03±2.47	6.542	0.002**
语言	13.98±2.79	12.60±3.54	13.99±3.07	17.105	0.000**
内容	10.79±1.92	10.76±2.03	11.25±1.98	5.488	0.004**
学习	10.20±2.38	9.71±2.42	10.15±2.28	3.720	0.025*
课程评价	58.18±9.33	55.05±10.29	58.64±10.73	10.865	0.000**

表 10.8 双语教学中不同年级的大学生学习风格的差异

	大二	大三	大四	F	p
N	112	374	284		
视觉型	35.04±4.51	34.31±4.96	35.24±4.78	3.188	0.042*
动手型	34.54±5.00	34.70±5.19	35.88±5.36	4.903	0.008**
听觉型	33.84±5.71	34.65±5.42	36.08±5.53	8.685	0.000**
小组型	31.80±7.62	32.34±6.41	34.01±6.05	7.146	0.001**
体验型	31.80±7.62	32.34±6.41	34.01±6.05	7.146	0.001**
个人型	36.09±5.98	34.93±6.26	34.74±5.86	2.084	0.125
学习风格	230.63±38.21	233.02±33.87	243.24±34.34	8.824	0.000**

在学习风格上,双语教学中不同年级的大学生存在极显著差异,p<0.01。经多重比较发现,大二与大四存在极显著差异,p<0.01;大三与大四存在显著差异,p<0.01。从平均数差异可以看出,大四得分最高,而大二得分最低。

在视觉型这个下属维度上,大学生学习风格存在显著的差异,p<0.05。经多重比较发现,大三与大四存在显著差异,p<0.05。从平均数差异可以看出,大四得分最高,而大三得分最低。

在动手型这个下属维度上,大学生学习风格存在极显著的差异,P<0.01。

多重比较发现，大二与大四存在显著差异，p<0.05；大三与大四存在显著差异，p<0.01。从平均数差异可以看出，大四得分最高，大二得分最低。

在听觉型这个下属维度上，大学生学习风格存在极显著的差异，P<0.01。多重比较发现，大二与大四存在显著差异，p<0.01；大三与大四存在显著差异，p<0.01。从平均数差异可以看出，大四得分最高，大二得分最低。

在小组型这个下属维度上，大学生学习风格存在极显著的差异，P<0.01。多重比较发现，大二与大四存在显著差异，p<0.05；大三与大四存在显著差异，p<0.01。从平均数差异可以看出，大四得分最高，大三得分最低。

在个人型这个下属维度上，大学生的学习风格不存在显著的差异。

表 10.9 双语教学中不同年级的大学生学习风格的差异

	大二	大三	大四	F	p
N	112	374	284		
上课注意力	8.63±1.40	9.07±2.07	9.40±2.46	5.475	0.004**
上课互动性	10.96±3.17	10.54±2.90	11.59±3.48	8.806	0.000**
上课满足感	9.96±2.01	8.91±2.24	9.74±2.25	16.342	0.000**
学生自我评价	29.55±4.80	28.53±5.40	30.73±5.84	12.889	0.000**
课程设置	11.25±2.09	10.86±2.19	11.71±2.14	12.466	0.000**
上课互动	11.67±2.30	10.72±2.21	11.42±2.36	11.408	0.000**
教师的双语能力	15.71±2.66	14.64±2.92	15.96±2.95	18.247	0.000**
对教师的评价	38.63±6.50	36.23±6.62	39.08±6.79	16.225	0.000**

在课堂表现评价总分上，双语教学中不同年级的大学生存在极显著差异，p<0.001。

在学生自我评价和对教师的评价这两个分维度总分上，不同年级的学生也存在极显著性差异，p<0.001。大四学生对自我以及对教师的评价都最高。

在上课注意力、上课互动性、上课满足感、教师的课程设置、上课互动情况以及教师的双语能力评价上，不同年级都存在显著性差异，且在各维度上，都是大四学生的评价得分最高，其次是大二，最后是大三。

10.7.3 教师数据基本处理

1. 性别差异分析

对男女教师的教学策略、教师效能感以及课堂表现中的自我评价、对学生的评价的得分差异分别进行独立样本 T 检验，结果见表 10.10、表 10.11 和表 10.12。

经 t 检验，在双语教学中教师教学策略的总分上方面，男女教师不存在显著差异，且在 A、B 和 C 等下属维度上均无显著差异（表 10.10）。

表 10.10 教师教学策略的性别差异

维度	男（n=9）		女（n=5）		t	P
	M	SD	M	SD		
A	79.67	9.51	84.20	14.20	-0.720	0.486
B	68.89	3.30	72.40	3.58	-1.856	0.088
C	56.33	8.06	60.80	11.43	-0.859	0.407
教师风格	204.89	19.16	217.40	27.98	-0.997	0.338

经 t 检验，在双语教学中教师效能感的总分上方面，男女教师不存在显著差异，且在一般教学、个人教学、情感承诺、继承承诺和规范承诺等下属维度上均无显著差异（表 10.11）。

经 t 检验，在双语教学中课堂表现中教师自我评价总分上方面，男女教师不存在显著差异。且在对课程态度、上课互动和双语能力等下属维度上，男女教师自我评价无显著差异（表 10.12）。

而在双语教学中课堂表现中教师对学生评价总分上方面，男女教师不存在显著差异。且在上课注意力、上课互动性和上课满足感这三个下属维度上，男女大教师对学生评价不存在显著差异（表 10.12）。

表 10.11 教师效能感的性别差异

维度	男（n=9）		女（n=5）		T	P
	M	SD	M	SD		
一般教学	11.33	3.91	14.60	5.27	-1.329	0.209
个人教学	16.44	1.33	16.60	2.07	-0.172	0.866
情感承诺	21.56	3.09	22.80	2.17	-0.793	0.443
继承承诺	19.78	5.78	18.00	4.47	0.592	0.565
规范承诺	30.67	2.29	30.40	3.51	0.173	0.865
教师效能感	99.78	11.41	102.40	13.43	-0.388	0.705

表 10.12 课堂表现中教师自我评价、对学生的评价的性别差异

维度	男（n=457）		女（n=302）		t	P
	M	SD	M	SD		
对课程的态度	16.67	2.69	19.00	3.81	-1.345	0.203
上课互动	10.22	2.05	11.20	3.03	-0.724	0.483
双语能力	5.44	1.59	6.40	3.21	-0.757	0.464
自我评价	32.33	4.74	36.60	10.01	-1.099	0.293
上课注意力	16.00	2.50	19.60	4.45	-1.967	0.073
上课互动性	11.89	3.06	15.60	3.78	-2.005	0.068*
上课满足感	5.56	1.01	6.60	3.13	-0.942	0.365
对学生的评价	33.44	5.60	41.80	11.03	-1.911	0.080

2. 理工科差异

对理工科教师的教学策略、教师效能感以及课堂表现中的自我评价、对学生的评价的得分差异分别进行独立样本 T 检验，结果见表 10.13、表 10.14 和表 10.15。

经 t 检验，在双语教学中教师教学策略的总分上方面，理工科教师不存在显著差异，并且在 A、B 和 C 等下属维度上均不存在显著差异（表 10.13）。

表 10.13 理工科教师教学策略的差异

维度	理科（n=5）		工科（n=9）		t	P
	M	SD	M	SD		
A	85.80	11.43	78.78	10.70	1.150	0.273
B	71.60	4.34	69.33	3.28	1.109	0.289
C	62.80	9.93	55.22	8.12	1.550	0.147
教师风格	220.20	24.63	203.33	20.09	1.393	0.189

经 t 检验，在双语教学中教师效能感的总分上方面，男女教师不存在显著差异，且在一般教学、个人教学、情感承诺、继承承诺和规范承诺等下属维度上均无显著差异（表 10.14）。

表 10.14 理工科教师效能感的差异

维度	理科（n=5）		工科（n=9）		t	P
	M	SD	M	SD		
一般教学	14.60	4.51	11.33	4.36	1.329	0.209
个人教学	16.80	1.64	16.33	1.58	0.522	0.611
情感承诺	23.40	2.61	21.22	2.68	1.469	0.168
继承承诺	20.60	7.89	18.33	3.39	0.762	0.461
规范承诺	31.00	3.00	30.33	2.60	0.436	0.670
教师效能感	106.40	12.01	97.56	10.93	1.403	0.186

经 t 检验，在双语教学中课堂表现中教师自我评价总分上方面，理工科教师不存在显著差异。且在对课程态度、上课互动和双语能力等下属维度上，男女教师自我评价无显著差异（表 10.15）。

而在双语教学中课堂表现中教师对学生评价总分上方面，理工科教师不存在显著差异。且在上课注意力、上课互动性和上课满足感这三个下属维度上，男女大教师对学生评价无显著差异（表 10.15）。

表 10.15 课堂表现中理工科教师自我评价、对学生的评价的差异

维度	理科（n=5）		工科（n=9）		t	P
	M	SD	M	SD		
对课程的态度	18.00	3.94	17.22	2.95	0.421	0.681
上课互动	11.00	2.74	10.33	2.29	0.488	0.634
双语能力	6.40	2.19	5.44	2.29	0.757	0.464
自我评价	35.40	8.14	33.00	6.67	0.598	0.561
上课注意力	18.00	3.39	16.89	4.17	0.534	0.603
上课互动性	13.80	2.95	12.89	4.17	0.429	0.675
上课满足感	6.40	1.67	5.67	2.18	0.649	0.528
对学生的评价	38.20	7.66	35.44	9.37	0.559	0.586

3. 教师国外求学经历的影响

将有国外求学经历的教师与不具备国外求学经历的教师在教师的教学策略、教师效能感以及课堂表现中的自我评价、对学生的评价的得分差异分别进行独立样本 T 检验，结果见表 10.16、表 10.17 和表 10.18。

表 10.16 教师是否有国外求学经历在教学策略上的差异

维度	有国外求学(n=3)		无国外求学(n=10)		t	P
	M	SD	M	SD		
A	75.00	8.54	83.50	11.89	-1.137	0.280
B	67.67	1.15	71.00	4.06	-1.368	0.199
C	53.33	6.66	59.40	10.18	-1.368	0.359
教师风格	196.00	16.09	213.90	24.23	-1.184	0.261

经 t 检验，在双语教学中教师教学策略的总分上方面，教师是否有国外求学经历在教学策略上不存在显著差异，且在 A、B 和 C 等下属维度上均无显著差异（表 10.16）。

经 t 检验，在双语教学中教师效能感的总分上方面，教师是否有国外求学经历在教师效能感上无显著差异，且在一般教学、个人教学、情感承诺、继承承诺和规范承诺等下属维度上均无显著差异（表 10.17）。

表 10.17 教师是否有国外求学经历在教师效能感的差异

维度	有国外求学(n=3)		无国外求学(n=10)		t	P
	M	SD	M	SD		
一般教学	12.00	2.65	12.10	4.95	-0.033	0.974
个人教学	16.33	2.08	16.50	1.58	-0.150	0.883
情感承诺	20.67	2.08	22.20	3.01	-0.813	0.433
继承承诺	16.67	5.86	19.90	5.43	-0.892	0.392
规范承诺	29.00	3.00	31.20	2.57	-1.258	0.234
教师效能感	94.67	9.50	101.90	12.65	-0.905	0.385

表 10.18 教师国外求学经历对理工科教师自我评价、对学生的评价的差异

维度	有国外求学(n=3)		无国外求学(n=10)		*t*	*P*
	M	*SD*	*M*	*SD*		
对课程的态度	16.67	3.79	17.80	3.36	-0.500	0.627
上课互动	10.00	2.65	10.80	2.53	-0.476	0.643
双语能力	6.67	2.08	5.60	2.41	0.688	0.506
自我评价	33.33	8.39	34.20	7.41	-0.173	0.866
上课注意力	17.00	7.00	17.40	2.89	-0.154	0.880
上课互动性	13.00	6.56	13.10	3.11	-0.038	0.970
上课满足感	6.67	2.89	5.70	1.89	0.697	0.500
对学生的评价	36.67	16.26	36.20	6.91	0.076	0.941

经 t 检验，在双语教学中课堂表现中教师自我评价总分上方面，教师是否有国外求学经历在课堂表现中教师自我评价上无显著差异。且在对课程态度、上课互动和双语能力等下属维度上，教师是否有国外求学经历在教师自我评价无显著差异（表10.18）。

而在双语教学中课堂表现中教师对学生评价总分上方面，教师是否有国外求学经历在课堂表现中教师对学生评价上无显著差异。且在上课注意力、上课互动性和上课满足感这三个下属维度上，教师是否有国外求学经历在教师对学生评价无显著差异（表10.18）。

4. 教师不同年龄段的分析

表10.19 双语教学中不同年龄段的教师在教学策略上的差异

	30岁以下	30~40岁	41~50岁	50岁以上	F	p
N	1	5	7	1		
A	82.00	74.80±9.71	86.29±11.71	78.00	1.102	0.393
B	68.00	69.00±2.35	71.43±4.69	69.00	0.520	0.678
C	67.00	51.40±5.77	61.43±9.93	57.00	1.757	0.219
教师风格	217.00	195.20±14.97	219.14±25.54	204.00	1.219	0.353

经方差分析，发现：双语教学中不同年龄段的教师在教学策略上无显著差异。且在A、B和C这三个下属维度上无显著差异。

表10.20 双语教学中不同年龄段的教师在教师效能感上的差异

	30岁以下	30~40岁	41~50岁	50岁以上	F	p
N	1	5	7	1		
一般教学	10.00	12.40±1.95	12.14±5.98	18.00	0.543	0.664
个人教学	17.00	15.60±2.07	17.00±1.15	17.00	0.833	0.506
情感承诺	27.00	20.20±1.30	22.29±2.81	24.00	2.813	0.094
继续承诺	26.00	18.00±7.52	19.00±3.61	19.00	0.589	0.636
规范承诺	32.00	28.40±2.79	32.14±1.57	29.00	3.284	0.067
教师效能	112.00	94.60±13.37	102.71±11.72	107.00	0.895	0.477

双语教学中不同年龄段的教师在教学效能感上无显著差异，且在一般教学、个人教学、情感承诺、继承承诺和规范承诺五个下属维度上无显著差异。

双语教学中不同年龄段的教师在课堂表现中教师的自我评价总分上方面无显著差异，且在对课程态度、上课互动和双语能力等下属维度上也无显著差异（表10.20）。

而在双语教学中不同年龄段的教师在课堂表现中教师的对学生评价总分上方面不存在显著差异。同时在上课注意力、上课互动性和上课满足感这三个下属维度上也不存在显著差异（表10.21）。

表 10.21 不同年龄段的教师的影响

	30 岁以下	30～40 岁	41～50 岁	50 岁以上	F	p
N	1	5	7	1		
对课程的态度	18.00	15.40±2.07	19.00±3.61	17.00	1.341	0.316
上课互动	9.00	10.00±2.92	11.29±2.29	10.00	0.408	0.751
双语能力	6.00	4.00±1.58	7.14±2.04	5.00	2.821	0.093
自我评价	33.00	29.40±4.72	37.43±7.72	33.00	1.438	0.289
上课注意力	18.00	14.60±1.95	19.14±3.98	17.00	1.841	0.203
上课互动性	15.00	12.20±3.56	13.71±4.39	13.00	0.203	0.892
上课满足感	7.00	4.40±1.34	6.86±2.04	6.00	1.962	0.184
对学生的评价	38.00	31.20±5.72	39.71±10.11	38.00	0.973	0.443

10.7.5 理工科学生的匹配分析

1. 教学风格的因素分析

表 10.22 因素分析旋转后的整体解释变异数

因素	特征值	变异数	累计变异数
1	18.000	25.714%	25.714%
2	6.721	9.601%	35.315%
3	3.809	5.441%	40.756%

采用主成分分析和方差正交最大旋转方法,对教师风格问卷的 70 个项目进行因素分析,其中将所有项目划分成三个维度,解释总变异量的 40.756%。

分析旋转后因素矩阵可以看出,项目 8、19、20、21、29、32、35、43、47、52、55、60、68 在所有因素上的因素负荷小于 0.4,应删除。

表 10.23 因素分析旋转后因素矩阵

项目	Component（成分）		
	1	2	3
V1		0.451	
V2			0.511
V3	0.639		
V4		0.403	0.664
V5		0.523	
V6		0.516	
V7		0.447	
V8			
V9		0.421	
V10	0.407	0.505	
V11			0.656
V12			0.515
V13			0.653
V14	0.605		
V15			0.461
V16			0.517
V17	0.455		
V18	0.700		
V19			
V20			
V21			
V22	0.454		
V23		0.478	0.400
V24	0.677		
V25	0.479	0.524	0.444
V26			0.644
V27		0.459	
V28	0.461		0.453
V29			
V30		0.632	
V31		0.534	
V32			
V33	0.515		0.410
V34		−0.601	

V35			
V36			0.570
V37	0.753		
V38	0.452		0.580
V39		−0.594	
V40			0.529
V41	0.429		0.549
V42	0.509		
V43			
V44	0.643	0.432	
V45		0.544	
V46			0.703
V47			
V48	0.471	0.559	
V49	0.623	0.553	
V50		−0.505	
V51		−0.467	
V52			
V53			0.447
V54		−0.500	
V55			
V56	0.579		
V57	0.688		0.436
V58		−0.499	
V59	0.558		0.458
V60			
V61	0.733		
V62	0.572		0.405
V63			0.686
V64		−0.627	
V65	0.705		
V66	0.603		
V67	0.725		
V68			
V69		−0.695	
V70	0.598	0.480	

因素上都大于 0.4，考虑到问卷题目的有效性，这些项目归于各自负荷值最大的因素，如项目 4 在因素 3 上的负荷为 0.664 大于因素 2 上的负荷值，因此归为因素 3（表 10.22 和表 10.23）。

2. 不同教学策略下学生对课程内容评价的差异分析

在总分、环境、语言、内容维度上，不同教学风格下的学生有显著性差异。经事后检验发现，在课程内容评价总分上，考核评估型与管理策略型教学风格下的学生有极显著差异，$p<0.000$；管理策略型和讲授反省型教学风格下的学生也有极显著差异，$p<0.000$；考核评估型和讲授反省型教学风格下的学生不存在显著性差异（表 10.24）。

表 10.24 不同策略下学生对课程内容评价的差异分析

	考核评估型	管理策略型	讲授反省型	F	Sig.
N	169	32	569		
总分	57.81±10.52	49.47±7.69	56.95±10.42	8.897***	0.000
文化	13.28±3.27	12.00±2.50	12.86±3.20	2.498	0.083
环境	9.70±2.34	8.22±2.52	9.80±2.48	6.297**	0.002
语言	13.70±3.32	9.31±2.47	13.43±3.25	25.961***	0.000
内容	10.98±1.94	9.63±1.62	11.01±2.03	7.355***	0.001
学习	10.16±2.13	10.31±2.28	9.86±2.44	1.452	0.235

注　* $P<0.05$，** $P<0.01$，*** $P<0.001$，下同。

表 10.25 理工类学生在课程内容评价上的差异

维度	理科（n=347）		工科（n=423）		t	P
	M	SD	M	SD		
总分	56.14	10.04	57.40	10.76	-1.668	0.096
文化	12.95	3.12	12.89	3.25	-0.223	0.823
环境	9.58	2.40	9.82	2.51	-1.337	0.182
语言	13.14	2.98	13.46	3.61	-1.302	0.193
内容	10.85	1.91	11.03	2.08	-1.229	0.219
学习	9.63	2.41	10.21	2.31	-3.404	0.001

3. 理工类学生在课程内容评价、教学风格上的差异

经检验,理科类学生与工科类学生在课程内容评价总分上不存在显著性差异,同时在文化、环境、语言内容维度上也不存在显著的差异,但理工类学生在学习维度上存在极显著性差异,p=0.001,且工科类学生的均分大于理科类学生的均分,说明工科类学生在学习上的评价优于理科类学生(表10.25)。

4. 课程内容评价与教学分风格的匹配分析

以理工科与教学风格的匹配为自变量,以学生对课程内容评价为因变量进行 F 检验。结果见表10.25、表10.26。

在总分、环境、语言、内容维度上,教学风格和理工不同匹配组的学生之间都存在极显著性差异。表-表是有关各维度上方差分析的事后检验,从中可以看出五种匹配方式之间的具体差异。

由上表可知,理工科学生与教师风格的各匹配组在课堂内容评价上均存在显著性差异,下面通过事后检验考察各个匹配组之间的具体差异,如表10.26、表10.27、表10.28、表10.29、表10.30、表10.31。

表10.26 理工类学生在不同教学风格上的差异分析

	理-1	理-3	工-1	工-2	工-3	F
N	33	313	135	32	256	
总分	52.97±10.13	56.50±9.98	59.08±10.29	49.47±7.69	57.50±10.93	7.226***
文化	12.15±3.05	13.03±3.13	13.56±3.28	12.00±2.50	12.65±3.27	3.087*
环境	8.91±2.20	9.66±2.42	9.90±2.35	8.22±2.52	9.97±2.54	4.859***
语言	12.15±3.30	13.26±2.93	14.12±3.19	9.31±2.47	13.63±3.61	16.222***
内容	10.18±1.99	10.92±1.89	11.19±1.88	9.63±1.62	11.12±2.18	5.747***
学习	9.58±2.28	9.63±2.43	10.31±2.08	10.31±2.28	10.14±2.43	3.005*

注:理-1 代表理科生-考核评估型,理-3 代表理科生-讲授反省型,工-1 代表工科生-考核评估型,工-2 代表工科生-管理策略型、工-3 代表工科生-讲授反省型。

表 10.27 各个匹配组的总分

	A	B	C	D	E
A 平均差 I-J	——				
B	3.53	——			
C	6.11**	2.58*	——		
D	-3.50	-7.04***	-9.61***	——	
E	4.53*	0.99	-1.58	8.04***	——

双语教学中,学生对课程内容的评价总分上,工科—考核评估型（C）的均分最高,且与理科—考核评估型（A）、理科—讲授反省型（B）、工科—管理策略型（D）都存在极显著差异；工科—讲授反省型（E）的均分略低于C,与理科—考核评估型（A）、管理策略型（D）也存在极显著差异。

双语教学中,学生在文化维度的评价上,工科—考核评估型（C）的均分最高,且与理科—考核评估型（A）、工科—管理策略型（D）、工科—讲授反省型（E）都存在极显著差异；其他各匹配组之间均不存在显著性差异。

表 10.28 匹配组的文化维度

	A	B	C	D	E
A 平均差 I-J	——				
B	0.88	——			
C	1.41*	0.53	——		
D	-0.15	-1.03	-1.56*	——	
E	0.50	-0.38	-0.91**	0.65	——

双语教学中,学生在环境维度的评价上,工科—考核评估型（C）的均分最高,且与理科—考核评估型（A）、理科—讲授反省型（B）、工科—管理策略型（D）、工科—讲授反省型（E）四个匹配组上都存在极显著差异；理科—考核评估型（A）与工科—讲授反省型（E）也存在显著性差异,其余各匹配组之间均不存在显著性差异。

表 10.29 匹配组的环境维度

	A	B	C	D	E
A 平均差 I-J	——				
B	0.75	——			
C	0.99*	0.25	——		
D	-0.69	-1.43**	-1.69**	——	
E	1.06*	0.32	*0.07	1.75***	——

表 10.30 匹配组的语言维度

	A	B	C	D	E
A 平均差 I-J	——				
B	1.11	——			
C	1.98**	0.86*	——		
D	-2.84***	-3.95***	-4.81***	——	
E	1.47*	0.36	-0.49	4.31***	——

双语教学中，学生在语言维度的评价上，工科—考核评估型（C）的均分最高，且与理科—考核评估型（A）、理科—讲授反省型（B）、工科—管理策略型（D）三个匹配组上都存在极显著差异；工科—管理策略型（D）的均分最低，也与理科—考核评估型（A）、理科—讲授反省型（B）、工科—讲授反省型（E）也存在显著性差异；工科—讲授反省型（E）与理科—考核评估型（A）也存在显著性差异，其他个匹配组之间不存在显著性差异。

双语教学中，学生在内容维度的评价上，工科—考核评估型（C）的均分最高，且与理科—考核评估型（A）、理科—讲授反省型（B）、工科—管理策略型（D）、工科—讲授反省型（E）四个匹配组上都存在极显著差异；工科—管理策略型（D）的均分最低，也与理科—考核评估型（A）、理科—讲授反省型（B）、工科—讲授反省型（E）也存在显著性差异，其余各匹配组之间均不存在显著性差异。

表 10.31 匹配组的内容维度

	A	B	C	D	E
A 平均差 I-J	——				
B	0.74*	——			
C	1.00**	0.26	——		
D	-0.56	-1.30***	-1.56***	——	
E	0.94*	0.19	-0.07	1.49 ***	——

表 10.32 匹配组的学习维度

	A	B	C	D	E
A 平均差 I-J	——				
B	0.57	——			
C	0.74	0.68**	——		
D	0.74	0.68	0.001	——	
E	0.56	0.50*	-0.17	-0.18	——

双语教学中，学生在学习维度的评价上，理科—讲授反省型（B）和工科—考核评估型（C）、工科—讲授反省型（E）两个匹配组上都存在极显著差异，其余各匹配组之间均不存在显著性差异。

在总分、文化、环境、语言、内容学习维度上，不同年级的学生都存在显著性差异。经事后检验发现，在课程内容评价总分上，大二和大三学生之间存在极显著差异，p<0.01；大三和大四学生也存在极显著差异，p<0.000；而大二和大四学生之间不存在显著性差异（表10.33）。

表 10.33 不同年级的学生在课程内容评价上的差异分析

	大二	大三	大四	F	Sig.
N	112	374	284		
总分	58.18±9.33	55.05±10.29	58.64±10.73	10.865***	0.000
文化	14.15±2.86	12.32±3.07	13.21±3.30	16.704***	0.000
环境	9.05±2.34	9.66±2.47	10.03±2.46	6.542**	0.002
语言	13.98±2.79	12.60±3.54	13.99±3.07	17.105***	0.000
内容	10.79±1.92	10.76±2.03	11.26±1.98	5.488**	0.004
学习	10.21±2.38	9.71±2.42	10.15±2.28	3.720**	0.025

10.8 结果与讨论

10.8.1 大学生对课堂内容的评价存在差异

1. 双语教学中大学生对课堂内容评价在年级上存在着显著差异

笔者从总分、文化、环境、语言、内容、学习六个维度上分别分析，发现不同年级的学生在这六个维度上都存在显著性差异。其中大二与大三存在极显著的差异；大三与大四存在显著差异。而大四对课堂内容的评价最高，而大三评价最低。笔者认为大四即将毕业，可能更加珍惜在课堂上的时间，感觉更能从老师的授课中获取知识。从而导致了学生对整个课堂内容的评价在所有年级中是最高的。

2. 双语教学中大学生对课程内容评价存在显著差异

研究结果显示，不同教学风格下的学生在总分、环境、语言、内容维度上存在显著性差异。笔者将教师的教学策略分为讲授反省、考核评估型与管理策略型三种。在课程内容评价总分上，考核评估型与管理策略型的教学风格之间、管理策略型与讲授反省型之间都存在极显著差异；而考核评估型和讲授反省型之间不存在显著性差异。

3. 双语教学中理工科大学生对课堂内容的评价不存在差异

经检验，理科类学生与工科类学生在课程内容评价总分上不存在显著性差异，同时在文化、环境、语言内容维度上也不存在显著的差异，但理工类学生在学习维度上存在极显著性差异，且工科类学生的均分大于理科类学生的均分，说明工科类学生在学习上的评价优于理科类学生。

此外，双语教学中大学生对课堂内容的评价不存在性别上的差异。

10.8.2 大学生学习风格上存在着差异

1. 双语教学大学生学习风格上存在着性别差异

从双语教学中大学生学习风格的总分这个方面来看，男女大学生存在显著差异，且男大学生在学习风格上的得分高于女大学生。同时在视觉型、小组型、体验型和个人型这四个下属维度上，大学生学习风格存在显著的性别差异，且男大学生的学习风格得分均高于女大学生。另外，在动手型和听觉型这两个下属维度上，男女大学生学习风格不存在显著差异。

2. 双语教学中大学生学习风格在理工科存在着显著差异

在双语教学中大学生学习风格的总分上方面，理工科大学生存在显著差异，且工科大学生在学习风格上的得分高于理科大学生。同时在视觉型、动手型、小组型、体验型和个人型这五个下属维度上，工科大学生的学习风格得分均高于理科大学生。

10.8.3 大学生课堂表现的自我评价存在差异

1. 双语教学中大学生课堂表现的自我评价存在着性别差异

在双语教学中课堂表现中大学生自我评价总分上方面，男女大学生存在显著差异，且男大学生在自我评价上的得分高于女大学生。同时在上课注意力这一下属维度上，男大学生在自我评价上的得分高于女大学生；在上课互动性这一下属维度上，女大学生在自我评价上的得分高于男大学生。

2. 双语教学中大学生课堂表现的自我评价存在着理工科的差异

在双语教学中课堂表现中大学生自我评价总分上方面，理工科大学生存在显著差异，且工科大学生在自我评价上的得分高于理科大学生。说明工科大学生的自我满意度要高于理科大学生。笔者认为这可能是因为在教学课堂上，工科的学生比理科的学生更加注意听讲，理科的学生可能更加注重平时自己的复习。但是对于工科的学生来讲，只是平时的复习远远不能达到学习目的，这就促使工科的学生在课堂上更加认真听讲。这些都可能会导致学生对自己在课堂上的自我评价存在差异。

10.8.4 对教师的评价存在差异

1. 双语教学中课堂表现中大学生对教师评价存在着性别差异

在双语教学中课堂表现中大学生对教师评价总分上方面，男女大学生存在显著差异，且男大学生在自我评价上的得分高于女大学生。笔者认为存在这种现象的原因可能是因为在大学课堂中，大部分的女生会比男生比较认真听讲，更加注意课堂上老师的表现，自然而然对老师的评价会比较严格。

2. 双语教学中课堂表现中大学生对教师评价存在着理工科的差异

在双语教学中课堂表现中大学生对教师评价总分上方面，理工科大学生存在显著差异，且工科大学生在教师评价上的得分高于理科大学生。正如前面所提到的，工科学生在认真听讲的同时，对教师的整个评价会比理科学生更积极。

10.8.5 大学教师教学策略、教学效能感不存在显著差异

双语教学中教师教学策略和教学效能感，在性别上没有差异，也不存在理工科差异。"教师是否有国外求学经历"在教学策略和教学效能感上不存在显著差异。即"教师是否有国外求学经历"对教师的教学策略和教学效能感没有影响。

10.8.6 大学教师对学生的评价不存在显著差异

双语教学中大学教师对学生的评价在年龄、性别、理工科上不存在显著差异。同时，教师是否有国外求学经历在教师对学生评价上也不存在显著差异。笔者认为这可能是因为教师从小接受的中国传统的老师对学生的评价所影响。

Sternberg 等人认为一名高效能教师不仅具有相对复杂、有创造性、效率更高的教学风格，而且往往具有灵活、多样的教学风格，他们可以根据不同教学情境采用不同的风格。在实际教学中，教师使用多样灵活的教学风格有助于包容学生不同的学习风格，使每一类学生都有机会按照自己的风格来学习，发挥长处，让不同学习风格的学生都有所收益。同时 Sternberg 认为教师的教学风格不是一成不变，是可以加以培养的。正因为如此，学校应鼓励教师通过观摩教学、微格教学、教学反思等多种手段培养积极、灵活多样的教学风格。

10.8.7 理工类学生课堂内容评价与教师风格的匹配分析

在理工类学生、课程内容评价、教师风格的三个维度的匹配上，研究发现，总体上来看，工科—考核评估型的匹配组在课程内容评价上的得分最高，且与其他匹配组在总分以及各维度上存在显著性差异。笔者认为考核评估型的老师比较受欢迎，因为如果得到反馈，学生会知道自己存在的不足，会感到被重视，就会更积极地投入学习，对老师的评价也会变高。

工科的学生更喜欢考核评估型的老师，因为工科学生的学习是操作性的，对错标准比较严格，也更重要；理科（被试都就读管理学）比较偏文，答案比较宽泛。此外工科学生，相较于理科的学生会更加注重课堂内容评价。相比较而言，老师的反馈对工科学生更为重要。

管理策略型的匹配组在课堂内容评价上的得分，工科是最低的。这可能与被试的选取有关，分析数据，只有一个老师是管理策略型的，不具有代表性。所以得出这样的数据就存在许多不确定因素，如这个班同学对该老师的评价普遍比较低等，给研究结果带来很大的偏差。

另外，本研究选取的14个班级，其中10个为工科班级，仅四个为理科班级，虽然两者人数相差不大，但是因为同一个班级内，学生的同质性较高，对老师的评价就可能趋于一致，从而导致上述结果。

研究还发现，工科学生在课堂内容的五个维度：文化、环境、语言、内容、学习上，评价也是最高的。这可能与被试的学习背景有关，福州大学正处于双语教学的初期阶段，双语教学的条件不够成熟，许多老师在课堂上频繁使用中文，学生也不重视双语教学。此外，问卷的编制有问题，许多题目与研究目的、研究内容和被试的真实情况不符。

参考文献

Grigorenko EL., Sternberg, RJ. (1997). Styles of thinking, abilities, and academic performance. *Exceptional Children*, 63:295-312

俞国良，罗晓璐. (2000). 教师教学效能感及其相关因素研究[J]. 北京师范大学学报，(1)：72-78.

潘娟（2004）. 教师课堂教学评价标准重构. 硕士论文. 首都师范大学.

俞国良，罗晓璐. (2000). 教师教学效能感及其相关因素研究[J]. 北京师范大学学报，(1):72-78.

王振宏. (2001). 国外教师效能研究述评[J]. 心理学动态，(2):146-150.

Zhang LF. (1999). Further cross-cultural validation of the theory of mental self-government. *The Journal of Psychology*, 133(2):165-181.

Grigorenko EL., Sternberg RJ. (1993c). Thinking Styles in Teaching Inventory. *Unpublished test*.

Grigorenko EL., Sternberg, RJ. (1997). Styles of thinking, abilities, and academic performance. *Exceptional Children*, 63:295-312.

Henson KT, . Borthwick P. (1984). Matching styles: A historical look. *Theory into Practice*, 23(1):3-9.

Sternberg RJ., Grigorenko, EL. (1993). Thinking styles and the gifted.*Roeper Review*, 16(2):122-130.

Sternberg, RJ., Grigorenko, EL. (1995a). Styles of thinking in the school.*European Journal for High Ability*, 6:201-219.

第十一章 美国英语语言和写作教学课程指南

　　本章收集、翻译了美国英语语言和写作教学指南，旨在为国内的英语教学提供美国式的英语语言教学的样例。本章收集了三份美国高中英语语言和写作教学提纲和一份大学英语写作技巧教学大纲。三份高中教学提纲遵循阅读、写作和讨论的教学思路，提供了教学文本，布置了写作任务及指导写作策略。在写作任务方面，教师们都强调学写研究型论文，要求围绕论点对材料进行综合分析。Marshall 老师针对 20 世纪前随笔作家间的相互影响布置了一篇论证因果关系的文章；Brassil 老师布置的论文有关越战以及美的本质；D'Agostino 老师要求学生参考 6~8 份文本资料和两部电影后写一篇文章。这三位教师使用不种方法，对图像的分析、对电影的分析，使用写作文本教授，但他们都要求学生使用多种方式记录自己对于非小说文本的思考。他们试图教学生使用有机的系统的方式写作，而不是浮于形式；他们在教学中强调学生应该欣赏文本——对象、目标和角色——以完善和组织自己的文章。讨论时，Marshall 支持苏格拉底的产婆术，让学生提出问题并分享答案；Brassil 关注美的本质这样的美学问题或越战这样的政治与文化事件，要求学生分析材料中对这一事件的描述，了解摄影在生活中的地位；D'Agostino 的学生在校参与其他英语语言课程，讨论多种话题，她的学生可以和其他小组的学生和教师交流。

这三份高中课程提纲展示了组织课程的不同方式途径：Marshall 重视类型，强调技能和论证的类型；Brassil 也重视技能，但重心从精读和修辞领悟转向对视觉图像的论证与分析；D'Agostino 更强调小说的作用。

大学课程提纲来自爱荷华州 Wartburg 大学的 Judy Griffith，该课程提纲包含两门课程。课程 EN 111 针对那些需要额外训练核心写作技能的学生；EN 112 是大学必修的写作课程，Griffith 详细解释了两份课程提纲的要点。她在 EN111 中强调的常用的修辞——描述/例证、方法、因果、异同、分类以及定义——许多都在高中课程中出现过。她要求学生准备作品并参与讨论会，学生们也会针对布置的阅读准备回应日志。课程 EN112 重在强化课程 EN111 和高中英语课程中习得的技能，帮助高中阶段选修过英语语言与写作课程的学生胜任 EN112 课程。这门课程主要聚焦于论证，要求学生通过读书、上网或进行访谈，学会进行定义、评价、分析原因和提出建议。Griffith 对于个体复习和学生写作评估的指导，对于新教师特别有用。该提纲还展示了学生的作业，看看学生如何通过一个学期的学习而掌握英语语言和写作技能。

课程提纲样本 1

1. 学校概况

1.1 学校位置和环境

Mt.Ararat 高中是 Maine 州 75 学区唯一的高中，位于郊外，学生主要来自该州 Portland 东北部 30 英里的四个镇。Harpswell 是个沿海小镇，Bowdoin、

Bowdoinham 和 Topsham 则位于内陆,在国家第一公路的北部。这四个镇所在的地区面积占该州第二,从北到南横跨超过 60 英里。这里的居民从事各种职业,有商人、军人、学者、渔民、农民、蓝领和全职家庭主妇。在学校 15 英里以内,还有一个军事基地。当地的主要零售商是 L. L. Bean,还有一个 Bowdoin 学院。Mt. Ararat 有 1100 名学生,其父母的教育程度不一,大约 38% 的人未念完高中;28%的人念完高中;13%的人完成中等学校课程;20%的人获得大学学位或更高。这所高中创办于 1974 年,一贯禀持"开放式概念"。

1.2 教学班级的具体信息

年级:9—12;

类型:公立高中;

总生源数:大约 1100 名学生;

种族多样性:非白种人在全校人数中所占比例不超过 2%;

升学记录:65%的毕业生直接升入大学。

1.3 教师教学宗旨

上完 AP 英语语言与写作课程,学生们会发现语言很重要,了解语言发挥作用的过程。作为英语老师,我要求学生说出自己那些不同寻常的想法,还要求他们鼓励他们周围的人也这么做。我希望我的学生成为有文化的人,关心公众生活和私人生活的质量。AP 英语语言与写作课程重视非小说作品,要求学生以读者和作者的身份接触"真实生活"中的文章。通过阅读这些文章,学生要学会判断自己意见的价值及他人意见的价值。

帮助学生思考分析所遇见的说、写或广播的文章,帮助他们学会关注这些文章。接受细读和写作训练,学生可以成为明智的消费者和思想原创者。帮助他们学会深入分析论文、信件、讲演、图像和评论背后的信息,这不仅有助于他们在大学中获得成功,更有利于他们将来的生活。虽然只有少数学生会主修英语,但所有人都可以成为更好的阅读者、作者和思想者。让准备好的学生以及愿意接受入门级大学水平作业挑战的学生都能参与 AP 课程,这是我们开设这一课程的重要原因。

2. 课堂概况

在 Mt. Ararat 高中,AP 英语语言与写作是要上一学年,完成这门课程的学生可以获得一个学分。每年大概有 60 个新生会被分成三或四个班级来上这门课。每个班每上四次课,每次一个钟头。学校并未为这门课程提供固定的场所,但学生喜欢在学校的写作中心来讨论自己的作业。上这门课的学生留级的很少,学校会帮助所有学生顺利完成中等教育。9 年级的学生上学术英语 I,30%的 10 年级学生上高级英语 II(这是所有其他学生上的学术英语 II 的改编版),11 年级和 12 年级中约 20%的学生要修 AP 英语课程,11 年级的修 AP 英语语言与写作课程,12 年级的修 AP 英语文学与写作课程。AP 英语语言与写作与 AP 英语文学与写作是学术英语 III 和 IV 唯一可选的课程。每周三上午,科任教师都要碰面,讨论教学中遇见的问题,这样,三个科任教师每学年大约有 10 次机会碰面。

3. 课程概述

这是一门入门级的大学课程,选修这门课要阅读并分析许多有难度的非小说散文,以加深对于修辞以及语言的理解。该课程通过精读和经常写作帮助学生明确学习目标,制定学习策略,以提高分析语言和文本的能力,强化写作能力。上这门课,要阅读许多摘取自著名作者和经典作品的解释性、分析性、私人的及论证性的文章，选修的人要仔细浏览并分析这些论文、信件、演讲、图像，这些选篇来自莎士比亚等著名作者。学生经常在写作中心和班级中讨论作品，暑期也要进行阅读和写作。上这门课的学生要参加 AP 英语语言与写作测验，成绩好的可以跳级或者两者兼顾。

核心课程文章包括 The Craft of Revision； Everyday Use： Rhetoric at Work in Reading and Writing； Everything's an Argument： With Readings； Inventing the Truth； The Art and Craft of Memoir； The Norton Sampler： Short Essays for Composition； One Hundred Great Essays； Picturing Texts； and Subjects/Strategies： A Writer's Reader。

上完这门课的人的文字领悟能力应该得到有效提高，更能辨析作者的意图、读者的需求、主题的要求，更能辨析语言资源：句法、词汇选择和基调。5月上旬，学生将基本完成精读和目标写作。通过精读和持续分析许多非小说文本，掌握欣赏文本的关键技能，当他们能熟练运用这些技能的时候，他们的写作能力也将迅速提高。由于这门课程与大学课程相衔接，成绩要求比较高，工作量也相当可观，学生每周至少要在课外完成5小时的作业。通常，作业包含长期写作和阅读任务，这需要花费很多的时间。课程要求必须充分掌握传统写作的指令，培养阅读和探讨散文的能力。

4. 课程计划

第一阶段

时间：9月7日—11月5日。

内容：课程方向、精读介绍和修辞意识。

提示：这门课程以暑假作业的形式出现，要求学生阅读两篇回忆录并记下心得。带着目标，学生要阅读安妮•狄勒德的《美国童年》以及吉儿•凯尔•康威的 The Road from Coorain，品味其中的修辞——目标、对象和策略——细读的时候要结合阅读导读并分析写作目标和上下文关系。全班都要研读福克纳的诺贝尔获奖感言，体会其内涵和上下文关系。

主要作业#1：了解了福克纳对"作者职责"的精细阐述后，选择阅读两篇文章的片段，分别来自安妮•狄勒德的《美国童年》和吉儿•凯尔•康威的 The Road from Coorain，阅读时要讨论写作的目的，然后选择一个片段写一份论文，论证作者如何履行福克纳所谓的作者职责。有余力的人可以阅读作者的其他作品，狄勒德的 To Fashion a Text 或康威的 Points of Departure，这两篇文章都可以在另一个课本中找到。论文上交日期为9月21日。配套阅读安妮•狄勒德的 Living like Weasels 和弗吉尼亚•伍尔芙的《飞蛾之死及其它》时，注意修辞目标和语言。如果选择阅读尤多拉•韦尔蒂的私人随笔及一百篇著名文章中的随笔散文，包括埃尔文•布鲁克斯•怀特的《湖边散步》，安德鲁•杜伯斯的《光之夜》，雅麦佳•金凯德的 The Ugly Tourist 以及蒙田的 Of Smells 时，要强调精读和注释。帮助学生培养精读的习惯，比如写出描述性的概述，"表达/意义"分析、精读检查表、指定文本的注释影印版以及复式笔记。教会学生探讨考虑对象和上下文重要性时，结合文章或者图像。And My Hats Were Prettier 来自 Picturing Texts，文章结合图片，作者是 Nancy Carpenter。Donald Murray 的 The Stranger in the Photo Is Me 则来自1991年8月27日的 Boston Globe。

主要作业#2：阅读 Donald Murray 的 *The Stranger in the Photo Is Me*，写出一篇文章，选择一个人物照片（或一系列照片）作为发散点，综合图像和文字，整合细节、记忆、知觉和思想。论文的相关规定可以参考 *Picturing Texts* 的阅读部分，尤其是第三章 Making Lives Visible、第四章 Representing Others，该论文应该在10月7日上交。

第一阶段课程结束时，学生要完成课堂写作测验，选择的主题来自 AP

测验中那些突出个人文章的自由问答题,主要目的是训练精读,合理应用语言和修辞。

第二阶段

时间:11月8日—1月14日。

内容:考虑写作目标、加深对修辞策略和论证暗示的理解。

提示:在第二节中,学生会遇到许多文章,它们的主题大致相关,但目标和策略截然不同。学生阅读后要完成课后的作业题,分析两篇文章修辞的不同。这一小组的学生要读数篇文章,主题都与残疾相关,所有文章的作者由使用轮椅的残疾人。这组文章中包括 Nancy Mairs 的数篇文章;Matthew Soyster 在《简明新闻周刊》"My Turn"栏目中以 *Living Under Circe's Spell* 为名的文章;Harriet McBryde Johnson 的 *Unspeakable Conversations*,刊登在2003年2月16日的 New York Times 上;来自 The Norton Sampler 的短文 *Body Imperfect*,作者是 Debi Davis。

主要作业#3:让学生完成修辞分析作业,以下列为主题写一篇论文:"通过分析修辞,讨论 Nancy Mairs 的 *Disability* 和 Matthew Soyster 的 Living *Under Circe's Spell* 的不同之处。写作时,分析作者的语言资源。"论文应该于11月10日上交。完成上述文章后,让学生学习文献资料库中的英语语言写作技巧和相关的"AP 英语词汇"。总体上,课堂加深并改变了学生对修辞这一术语的了解,他们会开始思考该术语的诸多定义,包括 Erika Lindemann 在 *A Rhetoric for Writing Teachers*,Hephzibah Roskelly、David Jolliffe 在 *Everyday Use* 中提到的,将其应用到基于文字或图像的文章,包括演讲、信件和广告。这一时期,学生开始接触 Everything's an Argument。学生对上下文、对象和目标的理解加深后,会从多种角度展开论证。这时,他们会考虑 Picturing Texts 中那些极富煽动性的图片,这些图片可以表达一个特点的观点,而且可以紧扣一个问题来论证,比如,这些图片材料包括带着"世界冠军"图标的波士顿红袜队的帽子、馅饼的营养标签、出场签名、一个芭比娃娃、许多装饰品的广告以及由 Stephen King 赞助的写作竞赛邀请函等。学生在学会区分说服和论证的过程中，学生会关注专门的论证，找出基于价值观、性格或情感的论证。学生们通过这种方式来加深对词汇、图像、修辞、论证和说服的了解，把它们看作有机的整体。

主要作业#4：认识并理解了背景的修辞、感染力和论证后，让学生们阅读莎士比亚的《麦克白》。将学生分为小组，让他们深入了解分举剧目的关键幕次，让他们在分析关键剧目时运用学过的修辞知识。要求学生写文章分析麦克白和麦克白夫人在第一出第七幕的修辞，解释麦克白为什么被妻子说服，去谋杀邓肯国王，要求学生进行分析时要着重考虑下列因素：感染力的应用、细节的抉择和对象。这样一来，学生们就学会欣赏戏剧语言，论证批评文章对修辞和感染力的理解。完成作业后，让学生观看《麦克白》的罗曼·波兰斯基电影版，看看导演如何围绕戏剧语言和主题来安排视觉元素。该文章应该于 12 月 9 日上交。接着回到 *Picturing Texts* 和"图像论证"一章。该章上的一个广告是由英国圣公会赞助的，广告上的提示文字是："那么，是谁的生日？"然后呈现两幅相似但不同的图，一个是圣诞老人，另一个是耶稣。让学生分析这种并列及其他视觉手段的效果，学生们就可能会去查阅《广告克星》这份加拿大期刊上的相关文章，这促使学生分析商业产品和思想的销售过程。用于论证一个观点的照片，诸如由 Dorothea Lange 和 Robert Frank 拍摄的文档照片，也被列入考虑和讨论的范围。

主要作业#5：第二阶段课程开始两周后，学生会有 48 小时来分析两段文章的修辞，这两篇文章主题相关，目标不同。仔细阅读后，让每个学生都进行"表达/意义分析"并确定每篇文章的实质目标。虽然 Linda Thomas 的文章 *Brush Fire* 和 Joan Didion 的 *Los Angeles Notebook* 的开始部分都呈现了对圣安娜的细致及生动的描述，但原因不同。要求学生应用对上下文、目标、结构的知识，他们在 *Everyday Use* 中分析感染力的经验来来分析两篇文章如何关联又相互区别。希望学生清晰地阐述他所理解的作者对隐喻、轶事、专家意见或个人观察的使用，清楚说明这些努力如何帮助作者表达核心思想。文章应该于 1 月 11 日上交。

学期结束之前，还会碰到这样的文章，选自 *Farewell*，*Godspeed*，*In Their Own Words*，*Letters of a Nation*，*A Treasury of the World's Great Letters* 和 *The World's Great Speeches*。

第一学期测验

在第二阶段课程和第一学期结束时，学生要接受 80 分钟的测验，题目来自最终测验中的 AP 自由问答题，要学生分析散文和修辞，或者分析论证。

第三阶段

时间：1 月 24 日-4 月 8 日。

内容：理解并完善论证。

提示：第三阶段每日都安排上课，学生继续阅读和分析非小说作品：论证性文章、信件和演讲。通过阅读这些来自不同文化和历史时期的作品，学生更加熟悉多种修辞模式。完成 2001 年 AP 测验中基于 Lincoln 的 *Second Inaugural Address* 的自由问答题后，让学生仔细地阅读 Ronald White 的 *Lincoln's Greatest Speech*。

关于图像影响力的探讨吸引学生关注"战争和照片的准确性：什么是真的？"让学生观看几张和越战中的美国有关的重要照片，比如从 Nick Ut 的 *South Vietnamese Children Burned by Napalm*、Eddie Adams 的 *Execution of a Viet Cong Suspect*，北越南人战地摄影师的作品挑选出来的照片。接着，让学生阅读 Michael Herr 的 *Dispatches* 的段落及在越战老兵的部分信件 *Letters Home from Vietnam*。最后，让学生观看 Errol Morris 的纪录片 *The Fog of War* 节选，着重引导学生关注 Robert S. McNamara 2003 年对于越战的反思，让学生们对比 McNamara 近期的反思和当年在战争时期作为国防部秘书所进行的公共评论。

主要作业#6：让学生查阅越战中与美国卷入有关的资料，促使学生思考 Susan Sontag 的 *Regarding the Pain of Others* 段落，在其中，Sontag 认为战地影像刻意掩盖了战争的残酷。她的论证为学生提供了写作的出发点，让学生通过书面作业来回应以下段落："我们，这儿的我们是指那些没有经历过死亡的战争，我们不理解战争，我们也无从理解死亡战争。我们无法想象这种战争。我们无法想象这是多么恐惧和可怕，最后这场战争又是如何恢复正常。这就是为什么那么多的战士、记者和志愿观察者都愿意以身试火的接触战争，并最后侥幸的逃脱死亡，并深刻的体会着死亡的战争。他们也许是对的。"要求学生使用修辞知识，这不只适用于分析 Sontag 的文章，也适用于分析和特定上下文相关的重要图像和叙事。这样，学生们就会进行综合阅读，以此进行论文写作。该论文应该于 2 月 17 日上交。要求学生通过阅读 *Everything's an Argument*，注意术语的使用和采用 Stephen Toulmin 提出的可信论证的方法。帮助学生意识到建立有力论证的重要性，帮助他们学会提供翔实的数据和有力的理由，以合适的方式联系论证和理由。理解这些 Toulmin 论证的关键要素，能帮助学生写作时更好地围绕自己的观点提出论据。2 月份的假期后，伴随论证练习，让学生阅读 Truman Capote 的 *In Cold Blood*，这是一部长篇的目的性明确的非小说作品。3 月初，让学生仔细分析那些具有多种修辞目标的段落，这些段落主要在 Truman Capote 的作品中。

主要作业#7：让学生仔细分析 Capote 的"非小说作品"，让他们精读、注释并比较两个来自书本"未知人物"部分的连续段落。在两个段落是来自作者 Capote 在相同时期的写出的两个代表作。这些代表作都有共同的特性，比如有着著名的语句和段落。要求学生注意学习那些特别的引用和象征，由于这些修辞手法在不同的上下文中呈现，体现出不同时期背后的写作目标。该作业应该于 3 月 22 日上交。

第四阶段

时间：4月11日—6月14日。

内容：综述文章，为 AP 测验做准备，理解电影的修辞艺术。

提示：最后阶段的文章和其他文本研究都和美的概念相关。让学生阅读大量文章，引导他们思考美的内涵和"成为"美丽意味着——或看起来像——什么。许多文章，诸如 Diane Ackerman 的 *The Face of Beauty*，Gretel Ehrlich 的 *About Men*，Angela Carter 的 *The Wound in the Face*，Susan Sontag 的 *A Woman's Beauty: Put-Down or Power Source?* 都为这个部分的练习设定了框架。学生继续阅读基于图像的文本，这些文本来自广播电视、部分网站以及 *Vogue*、*Men's Health*、*Vanity Fair* 这类期刊，讨论什么东西是美丽的，这些期刊为何能有力地影响人们的审美。可以参考的阅读材料有：流行的文化偶像，比如 Barbie, Ken 和 G.I. Joe 娃娃；Marge Piercy 在 1969 年创作的叙事性诗歌 *Barbie Doll*；Alistair Highet, M. G. Lord, Anna Quindlen, Christine Rosen, Jane Smiley 等人的文章。

主要作业#8：要求学生仔细研究的一系列筛选出的文本资料，然后培养个人写作风格，比如在表达，完善和论证的写作方法。课程要求学生使用各种研究技能来表达与这个单元相关的材料。这些技能在之前的课程单元练习中已经得到锻炼。课程指导学生要树立自己写文章的特定风格，鼓励学生阅读超出指定文章和图像，以及合适地引用所有资源。

学生作业任务和教学评估策略

以下是两份课程作业的完整版本，都突出写作目标，这要求学生用自己的观点来作业。写作任务#1 以记忆作为媒介，写作任务#2 强调论证和综合。

写作任务#1：要求学生像 Murray 那样写一份回忆录，使用一张或一组特定的照片，照片里头必须有作者，照片将引领你（最终是读者）的阅读。回忆照片并写作，然后润色。使用那些能被集中并有序组合的细节、记忆、预

第十一章 美国英语语言和写作教学课程指南

测和思想。对照片的描述应该能够跨越影像本身，唤醒或者暗示细节、感受和情境。

按照下列步骤进行规划、写作和修订：

（1）Dillard 和 Wright 的评论如何与你的作品相联系？看看 Dillard 的 *To Fashion a Text*，重读 Donald Murray 的 *The Stranger in the Photo Is Me*。总结这些文章是如何影响你对"回忆录"这类文体的理解。

（2）记住目标，你想让读者得到什么？

（3）措辞很重要，选择那些准确的词汇。

（4）特别留心作品的开始和结尾，如何连接这两部分？

写作任务#2：Beauty is valuable. There is no doubt of that. We live in a world that prizes beauty and rewards those who are believed to be beautiful. This can seem most unfair until you come to understand what beauty really is and what part it plays in your life. 上述文字来自 Sophia Loren 的 *Women and Beauty* 一书，John Miller 在自己的书 *Beauty* 里推荐过这本书，认真阅读并分析，然后写文章分析你对该书的印象，提出证据支持自己的观点，文章最好是 2~4 页，2 倍行距；使用 12 号通用字体。

教学评估

上这门课，学生的思考、写作、阅读、听说是课堂活动的核心。课程考核的对象就是学生参加这些活动的表现，任课教师会观察学生在完成论文、课堂任务、家庭作业和日常预习等方面的情况，评价学生的进步情况，通常使用 A–B–C–D–F 系统来评价学生。计分时，教师会和学生讨论后评分，糟糕的文章可能得 R，这时文章要修改或重写，然后再呈交。教师要经常观察和评估学生的知识和能力，收集学生的作品，例如已完成的论文、家庭作业、测验、心得日志和课堂笔记。

课程提纲样本 2

1. 学校概况

1.1 学校位置和环境

New Trier 是一个乡村高中，大型的乡村学校，在伊利诺斯的 Winnetka，那是芝加哥的 North Shore 社区。New Trier 在全美享有美誉，家长参与学校事务的程度非常高，他们都很满意这所公立高中。

1.2 教学信息

年级：9-12。

类型：公立高中。

总生源数：4000 个学生，1000 个九年级学生在 Northfield 校区，剩下的学生在 Winnetka 校区。

种族分布：学生人群中的种族分布包括 8.6%的亚裔/欧亚大陆移民，1.6%的西班牙裔/拉丁裔，0.6%的非洲裔美国人，0.2%的土著美洲人。

升学记录：95%的毕业生进入学院和大学。2004 年的毕业生中，90%继续四年制的学士学位进修，5%进入两年制的学院。

1.3 教师教学宗旨

教学最主要的目标是让学生成为富有批判性的思考者、阅读者和作者。、这些优秀的英语课程努力让学生阅读所有风格的作品——诗歌、戏剧、小说和非小说作品。在我们看来，测验只是 AP 课程的一小部分。我们的工作不该被应付测验牵着鼻子走，我们相信，优秀的英语课总是聚焦于技能——思考、阅读和写作。

2. 课程概况

New Trier 的所有初级英语课程都研究写作和美国文学，课程设置让学生关注美国文学，以便准备 AP 英语语言与写作测验。现在，New Trier 有 7 个班开设 AP 英语语言与写作课程，共招收 168 个学生。学校鼓励——但不是强制要求——学生在选修 AP 课程时参加 AP 测验。AP 班级里的学生通常100%参与测验，95%～100%的学生将获得 3 分或更高的等级分数。2004 年，我校课程在测验中的平均表现是 5 分。

3. 课程计划和教学策略

课程围绕美国文学，聚焦于下列主要问题。问题 1 和问题 12 是第一学期的主要关注点（带*号的材料要求学生自己准备，其他材料由教师提供）。

问题 1. 优秀的读者和作者的性格是什么样的？

Good Readers and Good Writers by Vladimir Nabokov.

Education by Poetry by Robert Frost.

Robert Frost，Voices and Visions，PBS production.

Selected poems by Robert Frost.

The Nature of Proof in the Interpretation of Poetry by Laurence Perrine.

The Awakening by Kate Chopin.

Why I Write by Joan Didion.

Introduction by Susan Sontag to The Best American Essays，1992.

The Essayist by E. B. White.

Selected poems by Emily Dickinson.

正式的写作任务：叙事文。

写作技能：使用内隐的主题陈述；故事细节；条理性（合并句子活动）；在叙事中的措词、基调和节律；严密组织，以增强内容；写作感染力；和读者的互动；写作中的上下文呼应；

专业写作范例：*The Art of Surgery* by Richard Selzer；*On Being the Target of Discrimination* by Ralph Ellison；*Salvation* by Langston Hughes。

练习 AP 测验论文题：1997 年的问题 2（对 Frederick Douglass 的文学分析）；1996 年的问题 2（对 Gary Soto 的文学分析）。

对低年级主题活动的要求：在第一阶段课程中，学生从 10 个选择中挑出一个类别：美国家庭、美国课堂、美国种族、美国宗教、美国在世界的地位、美国的边疆、民主国家的个体、疾病和健康、地位的权利、美国妇女。要求在规定的和选择好的阅读时间内参与网上讨论，在课程第一阶段结束时提交他们的低年级主题笔记。

问题 2.在美国的现在和将来中，过去的影响如何？

In History by Jamaica Kincaid.

Mississippi by Anthony Walton.

Poems by Phillis Wheatley and Nikki Giovanni.

The Crucible by Arthur Miller.

The Night of the Iguana by Tennessee Williams.

The Devil and Tom Walker by Washington Irving.

The Devil and Irv Cherniske by T. Coraghessan Boyle.

The Pit and the Pendulum by Edgar Allan Poe.

The Yellow Wallpaper by Charlotte Gilman Perkins.

My Kinsman，Major Molineux by Nathaniel Hawthorne.

Settling the Colonel's Hash by Mary McCarthy.

Selected poems by Sylvia Plath.

正式的写作任务：使用牛津英语词典，写一篇扩大定义的文章。

写作技能要求：具有权威性、合理的、论证中富有情感；在词汇的选择上具有特点；论据和修辞情境；论证中定义的种类；Toulmin 论证。

专业写作范例：*Beauty* by Susan Sontag；*Appetite* by Laurie Lee。

练习 AP 测验论文题：1997 年的问题 1（对 Meena Alexander 的文学分析）；1996 年的问题 3（对 Lewis Lapham 文章的论证）；1994 年的问题 1（对 George Saville 先生的文学分析）。

低年级主题活动：继续阅读并参与网上讨论。第二学期开始时交上笔记。

问题 3.在非小说和小说作品间有何关联？

Where Are You Going，Where Have You Been? by Joyce Carol Oates.

The Pied Piper of Tucson： He Cruised in a Golden Car，Looking for the Action from Life magazine，March 4，1966.

Smooth Talk，film adaptation by Joyce Chopra of Joyce Carol Oates's *Where Are You Going，Where Have You Been?*

Young Men and Fire by Norman Maclean.

Fate by Ralph Waldo Emerson.

The Souls of Black Folk by W. E. B. Du Bois.

Benito Cereno by Herman Melville.

正式的写作任务：因果论证。

写作技能：理解因果；完善专业的因果论证；理解和使用证明；完善论

证、支持理由、证明和证据间的关系；比喻性的语言和论证。
练习 AP 测验论文题

每周一次写作——包括修辞分析和开放性问题。

低年级主题活动：主题陈述应该在第三阶段课程时结束，多数阅读已完成。一年之计在于春，该是完成的时机了。

问题 4.情节还是结构？什么造就了伟大的文学作品？

A Tidewater Morning by William Styron.

The Sound and the Fury by William Faulkner.

Nobel Prize acceptance speech by William Faulkner.

Nobel Prize acceptance speech by Toni Morrison.

Beloved by Toni Morrison.

Tradition and the Individual Talent by T. S. Eliot.

The Hollow Men by T. S. Eliot.

正式的写作任务：长篇小说部分/低年级主题活动结束。

写作技能：理解文学分析中部分与整体的关系；在长篇论证性文章中综合多种信息；理解并应用 MLA 文体；为长篇论证选择有组织的计划。

练习 AP 测验论文题：每周一次写作，直到 AP 英语语言与写作测验结束。第二学期没有期末考，学生都要参加 AP 英语语言与写作测验。未参加 AP 测验的同学要参加期末考。意识到 AP 的影响力，我们的学生 100%每年都参加 AP 测验。

第 1 周：介绍课程，以及批判性阅读的哲学

课程开始的几天，将向学生介绍课程的全部细节，包括教学互动网站 Blackboard，所有讲义、任务、作者和作品。网站上可以实时聊天，开设了

第十一章 美国英语语言和写作教学课程指南

讨论版块。学生可以利用网站的这些功能解决阅读中的问题，或交换写作反馈情况。学生访问班级网站，浏览课程提纲，地址为 www.newtrier.k12.il.us，选择 Winnetka 校区，下拉菜单，点击 Blackboard 课程条目。以 Apteacher 为名，Englishlanguage 为密码，可以登录 AP 初级英语。未经任课教师许可，学生看不到讲义内容。

阅读杂志是另一个重要工具，课程开始时也会介绍。这是一本批判性的阅读杂志，类似 Gary Lindberg。杂志不是文学类的（可参看由 Toby Fulwiler 编著的 The Journal Book 中的文章），而是 Lindberg 的改进版，以使其适应高中学生的需要及教学安排。毫无疑问，指导学生阅读这份批判性的阅读杂志，难度很大，但这样的阅读有力地提高了学生的写作和阅读能力。每年年末，学生们在离别感言中都提到，通过这种阅读训练，他们的阅读技巧得到迅速提高。

我们在入学的第一周采用2001年AP英语语言与写作测验的多项选择题对学生进行测试（我们承诺此分数与他们正式得分无关），目的有两个：希望学生了解接下来的一年里他们要学什么，我们希望得到一个基线分数，这样可以和四月上旬进行的测验分数比较。四月有两次测验，以得到反馈信息。

最后介绍我们长达一年的研究项目，所有7个班级的教学活动都被整合进一个合作课题。这个课题的内容和美国文化中的10个主要话题有关，从"美国妇女"到"美国课堂"再到"美国在世界中的角色"，我们为175名学生量身定做了独立的 Blackboard 网站。每个主题阅读的开始都是一篇非小说作品，读完之后，为学生提供与该主题有关的30~50本的小说、非小说、电影（电影是另一种可以进行批判性阅读的文本），让他们选择阅读。学生必须阅读6~8本书，看两部电影。希望学生能阅读著名的美国文学作品，希望他们在阅读数篇文章后能得到完整的观点。学生应该在阅读前找好论点，然后结合阅读讨论这个论点。

让学生在课程的前几周针对这十个主题进行调研，阅读我们提供的作品。

第五周，要求他们选择要讨论的主题，从那时起，他们要开始独自阅读指定的作品。他们可以上 Blackboard 网的讨论版块发表评论并提问，我们会指定四名科任教师来帮助这些学生。三个经验丰富的教师将各自指导三个讨论主题，另一名教师（新教师，只教授一部分）指导一个主题。这样，不同班级的学生、教师就能进行互动。

第 2，3 周

小说评价暑期阅读：*Oracle Night* by Paul Auster or *Gilead* by Marilynne Robinson.

非小说评价暑期阅读：*Mississippi* by Anthony Walton；*Good Readers and Good Writers* by Vladimir Nabokov；*The Nature of Proof in the Interpretation of Poetry* by Laurence Perrine.

Nabokov and Perrine 的作品可帮助学生成为批判性的读者，认定批判性读者的标准是有能力写一篇评估论文。论文是关于如何阅读小说文本的，这是他们的第一份作业。

New Trier 的英语系要求所有班级的学生都进行暑期阅读，我们期望学生全年都进行阅读，而非在学校的 10 个月。我们希望，这有助于帮学生养成终生阅读的习惯。在 AP 初级英语中，学生阅读一篇小说作品，一篇非小说作品，我们相信，这将为全年的工作打下良好基础。我们会周期性地对那些文本进行回顾，这告诉学生，成为批判性读者的前提就是重复阅读。学生在全年的第二阶段重读 *Mississippi*，这可帮助他们觉察到自己对作品的遗忘，也帮助他们重温暑期阅读中学到的方法。多数学生承认，他们记住的是情节，而非 Walton 呈现的论证。我们要求学生阅读非小说作品，因为我们希望学生明白，非小说的地位不比小说差。建议阅读的小说文本每隔几年都会变化，以反映课程的变化，但它们总是符合美国文化的主流，赢得过主流的文学奖项,在近50年中写成。

第4,5周

Everything's an Argument 的第1—7章和19章。

课程中有许多优秀的范文,但这章的内容还是令我们惊喜,它为有机写作提供了通透的、可读的、当代的写作范例。这本书提供了写作研究的所有元素,包括 MLA 和 APA 写作规范。教师们发现,和书籍相关的网站也十分实用。这些章节向学生介绍了论证,解释了论证的原则,确定了论证的功能。我们的学生会参考阅读来自 *New York Times* 的 Op-Ed 文。学习新的术语和概念时,学生们要了解自己的理解程度。这些简短的专业文献将帮助他们分析作者使用的论证类型,确定作者的观点和他们使用的论据类型,了解作者和读者间的联系。学生每周阅读并分析一篇文章,我们希望他们在写自己的文章时将这些信息内化。

学生们可以仔细阅读并使用下列三篇短文:*Why I Write* by Joan Didion; *Introduction* by Susan Sontag to The Best American Essays,1992;*The Essayist* by E. B. White。

通过学习,学生们还应意识到,打草稿也需要创造力,就像 Virginia Woolf 说的那样:"写作与思想有着密不可分的关系。"

写作任务:叙事文。这份提纲标注出了所有论文任务的目标。就像第一篇论文,我们希望学生整合所有他们已学的关于论文起草的知识。为了减轻写作的风险,要求他们围绕熟悉的主题写文章,在写作中遵循新的写作原则。

所有论文以总述开始(见学生活动部分),即指出论点,确定完善论点的计划,解释将使用的论述类型。总述时,学生可以先从教师那里获得建议。总述不超过一页,如果觉得该学生可能跑题,教师可以先指导学生起草稿。所有作业的总述应该在一周内完成,所有学生应该每周递交一篇新草稿(第一学期要求交三篇草稿,第二学期两篇)。这个过程结束后,每个学生就要写一篇对于写作业过程的批判性反思,必须包括学生在作业任何过程中遇到的疑问、写作中的优势、成长的经验、写作的风险、成果及下一次写作可能使用的材料。每份草稿都被视为独立作业。我们同意 Donald Murray 的说法,写作要经历一次次的修改、审阅。

第6周

Education by Poetry by Robert Frost in The Collected Prose of Robert Frost.

Home Burial by Robert Frost.

On Grief and Reason by Joseph Brodsky.

Robert Frost's "Home Burial" in No Other Book: Selected Essays by Randall Jarrell.

After Apple-Picking、*Out, Out—*、*Stopping by Woods on a Snowy Evening* by Robert Frost.

Robert Frost,Voices and Visions,PBS production.

本周的学习目标是帮助学生掌握实践解释方法,Perrine 在他的文章中确定了这种方法并使之成型。我们希望学生能掌握 Perrine 认为很重要的阅读概念:上下文。这周就让学生阅读 Robert Frost 的文章,从他的哲学诗的上下文中,探索著名诗人和评论家如何评论其作品(Joseph Brodsky 和 Randall Jarrell 对 Frost 的诗歌发表评论,Seamus、Heaney、Richard Wilbur 和 Joseph Brodsky 以音频或视频方式评论),学生们会学着主流评论家使用和探讨语言元素。掌握专业的分析模型后,学生们自己的写作就会好起来。

第7周

*Selected poem*s by Emily Dickinson.

Emily Dickinson,Voices and Visions,PBS production.

第十一章 美国英语语言和写作教学课程指南   279

这一周的任务是，学生以小组或配对的形式合作解释 Emily Dickinson 的诗歌。学生在网站上粘贴初步评论，同学提供视角并提问。为了让学生学会把完善批判性阅读的标准内在化，可以让他们读读 Perrine 的文章。在努力的过程中，学生通过阅读学习形成论证。

第 8 周

The Awakening by Kate Chopin

本周，学生带着读小说的心得笔记来上课。教师要检查心得笔记，了解学生阅读小说的情况。学生引领班级讨论，以日志问题为切入点。每节课开始时，让学生在黑板上提问，这些问题通常也会记在心得笔记中。讨论结束时，教师可以了解学生的阅读态度——批判性阅读或娱乐性阅读，最后，让学生温习 Nabokov 的文章，他们现在应该更能理解作品。比如，认同某个角色的初级读者，他们"喜欢在令人愉悦的欺骗中看见自己"。而批判性读者明白，这种认同会导致他们错失作者创作世界中的重要细节，误解角色的情境，甚至误会角色的性格。最终，认同某个角色的读者希望那个角色和他们做同样的选择，当期望没得到满足时，读者常常会放弃阅读。这本小说帮助学生理解 Nabokov 的原则，了解作者的重要性。这时，应适时向学生介绍 Umberto Eco 在 *Six Walks in the Fictional Wood*s 中提到的观点。Eco 将读者分成模范读者和经验性读者，经验性读者把文章作为"他们自己激情的容器，这或许来自文本以外"，Eco 使用了一个隐喻深化 Nabokov 关于认同角色的观点。

第 9 周

介绍 AP 测验自由问答题；就诗歌解释进行课堂测验；布置第二阶段课程的初级主题任务。

在评分时期结束时评估批判性阅读和写作技能。这时，我们让学生在课堂上进行第一次 40 分钟的定时写作测验。要求学生阅读 Frost 或 Dickinson

的诗歌,这是我们没有研究过的作品。他们必须认同那个阅读,唯一的证据只能从诗歌中提取。这一阶段,诗歌研究缓慢而稳定,认真研究论证,让学生准备接触 AP 测验自由问答题。学生学会了完善论证、联系作者和读者、完善和组织论点和论据,就可以应对 AP 测验。选择自己的感兴趣的读物时,学生钻研初级主题的积极性就会提高,独立性也大大提高。我们希望学生在第二阶段中能为研究初级主题而阅读两本书。

学生评价

学生分数的各项评估的权重如下:写作任务(课堂和课外)和论文测验——50%;阅读日志——25%;日常作业和小测验(包括家庭作业)——15%;研究(在第四阶段课程中会有变化)——10%。

总体评分指南

这份指南意在帮助你提高作业的水平和调整对分数的预期。

A 级论文标准

(1)这个水平的学生对每项任务都非常投入,检验自己的思想和假设的意愿十分积极。其完成的作业反映了远高于肤浅表面的深刻思想,学生上课时做好了充分准备,讨论了指定读物,课程全程都积极参与。所有作业按时完成,积极完成没有教师指导的集体作业。显然,所有作业由学生自己完成。

(2)完成写作任务,文章内容、措辞、句法和文体都得到有意义的修改(第一学期三份;第二学期两份)。写作讨论中会积极谈论自己对任务目标的理解。

（3）第一学期的写作任务要少于三次，第二学期少于两次。每周交一份草稿，整个过程，从建议到最终草稿再到批判性反思，在五周内完成。

（4）读书笔记中可见和文本打交道时碰到的问题，也可见符合逻辑的回答和解决问题的努力，提供了充分丰富的论证；交流会上聚焦于课堂中强调的阅读技能，自己能展开讨论；及时完成读书笔记。

（5）学生主动和教师联系。研究任务每节都变化，但在项目的每个阶段，得 A 的作业包含批判性的阅读和写作，而非肤浅的总结。所有的阅读和写作任务都及时完成。

（6）所有客观题测验得分百分比都高于 70%。

B 级论文标准

（1）学生良好地完成每项任务，总是尝试检验自己的思想和假设。多数作业都反映了远高于肤浅表面的深刻思想。上课时充分准备好讨论指定读物，课程全程都积极参与。按时完成多数作业，完成多数没有教师指导的集体作业。所有作业由学生自己完成。

（2）完成写作任务，文章的内容、措辞、句法和文体上都得到了有意义的修改（第一学期三份；第二学期两份）。写作讨论以学生对于任务目标的理解为特点。

（3）第一学期的写作任务不能太重，少于五次；第二学期，少于三次。每周提交一份草稿，整个过程，从建议到最终草稿再到批判性反思，在五周到六周内完成。

（4）读书笔记中可见阅读时碰到的问题，也可见符合逻辑的回答和解决问题的努力；充分讨论文本；交流会上聚焦于课堂中强调的阅读技能，自己能展开讨论；及时完成读书笔记。

（5）学生主动和教师保持联系。

（6）研究任务每节都变化，但在项目的每个阶段，得 B 的作业包含批判性的阅读和写作,而不是肤浅的总结。所有的阅读和写作作业都及时完成。

(7) 所有客观题测验得分百分比都高于 70%。

C 级论文标准

(1) 学生并未完整地完成每项任务,只是部分尝试检验自己的思想和假设。少数作业中可以看出超越肤浅表面的深刻思想。学生懒于挑战比已有阅读和写作更深的内容,所以在这些领域的进步很少,幅度很小。学生很少在上课时做好充分,准备好讨论指定读物,课程全程积极参与活动。按时完成多数作业,完成多数没有教师指导的集体作业。所有作业都由学生自己完成。

(2) 完成写作任务时,文章的内容、措辞、句法和文体没有得到有意义的修改。不符合至少三次修改的标准,忽视课堂任务设置时的具体要求。

(3) 写作任务的建议不能及时提交,或者提交了五六次后也不能通过。没有每周提供一份草稿,整个过程超过六周。

(4) 读书笔记中可见和文本打交道时碰到的问题,但少见符合逻辑的答案。其读书笔记中只见对于文本的意见或个人反思,未提供支持性论证。交流会上不能聚焦于课堂中强调的阅读技能,未能及时候完成读书笔记。

(5) 学生偶尔忽略和教师的必要联系。

(6) 研究任务每节都变化,但在项目的每个阶段,得 C 的作业只包含少数批判性的阅读和写作,主要集中于对指定读本的肤浅总结。阅读和写作作业未及时完成。

(7) 所有客观题测验得分百分比平均是 70%。

(8) 会议需要教师提供相当帮助,常常缺乏重点。经常混淆阅读和写作任务中的目标。

D 级论文标准

（1）这个水平的学生很少完成任务，从不愿意检验自己的思想和假设。学生的作业反映出思想浮于表面，比较肤浅。上课时未做好充分准备，未讨论指定读物，课程全程参与活动不积极。一些任务延期完成；一些任务根本就没完成；多数没有教师指导的集体作业也都未完成或严重延期。所有作业都是学生自己完成的。

（2）完成写作任务时，文章的内容、措辞、句法和文体上没有有意义的修改。不符合第一学期至少三次，第二学期两次的修改标准，忽视课堂任务设置时的具体要求。

（3）读书笔记中可能见到和文本打交道时碰到的问题，但少见符合逻辑的回答和解决方案的尝试。他或她可能只阅读了文本的一部分或对于整个文本的阅读只停留在表面（或许对与故事线索或人物提供了一些总结或个人联系）；读书笔记中只提供对于文本的大致判断意见，而对阅读文本并没有提供支持性论证。许多任务都未完成或遗漏；交流会上不能聚焦于课堂中强调的阅读技能，忽视了要求讨论的特定阅读技能。

（4）研究任务每节都变化，但在项目的每个阶段，得 D 的作业忽视批判性的阅读和写作，只对指定读本进行肤浅总结。作业未完成或完全丢失。

（5）所有客观题测验得分百分比平均是 60%。

（6）学生时常忽略所要求的和教师进行的会谈，或者学生没有准备好讨论课堂中所明确的阅读和写作技能。

F 级论文标准

这个等级的作业显然不可接受。作业经常未提交，或者完全忽略任务要求，或者违反 New Trier 的学术规范。

研究论文的计分指南

A 级论文

论证良好，清晰、连贯，文体选择合适，组织合理。论文很有说服力，作者成功地组织推理、历史背景、权威感、逻辑性和情感。论文的组织不是按照时间顺序或所读的课文的顺序，而是依据论点。作业中提出了一个可辩论的观点，每种支持观点的陈述都基于足够的论据，以使其可信。为准备作业而阅读的文本，不进行简单的总结或解释，而是服务于主题。作业中引用的数据来自许多资源，引用的资料都符合 MLA 的文献规范。论证间的链接，要么是详细的，要么是作者的数据和推理线索中所隐含的，让最苛刻的读者都无可挑剔。用以支持的陈述和数据以构建论述的方式组织，强调了作者的主要思想并指向结论。对于主题和潜在观众而言，这些作业以合适的文体和基调写就。句型和措辞有效，能从众多元素中挑选并加以控制。最后，这些作业没有编辑上的错误，完全符合 MLA 的文献规范。

B 级论文

相比 A 级论文，B 级论文的完成情况良好，但缺乏更细致入微的思考和对论据的更详细完善。在综合细致的推理、历史背景、权威感、逻辑性和情感方面也有不一致的地方。学生尝试着不按时间顺序或所读课文的顺序来组织，而是依据论点，但尝试并不完全成功。措辞或句法中有一些错误，但能控制住写作元素，以清晰地呈现出作者的思想。论证可信，但不如 A 级论文那样连贯、清晰和有说服力。最后，有一些不符合 MLA 文献规范的小错误。

C 级论文

这些论文尝试进行论证性阐述，但文章不够连贯。它们具有以下特征：

（1）两段结构，第一段是解释性的，第二段是论证性的；（2）论点是不可辩论的；（3）论据不充分；（4）由作者而得的推理不充足；（5）其可信性只依赖于一份或两份资料；（6）论证基于未阐明的理由，富有怀疑性的读者可能会不同意；（7）在诸多领域中徒劳地试图涵盖更多；（8）对于主题和潜在观众而言，论文的文体和基调不太合适。论证过程中对写作元素的控制不够有力，作者虽然竭力想要控制，但效果不好。最后，论文有一些编辑上的错误，并未完全遵循 MLA 的文献规范。

D 级论文

这个等级分数的论文，未能认真回应任务要求。作者无法清楚陈述论点，论据也不够有力，它们具有以下特征：（1）C 级论文中出现的问题，但更严重；（2）没有内部论据；（3）论文的长度不合适；（4）引用的材料不可信，而作者又不愿意解释；（5）在没有确实证据的情况下只呈现观点。这些论文也可能写得挺糟糕，暴露出作者无法控制措辞、句法和组织。最后，它们或许包含编辑上的错误，常常忽略 MLA 的规范要求。

F 级论文

未提交论文，或者这些论文中有 D 级论文那样的问题。

学生活动

我的班级并未参与专门设计的"活动"；学生总是在阅读和写作。但为了吸引他们的注意力并帮助他们理解和把握自己的风格，评估他们的进步，要求他们在提交论文之前都要求写设想，提交论文后，必须写一个正式的批判性反思。

写作任务的建议

以下是第一阶段课程中对于叙事写作任务的建议：

(1) 论点是什么？即使用含蓄的陈述方式，依然需要知道观点是什么。用一两个句子清晰地阐述自己的观点，如果无法做到，就未做好递交建议的准备。可以在写作前尝试下列做法：和朋友讨论主题，查找和主题有关的期刊分录，针对主题进行集中的自由写作。

(2) 故事设定于哪儿？你将如何展现心情并设定文章的基调？

(3) 你将会在文章中使用对话吗？如何使用？为什么？

(4) 哪个专业模型对你影响最大？如何影响？你将如何运用这些模型？

(5) 论证将使用哪种方式？如果必要，请返回 Everything's an Argument 来复习。

(6) 论证所倚赖的价值观是什么？请返回 Everything's an Argument 来复习。

(7) 课堂中讨论避免结尾说教的各种方式，你思考过自己文章的结尾吗？

(8) 此时，你有什么疑问或关心的问题？

批判性反思

作为整个写作进程的有机组成部分，学生必须对整个经历进行反思——从前写作阶段到数次修改——再到思考他们学到了什么。反思的内容随课程而变化，可依据学生的需要调整。下面是第一阶段课程批判性反思的模型。

完成一篇论文时，要写一篇文章来批评评价整个写作进程，目标是检验自己作为作者学到什么。在这一系列草稿的写作中，你学到了什么？这些东西，是否将对你成为一个独立的思考者和作者这一过程起作用？

（1）开始和完成论文的日期。

（2）和教师进行会谈的次数，在写作的什么阶段和教师进行交流。

（3）这是否是一个学生或教师指导的任务？

（4）对任务的参与程度。如果对将要讲的东西不感兴趣，很有可能读者也不感兴趣。

（5）要求的论文类型是什么，之前是否写过这种修辞模式的文章？它们的影响是什么？

（6）论文如何陈述，是否符合读者的胃口？

（7）如何决定文章的结构？

（8）专业模型的使用程度如何，在生发论点和润色文章的过程中，它们如何起作用？

（9）哪块内容比较容易？比如，有些人会很快想出一个主意。

（10）哪块内容比较困难？比如，对于有些人，直到他们已经写出整个草稿后，才发觉自己无法支持这个论点。

（11）对于整个文章结构的态度如何？在过程的哪个阶段中？

（12）有什么条理性上的问题？

（13）语言是否灵敏，要花多少功夫寻找正确的词语，以确切地传达出意义的外延和内涵？句子的多样性和韵律如何？

（14）是否依赖教师的评论和指导，经过一年的训练，是否能独立写作？

课程提纲样本 3

1. 学校概况

1.1 学校位置和环境

Saint Mary's Hall 位于德克萨斯州，1879 年开设，校训是"知识 自信 尊重他人"。该校原是天主教的教会学校，提供大学预科科目的学习；1925 年成为非教区的独立学校，改由 25 名成员组成的理事会管理。该校现在位于 San Antonio 区，校区在东北郊区，于 1968 年完成建设，占地 60 英亩，树木繁茂。多数学生就住在 San Antonio 附近地区；一些学生从北德克萨斯搬来，只为进入这所学校，有些走读的学生住在附近的城市和乡镇。该校获得 Independent Schools Association of the Southwest（ISAS）承认。其大学预备课程十分强调写作、研究和分析性思考。

1.2 教学班级信息

年级：12 年级前；

类型：男女合校、不限宗教宗派、大学预备和走读学校；

总生源数：大约 900 人；大约 350 人在高年级（9-12 年级）；

种族分布：高年级中大约 24%的学生是少数民族学生，大多数是西班牙裔/拉丁裔学生；

升学记录：该校的毕业生几乎 100%进入全国的四年制的学院和大学。

2. 教师教学宗旨和哲学

像多数学生一样，我也总是觉得自己的写作技能太差——作为教师，我更是如此感觉，因为我要教授别人写作。毫无疑问，相比其他任何项目，AP英语语言与写作课程能激发我的热情，提高我教授写作的能力。另外，感谢学生给予我的自信，在专业和个人层面，我都很满意，没有其他任何教学经验能与之媲美。

3. 课堂概况

每年，Saint Mary's Hall中大约50%的低年级学生都参与AP英语语言与写作。由于11年级的学生实际数目每年都不同，所以区段的人数也发生变化。平均的课堂规模是15名学生，总有至少两个AP英语语言与写作区。一学年包括两个学期，大概18周，每天都上。

4. 课程回顾

课程回顾和课程目标摘自由大学理事会出版的AP英语课程描述和作品清单中。除了Mark Twain外，所有课程中选择的作品的作者都会出现在清单上。清单中主要是非小说作品。另外，因为课程的预设目标是"强调构成学术和专业交流基础的解释性、分析性和论证性写作"，所以阅读片段为这种写作提供了最合适的写作模板。

5. 课程计划

秋季学期用于充分完善论证性写作的关键方面，介绍批判性思考策略和修辞规则，复习关键的文体概念，并拓展在解释性和论证性写作中的主题。

6. 论断日志

在第一个学期的前八周，学生每周都会收到一个作者的引用信息，这个作者是在课程学期中的某个时候将会进行研究的对象。每份引用中，学生必须清晰表明对作者论断的分析，然后捍卫或质疑论点，我承认学生观点中任何可能的反对成分。这些"精短作品"只有300～400字，只够练习论证的一个关键概念：认可不同观点。当学生熟悉这些非正式的写作片段，复习了论证和文体的成分后，学生必须在其论断日志中涉及每个句法技术的例证：主句、从句、多样的句式开头、圆周句和并列。

7. 教学策略

学生要掌握 Tommy Boley 的 SOAPSTone 模式，这种分析散文和可视文本方法直接来自大学理事会工作室"前 AP：英语和社会研究的跨学科策略"。学生还会接触到其他分析散文和可视文本的模式，这些模式和创意、改编和风格有关。

8. 讨论

该课程为学生提供了许多讨论的机会，学生们可借此一起练习讨论的技巧，学生拥有机会检验自己的思想时，学习才可能成功。另外，在秋季学期，学生会针对 Richard Rodriguez 的 Hunger of Memory 进行苏格拉底式研讨（见下面的学生活动），这个模式由 Chapel Hill 的 University of North Carolina 的 Paideia 项目全国中心提供。

9. 文体

由于文体是写作技能的主要部分，学生必须复习同位短语、分词短语和无限制短语的用法，来提高写作的质量和精细程度。开始时，学生模仿句子和段落；然后，我们希望他们能在写作中使用这些短语。另外，学生要了解如何在写作片段中识别并吸收修辞要素，特别是图式和比喻。我们对文本中图式的研究包括并列、等长短语使用、对比、轭式修饰法、倒置法、插入语、省略、连接词省略、连词叠用、头韵、首语重复法、结句反覆、联珠法、对论、交错法、修辞问题、反驳；我们对比喻的研究包括隐喻、明喻、提喻、转喻、代称、拟人、反语、讽刺、逆喻和似非而是的隽语。

10. 阐述和论证

学生要掌握许多阐述和论证写作的模型，这样，写作才可能有多种风格（具体内容省略）。

第一节：对于修辞准则的介绍（八周）。

第二节：对正义的研究（九周）。

11. 论文写作

秋季学期中，让学生学习论证的结构和论证性论文的多种文体。学生要完成三种主要论证，每个论证包含 750～1000 字，课本的 Everything's an Argument 中会详细展示这些论证方式：建议的论证、定义的论证和评价的论证。另外，学生要写一篇文章来批判 *Adventures of Huckleberry Finn*，回应 Niccolò Machiavelli 的 *The Qualities of the Prince*。学生提交的论文应该有简介及计分指南，指南里应该有自我评估，让学生评价自己的写作。

11.1 建议的论证

到期时间：9 月 22 日星期三（65 分）

长度：大约 750～1000 字（打印版）

资源：论点和组织（Little, Brown Compact Handbook, 19-26）

   MLA 课文引文（Little, Brown Compact Handbook, 356-63）

   MLA 作品引用（Little, Brown Compact Handbook, 363-88, 397）

   MLA 作业格式（Little, Brown Compact Handbook, 388-96）

   句法（Sentence Composing for College, 1-96）

   建议（Everything's an Argument, 238-52）

概述：总述应该聚焦于问题，这有助于营造氛围。论文可以是对实践或政策的建议，建议用举例论证确保论点的真实有效并和读者的建议相关。

建议：第一份建议应该在 9 月 13 日上交，包括以下信息：论证、理由、效果、保障、论据、建议的重要性、预期的读者、作者的气质（建议的可信性）。

论文：（65 分）论文应该于 9 月 22 日上交, 应该在上交前完成自我评估。

表 1 AP 英语语言与写作针对标题/建议论证的计分简介

元素	可能的得分	自我评估	教师评估
论证的清晰建立	22		
对实践/政策的建议迎合了一个问题/需要（3）			
展现了问题或需要的重要性，尤其是对于观众的影响（4）			
强调了作者的气质（可信性）（4）			
定向于考虑行动和未来（4）			
展现了采用建议的灵活性（4）			
提出、驳斥或容许可选的考虑（3）			
专门的细节和对资源的使用	10		
提供详细的论据，以符合需要或解决问题（5）			
充足并准确地引用资源（5）			
有效的组织	18		
有力的引入建立了论证的有效性（3）			
论证和一个论证性论点相吻合（3）			
建议的各因素间有清晰的关联（3）			

分段和总体组织增强了其效果（3）			
清晰和有效的过渡（3）			
结尾段落增加了深度和结束力度（3）			
精细的文体和基调	5		
有效的句法和文体技术增强了论证和意义（5）			
有效的格式和对话的运用	10		
MLA 呈现文档的标准（5）			
所有对语法、机制、拼写的注意增强了文章意义（5）			
总分	65		

  限时写作。在秋季学期中，学生要完成 5 个限时论文题目写作，其中一个出现在第一学期的测验中。在尝试过的所有教学法中，将限时写作纳入课程的自然进程中有利于帮助学生建立起自信和掌握专业技能。例如，当我们阅读 Frederick Douglass 的 *Narrative of the Life*，让学生完成 2002 年 AP 英语语言与写作测验中关于 Abraham Lincoln 的 *Second Inaugural Address* 的限时自由问答题；阅读 *Hunger of Memory* 后让学生完成 2004 年 AP 测验中 Richard Rodriguez 的 *Days of Obligation* 的限时自由问答题。

  任务。我们要求所有教师都把布置的任务上传到 www.smhall.org 网站。以下是一个三周任务表格的范例，于 2004 年秋季学期中使用的，所有在 Saint Mary's Hall 的二三年级学生都参与了 PSAT/NMSQT(R)。

11.2 教学计划

10 月 11 日，星期一
    学生假期/教师在职

10 月 12 日，星期二
    课堂焦点：最后复习/对于 PSAT/NMSQT 的疑问；介绍正义单元——A World of Ideas，106-8。
    家庭作业：阅读 A Definition of Justice in A World of Ideas 的引读，111-14。

10 月 13 日，星期三——PSAT/NMSQT
    课堂焦点：复习应该在周五下午 4 点前交的 Machiavelli 论文的要求讨论对 Aristotle 的 A Definition of Justice 的介绍。
    家庭作业：解释/准备讨论 A Definition of Justice

10 月 14 日，星期四
    课堂焦点：讨论 Aristotle 的 A Definition of Justice
    家庭作业：Machiavelli 的论文（截止时间周五下午 4 点）

10 月 15 日，星期五
    课堂焦点：课堂写作：Machiavelli 的论文定稿
    家庭作业：定义的论证—Everything's an Argument 的第 9 章，147-73。

10 月 18 日，星期一
    课堂焦点：讨论 Everything's an Argument 的第 9 章，147-73；介绍论证定义文章，截止时间是 11 月 3 日，星期三。
    家庭作业：阅读 Frederick Douglass—A World of Ideas 的引读，125-27 从弗雷德雷克·道格拉斯的《一个美国黑奴的自传》中（Norton 修订版本）中阅读序言（vii - ix）和年表（185-86）。

10 月 19 日，星期二
    课堂焦点：讨论弗雷德雷克·道格拉斯介绍奴隶故事的概念。

家庭作业：准备限时写作；对定义性论证的建议，应该在10月25日周一前上交。

10月20日，星期三

 课堂焦点：限时写作（20分）。

 家庭作业：分析/解释弗雷德雷克·道格拉斯的《一个美国黑奴的自传》中的1-2章（正义、奴隶故事、修辞）。

10月21日，星期四

 课堂焦点：讨论弗雷德雷克·道格拉斯的《一个美国黑奴的自传》中的1-2章。

 家庭作业：开始分析/解释弗雷德雷克·道格拉斯的《一个美国黑奴的自传》中的3-9章。

10月22日，星期五

 课堂焦点：课堂阅读/写作日。

 家庭作业：完成对弗雷德雷克·道格拉斯的《一个美国黑奴的自传》中3-9章的分析/解释；对定义性论证的建议，应该在10月25日周一前上交。

10月25日，星期一

 课堂焦点：检查对定义性论证的建议；讨论弗雷德雷克·道格拉斯的《一个美国黑奴的自传》中的3-9章。

 家庭作业：开始分析/解释弗雷德雷克·道格拉斯的《一个美国黑奴的自传》中的10-11章和附录。

10月26日，星期二

 课堂焦点：课堂阅读/写作日。

 家庭作业：完成对弗雷德雷克·道格拉斯的《一个美国黑奴的自传》中10-11章和附录的分析/解释。

10月27日,星期三
    课堂焦点:讨论弗雷德雷克·道格拉斯的《一个美国黑奴的自传》中的
        10-11章和附录。
    家庭作业:分析弗雷德雷克·道格拉斯的《一个美国黑奴的自传》中的
        信件,88-96
10月28日,星期四
    课堂焦点:讨论弗雷德雷克·道格拉斯的《一个美国黑奴的自传》中的
        信件,88-96
    家庭作业:分析"What to the Slave Is the Fourth of July?" 116-27。
10月29日,星期五
    课堂焦点:讨论"What to the Slave Is the Fourth of July?" 116-27。
    家庭作业:完成对弗雷德雷克·道格拉斯的《一个美国黑奴的自传》的
        分析/解释(20分)
    定义性论证的论文应该在11月3日星期三前完成。

11.3 春季学期

春季学期的任务是个人反思性写作,对作为艺术形式的论文的研究,公共演说的出版,散文和可视论证。

11.4 作者的读书笔记

学生阅读 Joan Didion 的 *Slouching Towards Bethlehem* (1968) 中的摘录,她论述了日志和读书笔记的区别。每个学生都会收到一本写作书,以在两周的日期内记录含有诸多主题的12个读书笔记。讨论作者如何以读书笔记的形式来记录生活的片段和体验,这成为他们写作的风格。要求学生也使用笔记簿,实际上是要求他们采用个人化反思论文的写作形式。学生可以模仿下列散文片段来写作：*Once More to the Lake* by E. B. White；*The Courage of Turtles* by Edward Hoagland；*In Bed* by Joan Didion；*The Knife* by Richard Selzer。

每个学生必须从生活中选择一段经历进行讲述，其中要包含个人的洞见。我们鼓励学生检查他们作者的读书笔记来寻求灵感。学生的论文最终会发表在班级的 Reflections 上。

11.5 对问题和影响力的研究

第二学期的主要内容是基于研究的因果论证，检验 20 世纪前的评论家的传承影响力（历史的，文化的，环境的，等等），至少阅读一篇他们的代表作，看看其中的文体、目标和关注点受这些方面的影响。因果论证和传统的研究文章不同，因为学生必须考虑并呈现和与自己意见完全相反的观点。这项五周的研究开始于流派的文章的概述，阅读时注意该时期为文艺复兴的早期。数周过后，让学生研究 17 世纪、18 世纪、19 世纪文章的特征和 25 篇左右的代表作。每个学生可从中选择一个 20 世纪前的评论家，准备 PPT 讨论其作品。

11.6 文章：正式的一手/二手因果论证

截止日期：3 月 4 日，星期五（80 分）

长度：1500～2000 字。

资源：论点和组织）Little, Brown Compact Handbook, 19-26）

   整合资源（Little, Brown Compact Handbook, 337-41）

   MLA 课文引文（Little, Brown Compact Handbook, 356-63）

   MLA 作品引用（Little, Brown Compact Handbook, 363-88, 397）

   MLA 作业格式（Little, Brown Compact Handbook, 388-96）

   句法（Sentence Composing for College, 1-103）

因果论证（Everything's an Argument, 205-32）

The Oxford Book of Essays 的代表作

基于研究的因果论证将检验你选择的评论家的传承影响力（历史的、文化的、环境的，等等），以及在至少一篇代表作中，他或她的文体、目标和关注点，受这种影响的效果。

要求：至少要用三篇二手资料证明你所评述作品文献的传承影响力，其中两篇必须在网上可查，另外的二手资源可以来自纸质资料或网络。另外，至少有一篇来自 The Oxford Book of Essays 的一手资源。所有资源必须加以综合，论文不该按资源来组织，而是按其影响力。综合意味着两个或更多的资源必须合并在一起，以作为论证观点的证据。必须记下每个原文的论据：文脉影响力可以来自于在线资源和其他二手资料。作为来自这些资源的论据，每篇使用的文本必须有个附加的文本引用，遵循着 MLA 文体（Little, Brown Compact Handbook, 356-63）。一手资源（代表作）引用同样必须有附加的遵循 MLA 文体（356-63）的文本引用。另外，论文最后列出参考文献，包含所有引用的、解释的或综合的资料。参考文献总是另页起排，遵循 MLA 格式（363-88, 397）。

11.7 论点句子样本

(1) The aggressiveness, intimacy, and loose, allusive structure characteristic of William Hazlitt's essays are products of Hazlitt's spicy personality and the immense political turmoil and literary change occurring in eighteenth- and nineteenth-century England.

(2) John Stuart Mill pursued an early, rigorous academic career that drastically influenced his changing ideals, a transition that is evident in his more open-minded and self-exploring work "Bentham and Coleridge" and helped mold the plain and commonplace style seen

in much of his writing.

表2 完成进程表

规定日期	元素	通过	不通过	注释/开端
2月7日	建议			
2月16日	论点概述			
2月21日	引用作品			
	注释/标注二手资源#1			
	注释/标注二手资源#2			
	注释/标注二手资源#3			
2月28日	初步草稿			
3月4日	最终草稿			

2月07日,周一:核准建议。

2月16日,周三:核准论点概述。

2月21日,周一:核准作品引用,附上3份二手资源的注释/标注复印本(原文)。

2月28日,周一:初步的草稿,带着内部文档和引用作品。

3月04日,周五:带着所有工作文档的最终草稿(80分)。

学生和指导教师交付作业后,会得到一个交付证明,指导教师会全程关注作业的完成情况,附上论点概述的格式。

11.8 主题概述

主题:

_____
_____
_____

第十一章 美国英语语言和写作教学课程指南 301

*列数是由使用的二手和一手资源数决定的。这个表格代表最小的要求。

影响力	影响/效果	二手资源#1 论据*	二手资源#2 论据	二手资源#3 论据	一手资源#1 论据
其他影响力	驳斥/认可	二手资源#1 论据	二手资源#2 论据	二手资源#3 论据	一手资源#1 论据

表3 AP英语语言与写作针对标题/建议论证的计分简介

元素	可能的得分	自我评估	教师评估
论证的清晰建立	20		
论证中建立了清晰的因果关系（5）			
对论证的重要性有清晰的解释（5）			
论据填充着每个因果（5）			
考虑了其他的因果（5）			
专门的细节和对资源的使用	15		
包含专门的、充足的论据和推理（5）			
提到一手资源，并精确和正确地记录下来（5）			
提到二手资源，并精确和正确地记录下来（5）			
有效的组织	15		
论证和论证性论点吻合（3）			

在论证、推理、保障和论据间有清晰的关联（3）			
分段和总体组织增强了其效果（3）			
清晰和有效的过渡（3）			
结尾段落增加了深度和结束力度（3）			
精细的文体和基调	15		
论文有强烈的目标意识和观众意识（4）			
措词有效而精细（3）			
有效的句法和文体技术增强了论证和意义（4）			
句法反映了论文的正式基调（4）			
有效的格式和对话的运用	15		
有 MLA 呈现文档的标准（5）			
引用作品页格式合适,而且在文中和引用资料对应（5）			
所有对语法、机制、拼写的注意增强了文章意义（5）			
总分	80		

讨论。让学生讨论 20 世纪前的评论家，让他们参加互动讨论，讨论 20

世纪前散文的修辞。第二学期的时候，组织一次苏格拉底式研讨会，这回针对 Annie Dillard 的 Pilgrim at Tinker Creek 提问。

分析视觉论证。让学生学习 OPTIC，这是一种分析视觉论证的新方法，下文中将有详细介绍。另外，在看和写的附录 B 部分呈现阅读图像、广告、绘画和照片的关键指南和疑问，帮助学生完成对视觉文本的精读。

解释和论证。学生继续介绍性和论证性写作。

论文写作。让学生熟悉论证结构：因果论证、建议性论证、视觉论证。

定时写作。在春季学期，学生完成 8 个限时论文。就像在秋季学期那样，把限时写作纳入课程的自然进程中。讨论反思性论文时，让学生完成 2002 年 AP 英语语言与写作测验自由问答题中 Virginia Woolf 的 memoirs 节选；讨论 20 世纪前的评论家时，让学生完成 2004 年测验题中 Lord Chesterfield 的 letter to his son；阅读 Pilgrim at Tinker Creek，让学生完成 2003 年的测验题，这要求学生对比 Dillard 和 Audubon 文体的同异。

教学策略。即使选修该课程的学生是出色的阅读者和作者，但当他们遇到有难度的文章时，依然需要许多策略来帮助理解。最有效的策略是教授学生如何进行推断和分析。

讲述者—时机—观众—目标—主题—基调（SOAPSTone）。这是一种文本分析策略，也是刚开始教学时使用的方法，这种方法用于产生出更有思辨性的论点。SOAPSTone 策略是由 Tommy Boley 发明的：讲述者——文本的个人或集体声音；时机——促使文本写作诞生的事件或因素；观众——作品针对的读者群；目标——文本后的原因；主题——主题概要或/和中心思想；基调——作者的态度。

句法分析表。句法分析表是一种出色的文体分析策略，也是学生写作中有效的修订技术。AP 垂直团队英语指南中提到过这种方法，包括带着以下标题的五栏表格：句子数目、前四个单词、特殊特征、动词、每句中的单词数。这个工具不止帮助学生检验文体怎样利于意义和目标，而且帮助学生确定许多写作问题（重复、可能不分段或过于琐碎的编排、不恰当的动词，以及缺乏句法变化）。

概述-部分-标题-相互关联-结论（OPTIC）。Walter Pauk 的书 *How to Study in College* 中高度评价 OPTIC 策略，遇见可视文本时，它为学生提供了思考的关键概念。典型的 OPTIC 课应该包含以下步骤：

（1）为学生提供一个可视文本，其中呈现对事件的观点。一个例子是 James Rosenquist 在 1996 年的油画 Professional Courtesy（Seeing and Writing, 588），将手枪作为暴力工具。

（2）为学生配对，引导他们掌握 OPTIC 策略：O 是概述——写下关于图像讲述的内容的一些笔记；P 是部分——注意图像的各部分。写下看起来重要的任何元素或细节；T 是标题——注意图像的标题（如果有的话）；I 是相互关联——把标题作为原理，以图像的各部分作为线索，发现并详述图像中的相互关联；C 是结论——把图像作为整体，给它下个结论。图像意味着什么？把关于图像的信息浓缩成一两句话。

（3）询问学生分析图像中运用此策略的有效性。

（4）对比图像和解释性作品，它们和同个主题相关，但或许观点不同。在 *Seeing and Writing* 中，Gerard Jones 的作品 *Killing Monsters* 展现了作者的观点，观看想象中暴力的图像，为什么有益于而非有害于儿童。这些文本都可用于探讨暴力对于儿童和青少年的影响这一问题的不同观点。

学生练习需要安全的环境，这个环境允许他们和同伴一起探索。学生总是以两人或三人一起练习，学习新策略时，Spencer Kagan 的思考—配对—分享小组技术是很有用的，策略实施的过程如下。

（1）教师解释并示范策略。

（2）学生试着将策略应用于文本或写作中（"思考"），这个阶段需要做笔记或标注。

（3）完成笔记或标注后，让学生和另一个学生配对（或三个人一个小组），分享经验。小组人数最好不要超过四个人，这样的小组太大，讨论问题的时候时不够，有的人经常会没时间发言。

（4）把班级学生按照两人或者三人分成小组。

在校历中，测验后课程还会上三周，还可以完成许多任务。有时阅读一本小说或戏剧，作为向 AP 英语文学与写作的过渡，其他时间研究大学应用文写作中的技术。然而，自从五六月实行大学理事会 SAT 推理测验（TM）以来，我主要利用这段时间来帮助学生准备 SAT（R）的批判性阅读和写作，因为那项测验在 AP 英语语言与写作测验后不久即进行。我找到官方的 SAT 学习指南和 ScoreWrite（TM）: A Guide to Preparing for the New SAT Essay，这些是很有用的资料。

学生评价。学生的等级依靠累积计分系统来判定，完成每项任务或参加活动都可获得一定的分值，分值大小视复杂性和对于课程目标的重要性计算，通常每节中的每个任务大约占据总平均分的 1/8 权重。每节结束时，学生在此节中的等级由其得到的分数决定。课堂中很少直接赋予等级，主要看任务的重要性，诸如课堂外的论文、定时写作、苏格拉底式研讨会、语法练习、注释阅读、基于阅读段落的多项选择题的练习、非正式写作和课堂参与情况。这儿没有传统的每日得分，因为我选择大学课程模式而非高中模式。

我们使用累积计分系统把百分比转化为以下字母等级：

100 - 97 % = A+   82 - 80 % = B -   66 - 63 % = D
96 - 93 % = A   79 - 77 % = C+   62 - 60 % = D -
92 - 90 % = A -   76 - 73 % = C   59 - 50 % = F
89 - 87 % = B+   72 - 70 % = C -
86 - 83 % = B   69 - 67 % = D+

苏格拉底式研讨班是基于 2400 年前的古老哲学，教学生像侦探般问题，对自己和他人的思想展开批判性思考，用文本中的论据来支持自己的论点。

苏格拉底式研讨班的核心基于以下三类问题：

开篇问题（通常每个研讨班一个问题）：介绍浏览文本的大概印象；介绍并拓展主题、思想和论点。

核心问题（通常每个研讨班四个问题）：要求内容的细节信息；寻求对核心思想的检验和澄清；探索因果关系；要求解释和拓展。

结尾问题（通常每个研讨班一个问题）：建立关联；询问和现实世界的关联；自己进行应用。

学生在九年级参加苏格拉底式研讨班，文本的复杂程度每年都不同，要求学生适应并能灵活地进行批判性思考。在阅读讨论 Richard Rodriguez 的 *Hunger of Memory* 时开始进行这种研讨班的尝试。以下是分发给学生的材料范例，要在研讨会前进行讨论。

11.9 讲义#1

我们将进行两次苏格拉底式研讨，研讨会的读物是 Richard Rodriguez 的 *Hunger of Memory*。研讨的大致步骤如下：

（1）仔细阅读文本，了解事件和思想。

（2）划出或突出大意，尤其是那些令人好奇或有意义的思想。

（3）在参考文献旁做笔记。

（4）准备 5 套典型的问题和答案。其中包含一个开篇问题、三个核心问题、一个结尾问题。每个问题的答案应该在 150 字左右。

（5）阅读选段时，在文中标注出不理解的段落。

（6）注意这个选段和其他已讨论的或已读过的篇章间的关联。你可以在段落边缘记下这些关系。

（7）对你所读的展开批判性反思。

（8）准备好用文本中的论据支持自己的论点。

研讨的时候要带上文本，记得问题和做准备笔记。等级分数将部分取决于你如何倾听，你如何向研讨小组提出建议。参加研讨还应该做，总结出概括性的结论。每个笔记/结论可得 5 分，一共 10 分，纳入研讨班等级分数。

11.10 讲义#2

样题：

"Middle-Class Pastoral" from Hunger of Memory

开篇问题：

What is the problem with assimilation?

核心问题：

Why does Rodriguez refer to his book as a pastoral? (6)

What is the purpose of the Caliban allusion? (3, 5)

What is Rodriguez's attitude toward education? (6—7)

What is the purpose of the word "anoint"? (5)

What is ironic about the last line of the prologue? (7)

What evidence is there to support a(n) (indignant, disdainful, scornful, sorrowful, reflective, resentful, didactic) tone?

结尾问题：

What is the purpose in today's society in distinguishing among lower, middle, and upper class?

11.11 讲义#3

每个苏格拉底研讨班的计分标准（Hunger of Memory）

一个开篇问题和答案＿＿＿＿＿＿＿＿（2 分）

三个核心问题和答案＿＿＿＿＿＿＿＿（6 分）

一个结尾问题和答案＿＿＿＿＿＿＿＿（2 分）

贡献#1＿＿＿＿＿＿（5分）

*通过拓展或深入话题做出重大贡献

*在讨论过的文本中提供新的见解或视角

*作为投稿资源，参考了文本中具体的语句

*引领研讨小组的解释和回答

*回答时清晰有力

*显示了有目标的、批判性的和有价值的倾听

贡献#2 ＿＿＿＿＿＿（5分）

*通过拓展或深入话题对其做出重大贡献

*在讨论过的文本中提供了新的见解或视角

*作为投稿资源，参考了文本中具体的语句

*引领研讨小组的解释和回答

*回答时清晰有力

*显示了有目标的、批判性的和有价值的倾听

每个研讨班的总分=20分

  Spencer Kagan 的线锯讨论技术也以学习者为中心，它能让学生主动参与学习。学生接受个性化的任务，完成任务的过程中，他们将熟悉这一主题。三四个学生组成一个小组，每个成员都提出疑问。引导讨论，增强了学生发现关系的能力以及关联文本和大意的能力。

  以下是以学生最喜欢的线锯讨论问题，这个问题与女权运动有关。下列是分发给学生的材料，供这次线锯讨论前探讨。

女权运动讨论（27分）

  每个学生都可以阅读这些来自 A World of Ideas 的文章，熟悉以后，让

他们在各自的小组中讨论文章。

Pernicious Effects Which Arise from the Unnatural Distinctions Established in Society by Mary Wollstonecraft（782-92）

Shakespeare's Sister by Virginia Woolf（801-12）

Black Women: Shaping Feminist Theory by bell hooks（863-76）

三个学生组成一个小组，每个小组中都有熟悉上述文章的成员。每个成员将有 15 分钟进行陈述，依据批判性信息（感染力、改编、文体）的口头陈述对他们进行评估。"学生"将会以他们的注意力、做的笔记和发问来进行评估。在三个专家介绍以后，学生将讨论并回答 *A World of Ideas* 877 页中的问题并提供书面记录：

（1）In what ways do the selections by Mary Wollstonecraft and Virginia Woolf reveal the problems that hooks describes?

（2）Would Wollstonecraft and Woolf be open to the problems of black women? Why or why not?

（3）Would Wollstonecraft and Woolf be open to the problems of women of the servant classes of their own time? Why or why not?

（4）How might bell hooks critique their work?

计分标准：女权运动讨论（27 分）

专家文本：

_____

小组成员：

_____

批判性信息的口头陈述_____（10 分）

注意力、做的笔记和发问（作为听众）_____（5 分）

对以下问题的回答：_____（12 分）

(A World of Ideas, 877)

(1) In what ways do the selections by Mary Wollstonecraft and Virginia Woolf reveal the problems that hooks describes?

(2) Would Wollstonecraft and Woolf be open to the problems of black women? Why or why not?

(3) Would Wollstonecraft and Woolf be open to the problems of women of the servant classes of their own time? Why or why not?

(4) How might bell hooks critique their work?

总分 _____ （27 分）

课程提纲样本 4

1. 学校概况

1.1 位置和环境

Wartburg 学院位于 Iowa 东北部和 Waverly 毗邻的小地方。许多学生来自 Iowa 州，也有不少来自州外。学校是以德国 Eisenach 的 Wartburg 城堡命名，Martin Luther 在这儿完成他的思考，这里是新教路德会教友教堂的影响区域，其历史成为挑战传统思想、激励辩论和智力探索的历史。

1.2 学校信息

类型：私人制的大学文科院校；

总生源数：大约 1800 名学生。入学人数连续七年创下新高。

种族分布：亚洲裔 3.8%；黑人 4.7%；西班牙/拉丁裔 1.4%；多民族混居

0.3%；本土美洲人 0.1%。学生来自 28 个国家。

1.3 教师教学哲学

依据 Samuel Johnson 的解释，当学生知道他们必须写作时，会高度集中注意力。"写作"和"绞刑"有相似的地方，即人们都感到恐惧和厌恶。作为教师，我的任务是消除这种恐惧和厌恶，进而增强这种活动的注意集中性。

1.4 院系哲学

Wartburg 学院主修科目中有大量写作任务，许多课程要求学生至少完成 5000 字的文章。为了让学生做好充分的准备，英语学习项目主要体现以下三个课程目标：通过在写作、口头和可视媒体中接触的思想、价值观和艺术成就，鼓励学生对人类经验作出多种有创新性的回应；帮助学生理解他们自己的写作，以写作为思考、学习和沟通的工具；让学生准备好成为英语教师或者进入社会。

我院的英语写作课程是 EN112，这是所有学生第一年入学的必修课程。以下将简要地介绍 EN111，这是一个初级写作课程，约 20% 的学生参加，以使迎接 EN112 的挑战。

2. 课堂概况

2.1 EN111

ACT 分数低于 20 分的新生要从 EN111 开始学起，在大学水平考试项目（CLEP）英语写作测验中取得 50 分或以上的成绩，即可免修 EN111。

秋季学期从 9 月 10 日到 12 月 16 日；冬季学期开始于 1 月 2 日，在 4 月 20 日结束；五月学期占整个五月。除了在秋季学期教授一个课程外，学院每年还要教授四五个EN111。冬季学期会开设了一个EN111，接受那些刚来大学的国际学生，或想在参与写作课程前获得几个月英语交流经验的学生。每个班的平均入学人数是20个，或者在周二周四（每周3小时20分钟）上课，或者在周一周三周五（每周3小时15分钟）上课。学院还开设其他形式的课程，两个夜晚内教授一共3小时20分钟，以及一周三个小时的课程。

2.2 课程概述

这门大学水平基础写作课程负责带领学生向大学过渡，通过师生间频繁的交流提高学生的写作能力。

（1）要求的课文和材料。Anson, Chris, Robert Schwegler and Marcia Muth. The Longman Writer's Companion. 3rd ed. New York: Longman, 2005.这本手册与课程写作教学中的观众、目标和研究事宜紧密相关。它拓展并改进了技术、演讲和编辑部分的内容，能获得更多的学生写作样本。Kirszner, Laurie G., and Stephen R. Mandell, eds. Patterns for College Writing: A Rhetorical Reader and Guide. 9th ed. Boston: Bedford/St. Martin's, 2004.这篇课文包含着关于写作进程和学生完善技能的建构样式的优秀材料。Wartburg planner.这是学院编辑的的记本，6.9英寸，螺旋状，每两页列出学校事件，页面上方有每周的任务期限，页面底部空白，学生可以记下每天的计划安排。三环的活页夹（2英寸或更大），可装讲义、草稿、活动日志、阅读日志和其他材料。

（2）课程目标。EN111和EN112的基本目标一致，EN111不像EN112那样直接列出那么多目标，但它们都在课程目标的指导下进行。

基本目标。学生将完善仔细分析文本的阅读技能，以及对其意义的理解；学生将获得写作技能，这些技能采用正确的英语形式和用法，以及高级论证的技术；学生将使用批判性思考从论据中区分事实，明确如何合理地管理和使用时间，针对这些事宜形成有众多支持的逻辑推理严密的观点，并分析其他人和自己的论证；学生将完善演讲技能，使他们能清晰、自信和理性地在多种需要合适修辞的场合进行沟通。

特殊目标。回顾并练习写作进程的阶段：前写作、打草稿、修改、编辑和出版；在多种写作任务中识别并合适地回应目标与观众；在下列领域提升技能：精读和批判性阅读；个人独立完成和合作完成的写作、回答与编辑（尤其在使用时）；研究（寻找、评价、使用和引用外部资源）；通过探索并积极把握许多教育机会，成为 Wartburg 社区的一员；明白一个受过良好教育的人意味着什么，并朝此目标努力；朝你自己的特定目标不断进步。

（3）课程计划。第1周：传达学院要求，建立学习型社区，检查和体验大学水平论著的模式。通常在早上 7：45 教授这个时段的课程。学生面临的多数问题是高中与学院模式的差异。

第2，3周：接下来的两周时间用于描述、例证和相关阅读。阅读并探讨每种类型的数种模式，学生写下每种模式的范文，通常一两页长。学生练习写作进程，并在课堂中作为练习来向同学介绍和回顾。

第4，5周：学生完善两到四页的作业，这份作业和信息读写工作相整合，由学院图书馆馆长设定的。

第6，7周：这两周的重点是完善一份三到四页的因果论证作业，要求学生采用在前面作业中所学到的信息读写技能。

第8周：学生开始涉及初步的对比异同作业（经过一个非常粗糙的草稿阶段）。

第9周：学生开始涉及初步的分类作业（经过一个非常粗糙的草稿阶段）。

第10周：让学生从上两周的初步草稿中选择一个，完成3~5页的终稿。让学生们去图书馆进行第二阶段的信息读写，在终稿中寻找结论信息。

第11，12周：这两周的任务，五到六页的定义拓展作业。

第13周：这周当作随机调整周。

第 14 周：这周不上课，举行最终的一对一的文件夹会议，通常长 25 分钟。学生带上他们的文件夹到我办公室，提交材料通过审核，他们要描述一学期来他们在写作上的变化，解释他们在 EN112 项目中的目标。

（4）课程要求。完成下列学习任务后可以获得学分：预作业（不记等级，主题是告知的）；带着完整进程的主要写作任务；探索日志（大约一周一次，次数是固定的），第一部分——对指定读物的反思性回答，第二部分——过渡活动的反思；合作作业；多种类型的作业；期末考。

任务 1-5 的完成情况记录在三环的活页夹中，审查会议会收集并评估这些任务的完成情况，这个会议通常在期中和课程的最后一周进行。在会上，学生会评价自己的写作的的优势和缺陷，提出改进的方法。

（5）学生评估。学生的表现将被评估。

（6）分数等级。最终的课程等级将反映课程目标上的成就。等级字母将基于总分数中的百分数，这些百分数将由软件来统计。等级将经常变动，这取决于在相关百分数上的表现。总体而言，93%或以上=A，90%～92%=A-，87%～89%=B+，83%～86%=B，80%～83%=B-；等级即按这个模式继续。

（7）格式要求。除了教师制定的作业外，所有作业都必须具备下列项目：有标题，其中有作者全名、任务名称、截止日期和字数；在文字处理软件中完成；两边各空出一英寸的空白；用小 10 号或小 12 号字体；题头有姓名和页数（右对齐）。

（8）学术公正。最常见违背学术公正的现象是抄袭和"一稿多投"：抄袭指不恰当地使用他人的语句和思想。"一稿多投"指在两个或更多的课程中使用同一份作业。这些都是严重违规的行为，一经发现，可能导致课程不合格。

（9）学生活动。主要的写作任务：描述/例证——对 Wartburg 的第一印象，在其后的汇报中一起报告；润色；因果论证（有研究支持）；异同对比（只要求初步完成）；分类/分配（只要求初步完成）；异同对比或分类/分配某个专题的最终草稿；扩展定义。

（10）每份作业的流程包括：构思（考虑观众和目标）；同学回答的初步草稿；对同学草稿的回应；为会议而准备的修订草稿（如果要求）；关于修订和编辑的会议参与；修订并编辑草稿和/或论据；最终（出版）草稿。

（11）探索日志。一周写一次探索日志，提供学术引用资料（使用美国心理学会文体），总结并写出一篇对于指定读物或大学事件的个人回答。每篇日志至少一页，需包含以下要素：使用特定的学术格式来记录事件/读物；用三到五句来描述/总结事件/读物（第三人称）；描述作者对于相应主题的情感化的回应（第一人称，"我觉得……"）；作者对相关主题作出了理性的分析性的回答，试着解释（第一人称，"我认为/理解/意识到……"）。

第一部分：对于内容的反思性回应。内容来自指定读物或多组读物（来自 The Longman Writer's Companion, Patterns for College Writing 和手册）。

第二部分：对于（至少）6 个经历的反思性回应。一个你参与其中的事件。这是一个晚会，所有在 Wartburg 的课程内外的组织都在同一地点设立招聘台。目标：促进新生和更高年级学生，以及与他们兴趣异同的人进行交流；让一年级学生对于可用资源有清醒认识。

（12）合作作业。这些任务包括同学的回答和评论，对合作作业、小组讨论的非正式记录。多类写作。这个目录中包含非正式的文章，展现学生对于一个概念的理解，给予教师以反馈，并提供了一个图景，展示全班对于课程内容和进程的看法。这些回应通常少于半页纸，并且通常在课程刚开始或快结束的阶段进行。

（13）课堂概况。EN112 第一年的课程聚焦于论证修辞，除了在 AP 英语语言与写作测验中获得 4 或 5 等级，或已经递交包含 6 份含有论证的大学水平作业的学生，其他学生都要上修这门课。对于一年级新生，我们会进行严格的论证和研究教学。选修者也要满足条件，ACT 分数至少 20 分，或者顺利完成 EN111 英语写作。大约 80%够格上 EN112 的学生都跳过 EN111。我们期待他们具备扎实的——不需要是完美的——语法/机制技能，也期望他们能把握写作目标。每学年大约开设 23～25 个 EN112 班，由 9 个专家和 4 个助手负责。平均每个班的入学人数是 20 个学生。

（14）课程概述。选修 EN112 的学生将练习并增强所需的技能，以完成重点教育计划，最后能在主修科目上完成深入写作，重点放在论证、研究及批判性能力的培养。选修该课要接触一个未分级的诊断主题，4 份增加了长度和复杂度的主要作业，随意找来的 10～15 篇短文（每篇 250～800 字），选修的学生要在阅读中分析写作、演说、艺术和多种媒体中使用的论证。

（15）要求的课本和材料。Anson, Chris, Robert Schwegler and Marcia Muth. The Longman Writer's Companion. 3rd ed. New York: Longman, 2005. 这本手册与课程写作教学中的观众、目标和研究紧密相关，它拓展并改进了技术、演讲和编辑部分的内容，还可采集到更多的学生写作样本。Lunsford, Andrea A., John J. Ruszkiewicz, and Keith Walters. Everything's an Argument: With Readings. 3rd ed. Boston: Bedford/St. Martin's, 2004. 这是我上写作论证课时最喜欢的教材，学生认为这样的教材清晰有趣并有用。该教材编写时认为可以把所有沟通当作论证的形式。记录学生使用资源的情况和学生学业成长进程的文件。

（16）课程总体目标：学生将完善仔细分析文本的阅读技能，理解作品的意义；学生将获得写作技能，能使用正确的形式、用法及高级论证的技术；学生将使用批判性思考从意见中区分事实，学会高效率地使用时间，形成有众多支持的逻辑推理严密的观点，分析他人和自己的论证；完善演讲技能，能清晰、自信和理性地在需要合适修辞的场合中与人沟通。

（17）课程特殊目标：学生的写作将符合语法并有效；学生在信息搜集方面将使用许多有权威性的可信的资源；学生将以有效的证据对观点、支持性论断和事实进行区分；学生将对含义的演绎、归纳及 Toulmin 体的论证有着个人观点；学生将使用合适的记录与操作文体，这其中所引用、解释和综合的材料是准确、真实和正确的。

（18）教学课程目标：以课堂成员的原有写作技能为基础；促进每个学生的持续成长与完善；支持学生朝向课程目标的努力（学院、系和个人）；支持学生挑战超出于预计水平的写作和分析技能。

（19）课程计划（略）。最后一周，选修的学生会在 4 月 1 日拿到一份 12 个可能的论文题清单；每个问题都和原始的某个课程目标有关。进行测验时，将掷骰子以决定你将回答的三个论文问题。最终等级分数将基于论文内容，达成目标的证明及写作的总体质量。

2.3 EN112 论文的格式要求

将下列规范发给学生，让他们据此编辑文件。

（1）目标。课程提纲；个人目标陈述；自我评估部分（课堂内的文章）。这个部分重申了课程的学校、教师和个人目标。除了主要目标外，多数笔记簿内容都与参与或最终等级的小任务成分有关。最终的文件夹会议将作为一份主要作业/任务成分来评分。在这个会议中，你将回顾在本学期课程后写作的变化，而且展现出实现个人目标的努力。

（2）三个论证性分析（Everything's an Argument Readings）。三个都来自 Everything's an Argument 课本的指定读物，将有一个分析性回答任务来决定你的基础分数，有些将在课堂中完成；有些将提前布置。针对这些分析的读物将根据定义、评估、因果论证和建议的任务而定。

（3）五个论证性分析（其他）。参加马丁·路德金日活动和至少两个集会。参加演出、电影、美术展、建筑或创作小说或诗歌

（2）五和（3）提供了证据，可通过以下途径识别、概括和分析多种论证形式的能力：引用/参考文献；文本/事件/人造物品的概括（第三人称）；对

于材料或活动中呈现的论证的分析（第三人称）；个人回应能力（第一人称）

（4）主要作业和相关作业。诊断主题；论证文件夹的路线（每条"线"至少一个参考文献）；定义（文中至少有四个引用/参考文献）；评估（文中至少有六个引用/参考文献）；因果论证（文中至少有八个引用/参考文献）；建议论证（文中至少有10个引用/参考文献）。

（5）部分包含完成基本课程要求的依据。

（6）笔记/讲义/多样任务。记住提交带着小组讨论任务的作业记录。

最后部分包含课程材料的收集，这些材料提供了你在课程过程和内容中持续而富有思想性的参与的证明。

2.4 教学策略

（1）分析/解释性任务。学生在整个学期都要进行，通常要完成10到15个。这些任务要求学生练习引用格式，解释多种论证形式，并在第一人称和第三人称间切换。它们同时要求总结技能和论证分析技能。最重要的，你能很快计分，并了解个体和班级整体的进步过程。

（2）诊断主题。未分级，我希望学生能无顾忌地向我展现他能做的和他们如何在进入我的班级时是如何写作的。我要求他们写下他们关心的，他们知道的和他们已经研究的（他们经常从他们的高中研究作业中选取主题）。在继续阅读和其他作业的同时，他们有五天时间完成这项工作。通常我对每份作业都以简短评论而结束，这些评论涉及两个优势和两个作业的领域。我同时注意GUMPS错误（语法/使用/机制/发音/拼写）的通常样式，以利于未来整体作业的改进。

（3）论证路线。选择一个主题，然后写四个短文：心中的论证（情感、幽默）；基于价值观的论证（接纳、拒绝、比较价值观）；基于特性的论证（特性、权威性、可信性）；基于事实和推理的论证（数据、逻辑）。

2.5 学生评估

记住学生在不同学习阶段——学习作业、课堂参与、写作的表现及测验中获得的学分,然后分别给予相应的分数。

评估方法:在提交作业前让学生先进行自我评估,他们必须用提供的标准进行自我评价,培养自我评价的能力。如果学生和教师的评价超过一个等级(学生认为自己可以得 5 分,而教师给了 3.5 分甚至更低),学生就必须和教师交流。我告诉学生,我的评分不比他们的评分重要。课程的目标不是让他们取悦我,而是让他们学会评价自己的作业;使用分数计算等级。如果分数要转化为百分比,就不能用四栏的表格。4 分是 100%——A;3 分是 75%——C;1~2 分是 F;没有 B。

5	4	3.5	3	2.5
最高等级 5/5=100%(A)	相当好 4/5=80%(B)	合适的: 符合最低要求 3.5/5=70%(C)	偏离目标: 没有符合最低要求 3/5=60%(D)	作业被退回。 很糟糕。 2.5/5=50%(F)

分数构成。出勤/多样任务 20%;论证模式的分析 30%;主要作业(包括你的文件夹)40%;期末考/活动 10%。等级预订软件将记录下任务,你将有机会经常看见更新结果。你的最终等级取决于累积的总分百分比。一般来说,94%或以上将得 A,90%~93%将得 A-。以下字母等级将基于这样的模式 B+ = 87%~89%,B = 83%~86%,B-= 80%~82%,C 系列在 70%~79%,D 系列在 60%~69%。评估有标准,不基于印象。

2.6 学生活动

1.诊断主题任务

通过阅读主题了解要完成的工作,完成的人将得到全部学分,教师将批改作业并进行评分,然后把作业交还学生,以便作为档案留存。这个过程的目的是让学生清晰地陈述个人的观点。

2.诊断主题中的应用

将主题定为"竞争"或"合作"并捍卫你的选择；解释你的论证的主要目标，是告知，是说服，是探索，是决定，还是思考；解释你的论证为什么主要是不同类型的辩论；使用争议点理论来对你的论证进行分类，是事实、定义、评价或建议；不论是何种方式，你是否寻求将你的论证与读者相联系；考虑你使用和解释的论证路线，为什么你的论证是来自心中，基于价值观，基于特性，或基于事实和推理；你的论断是什么；解释你如何使用以下东西——背景信息，修饰语，反驳——或探讨为何你不使用它们；你以什么方式来让读者信任你（说明知识，展现共享的价值观，提及普遍经验，使用语言，尊敬读者）？

3.论证任务路线

这个任务的目标是提供识别、定义和使用 Everything's an Argument 65～18 页中所描述的论证四路线的实践机会。每个论证路线应该由一到三段组成，一共在 200～500 字，所有四个片段应该聚焦于同个主题。

4.定义任务

回顾论证策略，介绍 Toulmin 逻辑及来自 Vogel 图书馆的信息读写技能。选择一个术语、概念或思想，至少使用 4 个论据来进行定义，这种练习将帮助你学习论证。

5.构思 1

使用下列指南选择一个主题并收集信息。你必须交上对于主题的完整构思，如果改变想法，必须重新构思。

（1）阅读 Everything's an Argument，147-73，当你阅读时对你的课本进行注释。

（2）下文呈现这学期要上的课（加上 EN112），每门课程都要确定一个重要的术语、概念或思想。选择的术语应该是复杂的且值得进行拓展定义。例如,"文明演说"可以;"演说"不行;"标点平衡"可以;"恐龙"不行。

课程#_____ 术语_____

课程#_____ 术语_____

课程#_____ 术语_____

课程#_____ 术语_____

(3)通过反复思考确定你选择的课程和术语。

(4)使用以下格式来完善并写出三个你的术语的预先定义。正式的(151-52):写下你对术语的陈述,它所属的类别,它与其他术语相区别的特征;操作性的(152-53):使用术语写下一种陈述,并说明它是什么或者创造它的情境;例证的(153-54):写下一个定义性的陈述,把你的术语放在一个类别中,并在此类别中列举出至少四个其他例子。

(5)回顾定义论证的关键特征(159),针对每个定义提问,答案可能出现在研究中。例如,对于术语"文明演说",下列每个条目(关键特征)都可能产生例子中相关的问题,这些都要求进行研究:"论断包含一个定义问题"(社会科学家如果定义"文明演说")尝试建立一个读者广泛认可的通用定义(对文明演说的多种定义中,共同的特征是什么)就受认可的定义和所有情境的论断进行检验("文明演说"是否描述了在Wartburg学院的多数讨论中发生的事)对于论证各部分的证据(权威材料如何提及"文明演说")考虑各种看法和争议("文明演说"在跨文化间是否有不同的价值和定义)结论,来自论证的暗示(为什么"文明演说"很重要)。

6.评估论证作业

完成评估论证:形成关于你所选择主题的可评估的论断;研究并确定支持你论断原因的证据;写下一篇结构良好的作业,将你的论证呈现给特定观众;至少引用6篇可信赖的参考文献。

7. 构思2

确定你的主题并解释为什么这是你所擅长的；写下一句话的评估论断，包含你的理由概述。评估你的论断，贴上"有力支持"或"清晰限制"的标签。为什么你选择这个方法；你所针对的观众的特点是什么，以及为什么你论证的类型特别适合于他们；列出一份非正式的注解资源清单（8个，你可以在最终的参考文献清单中去掉两个），使用同样数量的纸质资源和网络资源。注解，将它们附在你提交给同学的草稿中；重新看省略三段论法，在纸张背面，回答191页上方的6个问题。

2月21日周一，带上构思和草稿参考资源清单，至少应该带上完整的构思、概要及参考文献草稿。

8. 评估论证

（1）同学回应。说出论断后，站在对立面（不论你是否真的反对）。现在注意作者：对立的看法；你的看法中与省略三段论法部分相对立（论断本身、论断的理由、支持证据的可信性）；在对立中可能会出现的隐含的合理性。

（2）对同学回应的回应。在草稿返回时，身为作者，通过完善对对立看法的反驳，作出回应；对你的论断的反对；对你的理由的反对；对你资源可信性的反对；对你隐含的合理性的反对。

（3）因果论证任务。下个任务是写出一篇因果论证，你需要做到以下几点：形成关于你所选择主题的一个因果论断；研究并确定支持你因果论断原因的证据；写下一篇结构良好的作业，将你的论证呈现给特定观众。

9. 构思3

确定你的主题并解释为什么这是你擅长的；写下一句话的因果论证的论断，其中包含因果关系；看209页底部的三个图表，选择最合适的来表示你的论断。对你来说，试着使用所有图表来判断哪种方式最适合你的论断；列出因果间有联系的理由；你所针对的观众的特点是什么；为什么你论证特别适合于他们；对于那些观众，什么类型的论据最有可信性？列出试探性的、有简短注解的参考文献清单，至少确定和网络资源一样数目的纸质资源（增至 8 个），将这份参考文献清单附在构思计划中；重新审视材料，从 210 页 4 种斜体字陈述中的角度探讨你的论证；你的因果论证是否是其他论证的一部分；复杂性如何；为了理解你的论证，必须澄清什么定义；你的结论比较相对还是绝对？为什么？

10. 因果论证

同学回应。写一篇因果论证，形成关于所选择主题的因果论断；研究并确定支持因果论断原因的证据；写下一篇结构良好的作业，将论证呈现给特定观众。

11. 活动 1

阅读和 10 分钟交流。将草稿复印本分发给小组成员，由作者之外的人朗读文章。听人朗读时，小组成员应该记录下评论和问题。朗读结束后，小组成员应该和作者讨论作业，分享他们的评论、洞察，由作者回应评论或者回答问题。阅读后的交流至少要持续 10 分钟。

12. 活动 2

论证分析的精读

读者 1_____

回顾 212 页中论证、推理和合理性的样例。确定并重述作者的论断（包括因果），推理（因果间的联系），保证（作者期待和观众产生共鸣的基本观点）。

读者 2_____

回顾 209 页底部的图表。图表代表作者的论证。

回顾作者确定连接因果的具体理由（应该有好几部分，每一部分应该有一段或更多），选择一部分，写出一个准确综合其内容的省略三段论法。

读者 3_____

回顾作业，标明参考文献中提供具体论据的地方，将每个论据都标为"定性"或"定量"，评估作业中使用的论据的数量和类型。

回顾参考文献/引用页面，评论具体论据的数量和类型。

你会如何建议作者充分利用时间？

作者（读者4）_____

回顾因果论证表格。这份草稿的哪部分你最满意？为什么？

这份草稿的哪部分你最不满意？为什么？

概述你的修订和编辑计划（活动和时间框架）。

建议论证任务。写一篇建议论证：作出建议论断（行动定向、着眼于未来、聚焦于观众）；研究并确定论据（至少10个）；写出一篇结构良好的作业，将论证呈现给特定观众。

13. 活动3

阅读和10分钟交流. 将草稿复印本分发给小组成员，由作者之外的人向小组大声阅读此文章。在阅读中，小组成员应该记下少量评论和问题，这是他们希望作者注意的。在阅读结束后，小组成员应该和作者讨论作业，分享他们的评论、洞察，并由作者对评论和问题作出回答。阅读后的交流至少要持续10分钟。

14. 活动4

论证分析的精读

读者1_____

确定作者的论断，推理，保证，用自己的语言重申作者的省略三段论法。

读者2_____

确定试图解决的问题。

作者如何联系问题/需要提议的情境？

评估这些联系的优势（特别考虑论据）。

读者 3＿＿＿＿＿＿＿＿

回顾作业，标明参考文献中提供具体论据的地方，将每个论据都标为"定性"或"定量"，评估作业中使用的论据的数量和类型。

回顾参考文献/引用页面，评论具体论据的数量和类型。

你会如何建议作者充分利用时间？

作者（读者 4）＿＿＿＿＿＿＿＿

回顾因果论证表格。这份草稿的哪部分你最满意？为什么？

这份草稿的哪部分你最不满意？为什么？

完善表格（见评估表格最后一个条目），概述修订和编辑的目标，制定完成计划的时间表。

图书在版编目(CIP)数据

双语研究:从理论到教育实践/郑新夷编译. —厦门:厦门大学出版社,2012.10
ISBN 978-7-5615-4436-5

Ⅰ.①双… Ⅱ.①郑… Ⅲ.①双语教学-研究 Ⅳ.①H09

中国版本图书馆 CIP 数据核字(2012)第 246036 号

厦门大学出版社出版发行
(地址:厦门市软件园二期望海路 39 号 邮编:361008)
http://www.xmupress.com
xmup @ xmupress.com
厦门市明亮彩印有限公司印刷

2012 年 10 月第 1 版 2012 年 10 月第 1 次印刷
开本:720×970 1/16 印张:21 插页:2
字数:278 千字 印数:1~1 500 册
定价:36.00 元
本书如有印装质量问题请直接寄承印厂调换